Vom Wiederfinden des Fühlens

Holger Niederhausen

Vom Wiederfinden des Fühlens

Wege zur Rettung des Seelischen

Das Menschenwesen hat eine tiefe Sehnsucht nach dem Schönen, Wahren und Guten. Diese kann von vielem anderen verschüttet worden sein, aber sie ist da. Und seine andere Sehnsucht ist, auch die eigene Seele zu einer Trägerin dessen zu entwickeln, wonach sich das Menschenwesen so sehnt.

Diese zweifache Sehnsucht wollen meine Bücher berühren, wieder bewusst machen, und dazu beitragen, dass sie stark und lebendig werden kann. Was die Seele empfindet und wirklich erstrebt, das ist ihr Wesen. Der Mensch kann ihr Wesen in etwas unendlich Schönes verwandeln, wenn er beginnt, seiner tiefsten Sehnsucht wahrhaftig zu folgen...

1. Auflage Juni 2016

© Holger Niederhausen · Alle Rechte vorbehalten
Herstellung und Verlag:
BoD – Books on Demand, Norderstedt
ISBN 978-3-7412-2829-2

Le cœur a ses raisons que la raison ne connaît pas.
Das Herz hat seine Gründe, die der Verstand nicht kennt.

(Blaise Pascal)

INHALT

Vorwort 9
Einleitung 11
Spaltungen 14
Der innere Weg 19
Sehnsucht 27
Bilder der Seele 41
Die Tragik der Seele 51
Dornröschen 59
Ehrfurcht 81
Der Mensch 111
Ernst und Mut 121
Heilige Sehnsucht 135
Die Sterntaler 145
Mädchenherz 159
Das Ewig-Weibliche 181
Die Liebe 201
Das Wesen der Seele 211
Das Neue 217
Leid und Liebe 225
Ausklang 235

Als Kind sah ich das Märchen ‚Die Schneekönigin' als Zeichentrickfilm im Fernsehen – das Märchen von Gerda und Kay und von dem Splitter der Schneekönigin, der in Kays Herz gerät und es empfindungslos macht. Die plötzliche Wandlung von Kay zur Lieblosigkeit hatte mich damals sehr erschüttert. Ich fühlte mit Gerda mit, die diese Wandlung ebensowenig verstand – und ich war tief berührt von ihrer innigen Treue, mit der sie Kay, den sie so liebte wie ihren eigenen Bruder, durch alle Irrnisse und Wirrnisse hindurch suchen ging, nachdem er mit der Schneekönigin mitgegangen war.

Heute, fast vierzig Jahre später, ist mir sehr deutlich, dass wir als Menschheit durch ein ähnliches Geschehen gehen. In einem sehr, sehr langsamen Prozess ist die Menschheit dabei, ein ähnliches Schicksal durchzumachen wie der Junge Kay. Die Welt wird kälter – und die Herzen werden es.
Wenn man dies in den großen Entwicklungen nicht gleich erkennen kann oder will, so kennt man wohl in jedem Fall eine andere Entwicklung sehr genau: die des einzelnen Menschen. Findet nicht derselbe Prozess auch während eines Menschenlebens statt? Er findet statt. Und die meisten Menschen stehen erschüttert und hilflos davor, wenn sie bemerken, dass er stattgefunden *hat* – wenn sie bemerken, dass sie überhaupt nicht mehr so viel fühlen wie früher. Immer weniger...
Menschen werden alt – und das Fühlen wird auch alt. Wir wissen nicht, wie wir das Fühlen jung, lebendig halten können – und wie wir es in eine Reife, in eine Tiefe führen können. Das alles wissen wir nicht. Und so fühlen wir letztlich den Splitter im Herzen...

Die einzelnen Menschen und die ganze Menschheit – beide stehen vor einem Schicksal, das dem von Kay ähnlich ist. Es unterscheidet sich nur in seiner schleichenden Natur, in seiner bloßen Tendenzhaftigkeit. Und doch geht es um Kälte, um Armut, um Oberflächlichkeit des Fühlens – und um ein Spüren, dass dies geschieht. Etwas in uns kann dies spüren – und kann eine Sehnsucht nach dem wirklichen Leben des Fühlens haben. Aber was kann uns dieses verlorene Leben des Herzens retten? Gibt es auch für uns eine Gerda, eine liebende Schwesterseele, die uns erlösen kann?

Was ist der Eissplitter? Und wie kann er schmelzen? Wie finden wir das wirkliche Fühlen wieder?

Möge dieses Buch vielen Menschen eine Hilfe sein, die Antwort zu finden ... und zu empfinden.

Bevor der Leib stirbt, wird er alt und krank.
Bevor die Seele stirbt, wird sie empfindungsarm und oberflächlich.

Was nützt ein langes Leben des Leibes, wenn Herz und Seele nicht mehr lebendig sind – oder ihr Leben immer mehr verlieren? Was nützt überhaupt *ein* Tag – und viele solche Tage –, wenn das Erleben oberflächlich bleibt und die Seele das tiefe Empfinden gar nicht mehr kennt?
Kann man sich noch an selige Gefühle erinnern, die man als Kind einmal hatte? An tiefe Erlebnisse, die die Seele gleichsam märchenhaft berührt haben? An Augenblicke tiefsten Glückes? An ein Glücklichsein inmitten von allem, was einen umgab – und das wie ein Strom des Glückes in einen einzuströmen schien?
An welchem Punkt ging dies verloren? An welchem Punkt wurde es weniger, und schwächer? In welchem Moment verlor unsere Seele die *Tiefe*?
Wann begann dies alles – und warum?
Und ... gibt es Wege, das wirkliche Erleben der Seele wiederzufinden – in der Tiefe, die es kannte, als wir das *Glück* noch kannten? Das unglaubliche, das tiefe, das reine Glück...?

*

Ein Kind sitzt auf einem sandigen Waldweg und spielt. Es braucht nicht mehr als seine Hände, den Sand, ein paar Zweige, Kiefernzapfen... Es fühlt, es atmet, es spürt die Wärme des Sandes, das zarte Rieseln, den Geruch des Sommers – und das eigene tiefe Glück... Es braucht nichts. Es braucht nur das, was es hat – und es hat alles. Und wenn es sich später an die Momente des größten Glückes erinnern soll, würde es, wenn seine Erinnerung bis dahin zurückreicht, an solche Augenblicke zurückdenken ... und zurückfühlen...

Ein älteres Kind hat ein Smartphone in der Hand und ‚spielt' *Minecraft*. Es baut aus lauter eckigen Elementen irgendwelche eckigen Behausungen. Je nach seinen Fingerbewegungen wechselt die Blickperspektive wie durch eine Kamera ruckartig – aber egal, wohin man ‚blickt', alles, wirklich alles, ist eckig, künstlich, virtuell. Dennoch ist das Kind gefesselt. Die Technik, der Bildschirm, die glatte Oberfläche, die Inhalte des Displays, die leichte Beeinflussung des Geschehens, das bequeme ‚Handeln', gleichsam wie von Zauberhand, das alles fasziniert – und das Kind denkt nicht an die Hausarbeiten, denkt auch nicht an andere Spiele oder anderes Spielzeug, nicht an irgendein Basteln mit echten Dingen. Es könnte, wenn es dürfte, stundenlang spielen – den ganzen Tag. Und es könnte sein, dass, wenn es dann aufhören müsste, sich sehr, sehr langweilen würde. Oder gereizt wäre, wütend darüber, dass es aufhören soll...

Ein Erwachsener sitzt auf dem Sofa vor dem Fernseher. Er sucht sich aus der Fülle der Sender das Programm aus, das ihm am meisten zusagt – und folgt dem Geschehen am Bildschirm, bis er müde wird. Dann geht er ins Bett...

*

Die Menschen, die keine Fragen an das Leben haben, werden in diesem Buch kaum etwas finden, was ihnen etwas sagen kann – und sie werden es nicht einmal zur Hand nehmen. Suchen und finden werden ein solches Buch nur Menschen die Fragen *haben*, weil etwas in ihrem Leben begonnen hat, ‚hohl' zu werden – hohl und oberflächlich. Und weil sie dies *erleben*.

Und doch frage ich mich immer auch, was in jenen Menschen vorgeht, die scheinbar keinerlei Fragen haben und die scheinbar glücklich sind, wenn sie gut essen können, abends ihre Serien schauen können, zweimal im Jahr in den Urlaub fahren und so ihr Leben in sehr leib- und rein sinnes-betonter Weise ‚genießen' und zubringen. Besteht das Leben aus einigen Jahrzehnten des Essens, Fernsehens und Urlaubmachens, im wesentlichen? Und dann hier mal ein witziges Youtube-Video, da mal eine Party und dort mal eine weitere Ablenkung? Besteht das Leben aus Unterhaltung? *Ist das das Glück?* Oder ist das gerade die fortdauernde Ablenkung davon, dass man eigentlich gar nicht mehr weiß, was echtes, tiefes, reines, vielleicht sogar heiliges Glück ist...?
Wie kann man mit den oberflächlichen *Genüssen* zufrieden sein?

Diese Frage kann ich an dieser Stelle nicht beantworten. Aber die Menschen, die scheinbar oder vielleicht auch wirklich zufrieden sind, sind für Fragen dieser Art ja auch gar nicht erreichbar. Sie haben sie nicht und verstehen wahrscheinlich ebensowenig, wie man diese haben kann. Der Leser dieses Buches aber wird Fragen haben – und wenn er sie vielleicht auch noch nicht ganz bewusst hat, so wird er ein Gefühl haben ... ein Gefühl der Unzufriedenheit, wie leise auch immer. Ein Gefühl der Unzufriedenheit, einer Suche, einer Sehnsucht. Ein Gefühl von etwas Unerfülltem.

Für Menschen mit solchen Gefühlen, wie leise auch immer, ist dieses Buch geschrieben.

Es gibt viele Spaltungen in der Menschheit. Eine ist die Spaltung in Arm und Reich. Dies scheint eine sehr zentrale Spaltung zu sein. Doch noch wesentlicher ist eine andere: die Spaltung in glückliche und unglückliche Menschen. Wer arm ist, ist nicht immer unglücklich, und wer reich ist, ist nicht immer glücklich... Was aber ist wichtiger? Reich zu sein – oder glücklich? Wenn man erkennt, dass das Streben nach Reichtum eigentlich immer ein Streben nach Glück ist, beantwortet sich diese Frage von selbst.

Eine andere Spaltung ist die in Menschen, die scheinbar keine Fragen an das Leben haben, und solche, die in irgendeiner Weise auf der Suche sind. Eine Suche ist immer auch eine Sehnsucht. Menschen mit einer Sehnsucht sind nie vollkommen glücklich, denn es ‚fehlt' ihnen ja etwas, wonach sie suchen. Dennoch bedeutet dies nicht, dass solche Menschen nicht glücklich sein können. Vielleicht sind sie sogar oft glücklicher als Menschen, die scheinbar ‚wunschlos glücklich' sind, weil sie keine Fragen haben.

Die Frage ist: Welche Menschen sind glücklich? Die, die ihr Glück in ‚Essen, Fernsehen, Urlaub' finden? Oder die, die in alledem nie dauerhaft ein wirkliches Glück finden, sondern eine Sehnsucht nach etwas ganz anderem haben – die fortwährend eine Art Mangel spüren?
Sind vielleicht gerade diese scheinbar ‚unglücklichen' Menschen glücklicher als die anderen, weil sie ja bereits auf einer *Suche* sind? Wissen sie vielleicht gar nicht, wieviel Glück sie gerade dadurch haben, dass sie eine Art Unglücklichsein spüren? Weil *sie* das wahre Glück finden können...? Und weil bereits die Suche danach und die Sehnsucht danach etwas Wunderbares ist?

Die Frage ist also unbeantwortet, welche Menschen die glücklicheren sind: die scheinbar wunschlos glücklichen oder die scheinbar irgendwie unglücklichen... Christian Morgenstern schrieb einmal: ‚Sei mit dir nie zufrieden, außer etwa episodisch, so daß deine Zufriedenheit nur dazu dient, dich zu neuer Unzufriedenheit zu stärken.' Wenn dies nicht bloß eine ‚Anleitung zum Unglücklichsein' sein soll, dann liegt in diesen Worten ein tiefer Sinn. Die Menschen, die keine Fragen an das Leben haben, keine Suche oder Sehnsucht spüren, kennen auch keinerlei inneres Streben – allenfalls äußeres Streben, was dann eben *auch* an der Oberfläche des Lebens bleibt. Morgenstern dagegen muss gerade in der ‚Unzufriedenheit' eine Quelle des Glückes gesehen haben, denn man spürt in seinen Worten die ganze Aufbruchstimmung, die darin liegt...
Man kann seine Worte fortsetzen, dann löst sich das scheinbare Paradox auf – und man würde finden: Die ‚Unzufriedenheit' ist gerade die Quelle des inneren Strebens – und *dieses* birgt das wahre Glück.
Die Frage ist dann nur: Wie kommt man zu einem inneren Streben – und welche Wege kann man dann gehen? Wie kommt man zu dem ‚Glück der Unzufriedenheit'? Oder anders gefragt: Wie kommt man dazu, in der Unzufriedenheit das Glück wirklich zu finden? Wie kann die Unzufriedenheit sich allmählich in eine *solche* verwandeln, dass sie gleichzeitig immer mehr reinstes Glück wird...?

Es gibt noch eine andere Spaltung der Menschheit. Es ist die in egoistische und unegoistische Menschen. Diese Spaltung ist vielleicht am wenigsten zu verstehen – in dem Sinne, dass viele sie zunächst ganz abstreiten würden, um zu behaupten, dass kein Mensch weder ganz das eine noch ganz das andere sei. Doch darum geht es mir an dieser Stelle auch gar nicht. Es geht aber darum, dass die einen Menschen mehr zu der einen Seite neigen, die anderen mehr zu der anderen. Es ist

im Grunde sogar irreführend, was man selbst von sich denkt. Viel entscheidender für diese Frage ist, was andere Menschen von einem denken und an einem erleben.
Diese Spaltung ist sehr entscheidend – und hängt zugleich mit der vorhergehenden eng zusammen. Zwar können innerlich strebende Menschen auch sehr egoistisch bleiben – und muss ein unegoistischer Mensch nicht unbedingt zu einem inneren Streben kommen. Und doch ist es sehr wahrscheinlich, dass ein wahrhaftiges inneres Streben dazu führt, den Egoismus immer mehr zu überwinden – und ein sehr unegoistischer Mensch wird leicht zu einem weiteren inneren Streben finden, weil seine Fähigkeit des Miterlebens und Mitfühlens von selbst Lebensfragen aufwerfen wird.

Ich glaube, die letztere Spaltung ist die schärfste und wesentlichste – trotz der Tatsache, dass gerade sie so problematisch und fließend erscheint.
Dass ein Mensch ohne Fragen eines Tages auf einmal trotzdem Fragen hat, scheint mir jederzeit möglich zu sein. Denn das scheinbare Fehlen von Fragen scheint mir doch nur ein Latenzzustand zu sein, eine Art Schlafzustand der Fragen, die, wann auch immer, eines Morgens auf einmal da sein können. Man schlief noch ohne Fragen ein – und am nächsten Tag sind die Lebensfragen da, vielleicht zum ersten Mal... Es ist nicht möglich, dass eine Seele keine Fragen hat – sie hat sie nur so lange nicht, bis sie sie nicht mehr unterdrücken kann, vielleicht durch einen Schicksalsschlag...
Doch dass ein egoistischer Mensch auf einmal ‚die Seite wechselt' und seinen Egoismus mehr und mehr ablegt, das ist eine viel schwierigere Wandlung. Denn sie setzt die andere im Grunde mit voraus. Man wird nur dann irgendetwas von seinem Egoismus ablegen können, *wenn* man zuvor überhaupt an innere Lebensfragen gestoßen ist. Und selbst wenn dies geschehen ist, ist es von da aus noch ein langer Weg zu einer wirklichen inneren Verwandlung.

Das ist der Grund, warum die Spaltung in egoistische und unegoistische Menschen die vielleicht wesentlichste ist. Ein Mensch ohne Fragen wird nicht so leicht zu Fragen kommen. Aber selbst, wenn dieses ‚Wunder' geschehen sollte, hat er noch lange nicht seinen Egoismus abgelegt oder irgendetwas davon verwandelt. Um dies empfindend einsehen zu können, braucht man nur an die Stelle im Evangelium zu denken, wo der reiche Jüngling dem Christus Jesus begegnet. Jener *ist* ja bereits auf einem inneren Weg, er *möchte* sich entwickeln – und er fragt Jesus, was er tun könne. Jesus verweist ihn auf die Gebote, und der Jüngling antwortet, diese habe er immer befolgt. Sein inneres Streben ist also bereits sehr stark. Daraufhin sagt Jesus: ‚Eins fehlt dir noch: Verkaufe alles, was du hast, und verteile den Erlös an die Armen, und du wirst einen Schatz in den Himmeln haben, und komm, folge mir nach!' (Lukas 18,22). Diesen Schritt zu einer wirklichen Selbstlosigkeit, zu einem Hingeben seines irdischen Reichtums um der Armen willen, der Mitmenschen willen, kann der reiche Jüngling nicht machen. Das Finden wirklicher Lebensfragen ist also im Vergleich damit sogar relativ einfach – doch ‚es ist leichter, dass ein Kamel durch ein Nadelöhr geht, als dass ein Reicher in das Reich Gottes hineinkommt'.

Was aber ist das Reich Gottes? Es gibt eine Geschichte, dass es zwischen dem Himmel und der Hölle gar keinen Unterschied gebe, außer einem. An beiden Orten haben die Menschen lange Löffel, mit denen sie nicht essen können. Doch während sie in der Hölle verhungern, geben sie sich im Himmel gegenseitig zu essen. Der Unterschied zwischen beiden Orten liegt nur in dem *Egoismus der Herzen*...

Nun heißt es in der Bibel auch: ‚Wenn ihr nicht umkehrt und werdet wie die Kinder, so werdet ihr nicht in das Himmelreich kommen.'

Hier liegt ein geheimnisvoller Zusammenhang. Die Kinder wissen noch nichts von Egoismus. Und selbst wenn sie ihn kennen, können sie von einem Moment zum anderen doch alles teilen – oder sogar verschenken. Empfinden sie Mitgefühl, so handeln sie, und ‚ihre linke Hand weiß nicht, was die rechte tut'.

Das Wunder der Kinder liegt nicht nur in ihrem Mangel an Egoismus, es geht viel weiter. Es liegt in der Tiefe und Unmittelbarkeit ihres *Erlebens*. Dieses ist es, aus dem dann die Selbstlosigkeit hervorgeht. Aber dieses ist es auch, was das Kind mit der ganzen Welt verbindet – auch an jenem Sommertag auf dem Sandweg...

Was aber ist der Weg, auf dem das Erleben wieder so tief werden kann wie das der Kinder? Auf welchem Weg finden auch wir wieder ein Erleben, das so *erfüllt* sein kann – erfüllt von Glück, von Tiefe, von etwas, was man gar nicht in Worte fassen kann?

Das Wiederfinden des Fühlens und das (Wieder-)Finden *selbstloser* Empfindungen hängt innig miteinander zusammen. Man sollte sich davon nicht abschrecken lassen, aber man kann es sich schon zu Beginn klarmachen. Abschreckend braucht es nicht zu sein, weil alle Vorstellungen, die man davon vielleicht hat, der Realität gar nicht entsprechen werden, die man findet, *wenn* man sich auf einen inneren Weg macht. Denn die Seele, die im Verlauf dieses inneren Weges zum Leben erwachen wird, wird ja gar nicht mehr dieselbe sein, die jetzt vielleicht überhaupt nicht selbstloser sein möchte, als sie es im Moment ist – oder die sich schon bei dem Wort ‚selbstlos' nur öde oder abschreckende, unangenehme Vorstellungen machen kann. So, wie diese jetzige Seele das *Glück* gar nicht mehr wirklich kennt, so kennt sie auch den wahren Zustand nicht, der auch dasjenige in sich trägt, was ‚selbstlos' im positivsten Sinne wirklich bedeutet.

Wenn man nur ein wenig tiefer über diese Fragen nachsinnt, wird man den Zusammenhang leicht selbst empfinden können. Inniges Glück und tiefe Empfindungen hängen *immer* damit zusammen, dass man von sich selbst loskommt und eintauchen kann ... in das Andere. In die Schönheit eines anderen Menschen, in die Schönheit des Zusammenseins mit ihm. In die Schönheit von allem, was einen umgibt. Um dieses Mysterium geht es – in diesem Vorgang, der einem Wunder gleicht, liegt das Geheimnis dessen, was wir ‚Glück' nennen. Es ist die tiefe *Verbindung* mit anderem, das tiefe, das wahre, das wirkliche *Mitleben* mit anderem...

Es ist doch deutlich, dass es hier um die Fähigkeit geht, sich selbst vergessen zu können – das normale Selbstgefühl, das einen so sehr an sich selbst kettet, vergessen zu können, damit das ganze eigene Wesen eintauchen und mitleben kann mit dem, was ... nicht man selbst ist. Das ist nichts Schlimmes, nichts Bedrohliches, nichts Gefährliches – es ist geradezu eine *Erlösung*. Es ist eine Erlösung von dem öden, stets alles lähmenden, alles erstickenden Selbstgefühl. Es ist eine Erlösung von der Abstraktheit, mit der unser gewöhnliches Bewusstsein immer sich selbst im Mittelpunkt denken, fühlen und wollen muss, so dass wir niemals, niemals mehr *so* sehr denkend, fühlend und wollend in etwas *anderes* eintauchen und uns mit etwas anderem verbinden können, wie wir es noch als Kinder konnten. Eine Erlösung ist es, wenn man die Wege kennenlernt, auf denen dies doch wieder möglich wird – die Wege, auf denen man das Wunder wiederfinden darf...

Es besteht bei dem modernen Menschen eine ungeheure Angst, sich zu verlieren – und zugleich auch eine unbewusste Sehnsucht danach. Beides ist in gewisser Weise unberechtigt – oder auch gleichermaßen berechtigt. Denn in der wahren Selbstlosigkeit, die hier gemeint ist, verliert man sich gar nicht. Es ist in diesem Sinne *keine* Selbst*aufgabe*. Es ist gerade ein Finden einer wunderbaren Fähigkeit, die zutiefst menschlich ist, zum wahrhaft Menschlichen gehört. Das Mitlebenkönnen, die Fähigkeit zu wirklichem, zu wahrem Mitleid, zu ebensolcher Mitfreude, bedeutet keine Selbstaufgabe. Es bedeutet das Finden einer inneren Substanz, die eintauchen kann und sich nicht verliert, auch wenn sie sich vergessen kann; nicht an sich kleben muss, nicht der Mittelpunkt sein muss. Sie *bleibt* ein Mittelpunkt, nämlich die Quelle dieses Erlebens – und doch kann auch das Andere Mittelpunkt werden, nämlich das, dem sich diese Quelle *zuwendet*.
Hingabe im Erleben, im Fühlen, im Handeln, ja auch im Denken, ist etwas völlig anderes als Selbstaufgabe. Es ist gerade eine Vertiefung des wahren Selbst oder Ich. Denn was ist es, was so mitleben, mitfühlen, mitdenken kann, was sich so verbinden kann mit der Mitwelt? Es bleibt das Ich – aber in völlig anderer Weise als vorher.

Es geht nicht um ein Sich-Verlieren im Rausch, in der Ekstase. Das ist in gewisser Weise wirklich eine Selbstaufgabe. Und doch ist es etwas sehr Selbstbezogenes, Egoistisches. Drogen, Alkohol, wilde Feten – all das führt zu einem Verdämmern des normalen Selbsterlebens und also auch zu einem Eintauchen in Anderes. Aber hier ist der Körper sehr stark beteiligt. Das klare Bewusstsein schwindet – und man taucht ein in diejenigen Empfindungen, die nun übrigbleiben oder vielleicht sogar jetzt erst aufsteigen.

Im Rausch geht es gerade nicht darum, sich in zarter, inniger Weise mit dem Wesen eines anderen Menschen zu verbinden, ihm mit seiner ganzen Seele vielleicht *zuzuhören*, ihn in allen Nuancen wahrzunehmen und sein Erleben mitzuempfinden, zu teilen, tiefer zu verstehen, als es gewöhnlich je möglich wäre. Im Rausch geht es vor allem um ein *Sich*-Fühlen. Durch die Ablähmung des klaren Bewusstseins kann die Illusion entstehen, dass man ganz in die übrige Welt eintaucht, und das kann auch geschehen, aber man nimmt *sich* und sein Leibeserleben und sein gewöhnliches seelisches Leben immer mit. Es bleibt trotz allem ein tiefer Selbstbezug – und gerade dieses gesteigerte Selbst- und Lust-Erleben wird ja im Rausch überwiegend gesucht, nichts anderes. Die Illusion, dass man auch dem Anderen näher ist, entsteht nur dadurch, dass im Rausch alles Erleben intensiver wird, dass auch verschiedene Hemmungen fallen und so weiter. Dennoch nimmt man immer *sich* mit. Das Erleben im Rausch ist vielleicht intensiver, aber es ist nie feiner als im gewöhnlichen Leben, es ist oft sogar *gröber*.

Im Rausch findet man vielleicht zu hemmungsloser Ekstase, zu wildem Tanz, zu wildem Sex und anderen sehr intensiven, sehr körperbetonten Erlebnissen – aber man wird im Rausch nie zu dem wirklichen, tiefen Wesen des anderen Menschen oder der übrigen Welt finden.

Das *tiefe* Sich-Verbinden mit dem anderen Menschen und allem anderen, was einen umgibt, führt immer nur durch das Geheimnis der Sanftheit. Es ist ein Geheimnis der gesteigerten Reinheit. Das gewöhnliche Leben darf nicht im Rausch überwunden werden. Es muss durch eine ganz *bewusste* Vertiefung der Empfindung und der Zartheit der Empfindungen überwunden werden.

Wer den Rausch sucht, sucht im Grunde noch ganz das Selbsterleben. Das Geheimnis der sich vertiefenden Sanftheit des Erlebens und der dadurch möglichen Vertiefung des Erlebens überhaupt sucht nur der, der bereits deutlich ahnen kann, dass hier das *wahre* Geheimnis liegt – und auch das wahre Glück, das wirkliche Wunder.

Aber *diese* Sehnsucht brauchen wir – und in gewisser Weise hat diese Sehnsucht auch jede Seele. Sie muss sie in sich nur finden. Sie muss nur finden, dass nicht nur dasjenige in ihr lebt, was den Rausch sucht, das so einfache Steigern des Erlebens, das aber die Seele selbst ganz unverwandelt lässt, allenfalls stärker in den Körper hineinstößt – sondern dass auch das in ihr lebt, was sich *wirklich verwandeln* möchte, um fähig zu werden, tiefer, reiner und gleichsam heiliger zu empfinden. Dieses Etwas lebt in jeder Seele – und es *weiß*, dass in dieser Verwandlung das wirkliche Wunder gefunden werden kann. Es weiß, dass die Heilung der Empfindungskräfte und Empfindungsfähigkeit kein langweiliger Weg ist, sondern dass auf diesem Weg gerade jene Unendlichkeit einer immer intensiveren Verbindung mit allem gefunden werden wird, die auf keinem anderen Weg möglich ist.
Wirklich verwandelt sich das Erleben erst dann, wenn sich die Seele selbst verwandelt. Und der reinste Teil der Seele, der wir in Wirklichkeit mehr sind als jeder andere Teil, weiß dies alles auch. Und deswegen hat er eine Sehnsucht danach. Es ist der Kern unserer Seele. Im Innersten unserer Seele ha-

ben wir diese Sehnsucht – die Sehnsucht nach innerer Entwicklung und Verwandlung.
Dem innersten Teil unserer Seele ist gerade ein Leben *ohne* innere Entwicklung etwas Langweiliges, etwas, was niemals der Sinn des Lebens sein könnte. Dieser Teil unserer Seele weiß, dass selbst ein Leben mit rauschhaften Erlebnissen Tag für Tag niemals ein Leben aufwiegen könnte, in dem die Seele *den Weg einer inneren Entwicklung betritt...*

Was nützt ein Leben voller sexueller und anderer Orgien, wenn man nie das tiefe Glück erleben kann, für Momente einem an einem Sommertag vorbeigaukelnden Schmetterling zuzusehen und so tief die Schönheit dieses Augenblickes zu erleben, dass man dafür überhaupt keine Worte hat...
Orgien sind leiblich – sie können niemals der *Seele* eine wirkliche Erfüllung geben. Die innige Verbindung mit diesem Schmetterling und seiner Schönheit aber, überhaupt der Schönheit des ganzen Augenblicks, ist etwas, was die *Seele* erlebt. Sie kann es aber nur, wenn sie sich dazu fähig macht; wenn sie sich wieder Fähigkeiten erringt, durch die sie so fein und innig wahrnehmen kann, dass sich ihr die realen Wunder wieder neu real offenbaren...
Und dann, wenn sie dieses Erleben gewinnt, weil sie in ein neues Erleben *hineinwächst*, dann wird auch das, was vorher in Orgien gesucht wurde, zu einem viel tieferen und immer tieferen Erleben, das immer mehr von *Seele* durchdrungen wird. Glück kann die Seele nur erleben, wenn sie als Seele selbst immer mehr und mehr lebendig wird, immer zarter auch... Denn in gewisser Weise ist es gerade die Zartheit, die das wirkliche Leben der Seele ist. Denn hier lebt ihre Empfindungsfähigkeit. Je dumpfer das Erleben der Seele, desto schwächer und oberflächlicher, desto gelähmter und konturloser. Je zarter das Erleben, desto differenzierter und vielfältiger, desto intensiver und lebensvoller, desto reicher und durchzogener von dem, was wir ‚Glück' nennen.

Das Glück werden wir finden, wenn wir in unserem Innersten die Sehnsucht finden, unsere Empfindungen und unsere ganze Seele zarter werden zu lassen, als sie es sind... Immer mehr müssen wir ahnen und spüren, wie grob unsere Seele zunächst ist – in *allem*, in ihren Empfindungen, aber auch in ihren Gedanken, in ihren Impulsen. Grob und viel zu empfindungslos. Dumpf und grob, überhaupt nicht zart, viel zu wenig, gar nicht sanft...
Eine *Sehnsucht* danach muss in uns wach werden. Auch das allmählich, auch das sanft und zart...

Diese Sehnsucht, wenn sie erwacht, *ist* zart. Deswegen kann sie leicht überdeckt werden, überhört werden – selbst dann, wenn sie schon lange da ist.
Diese Sehnsucht ist das heiligste Empfinden, das in unserer Seele lebt. Und es war immer da, und es ist immer da – aber wir können es auch immer überhören, unser ganzes Leben lang. Wir können Dumpfheit auf Dumpfheit häufen, Grobheit auf Grobheit, gewöhnliches Erleben auf gewöhnliches Erleben, gewöhnliche Genüsse auf gewöhnliche Genüsse – und unser ganzes Leben eine innig sanfte Stimme in unserer Seele überhören, die gleichsam flehend flüstert ... weil sie sich nach einer inneren *Entwicklung* sehnt.
Aber es kommt alles auf jenen einen Schritt und Moment an, wo wir zu spüren beginnen, dass diese innere, ganz, ganz leise Stimme *unsere* innerste Sehnsucht ist. Es ist ein Prozess, in dem uns diese Sehnsucht bewusst wird. Und selbst wenn sie uns bewusst wird, kann es noch lange dauern, bis wir begreifen, was das Ziel dieser Sehnsucht ist – und was der Weg ist, sie zu stillen. Es kann lange dauern, bis wir begreifen, was eigentlich *innere Entwicklung* ist. Wonach sich die Seele im Innersten eigentlich sehnt. Und dass das wirklich wir selbst sind. Und wie wunderbar dieser heilige Weg innerer Entwicklung eigentlich ist. Dies alles immer mehr zu spüren und zu begreifen, kann schon ein eigener, sehr langer

Weg sein. Und doch kann das Wesen dieser innersten Sehnsucht, einmal erwacht und gespürt, eigentlich immer nur bewusster und bewusster werden. Und das bedeutet: Der innerste Kern unserer Seele tritt immer mehr ans Licht – und wir werden immer mehr mit ihm eins. Wesen der Seele und unser jetziges Bewusstsein – beides geht immer mehr aufeinander zu... Das heilige Geheimnis unserer Seele kommt uns sanft entgegen – und wir sind bereit, es in aller Heiligkeit aufzunehmen; wir machen uns immer mehr bereit dazu.

Die innere Entwicklung der Seele – es ist ein heiliger Weg, den wir damit betreten. Es ist der heilige Weg der *Sanftheit*. Innere Entwicklung ist die Vertiefung aller Seelenfähigkeiten, und diese Vertiefung besteht in ihrer Läuterung, ihrer Heiligung, ihrer Durchdringung mit dem Mysterium der Zartheit.

Sobald unsere Seele auch nur die erste Sehnsucht nach diesem Mysterium empfindet und diese Sehnsucht zu wachsen beginnt, hat sie diesen Weg eigentlich schon betreten. Und die Sehnsucht selbst ist ihre Führerin geworden...

Sehnsucht... Die Sehnsucht wird wirklich unsere Führerin sein können – wenn wir ihr vertrauen. Wir müssen so weit kommen, dass wir wirklich zu empfinden beginnen, dass in der Sehnsucht eine innere Kraft verborgen ist. Wenn wir uns der Sehnsucht, die in unserer Seele lebt oder zu leben beginnt, hingeben können, dann kann sie uns immer mehr in die Richtung ihres eigenen Zieles führen. Das ist das Geheimnis der Sehnsucht. Sie ist nicht machtlos, nicht hilflos. Sie ist eine geheimnisvolle Kraft, die in die Richtung ihres eigenen Zieles unterwegs ist – und die Seele mitnimmt, wenn sie sich hingeben kann.

Der erste Schritt auf diesem Weg innerer Vertiefung *besteht* gerade in der Hingabe... Und auch die Sehnsucht gilt dieser Hingabe. Die Seele *will* sich hingeben können. Das gerade ist ihre Sehnsucht. Sich hingeben können – um alles immer tiefer empfinden zu können, erleben zu können, in aller Zartheit und darum so intensiv wie nie zuvor. Das ist die geheime, zarte Ahnung der Seele: dass dies möglich ist. Dass auf diesem Weg ein vollkommen anderes Erleben zum Leben erwachen kann – ein Erleben, das das wahre Glück kennt, weil es das Wunder kennt...
Wir brauchen an diesem Punkt nur eines: die leiseste Ahnung, dass dies wahr ist. Dass es einen Weg gibt, der die Fähigkeit, zu *empfinden*, unendlich zu vertiefen vermag – und dass es *dieser* Weg ist. Wir brauchen nur das leiseste Vertrauen, dass es eine Möglichkeit ist, dies wiederzufinden. Und wir brauchen uns nur zu erinnern – an Momente, die uns fast ganz entfallen sind, die wir aber noch nicht völlig vergessen haben können, weil wir sie einmal *erlebt* haben.

Nehmen wir die Hingabe, die wir in unserer Seele schon finden können – und *erinnern* uns an solche Momente: an die schönsten Momente unseres Lebens ... an die wahrhaft schön-

sten Augenblicke, die dies waren, weil sie so zart waren, so sanft, so voll Wunder... Denken wir zurück – an unsere erste Liebe. An die Momente, wo unser Herz zitterte, weil wir ihr gegenüberstanden, und die Aufregung oder das Glück uns sanft den Atem nahm. Glück, in diese Augen zu blicken. Glück, dieses wunderbare Mädchen in die Arme nehmen zu dürfen – oder sich in die Arme des Geliebten schmiegen zu können... Glück war das, reinstes Glück – Glück, das durch alle Adern strömte, das in jedem Atemzug lebte. Glück, das keinen Anfang und kein Ende kannte – reinstes und tiefstes Glück...
Man erinnere sich in der größten Tiefe, die einem überhaupt möglich ist. Man scheue sich nicht vor einem Schmerz – denn hier *gibt* es keinen Schmerz. Schmerz ist vielleicht, dass dies nicht mehr die Gegenwart ist, aber jetzt wollen wir uns *erinnern*, und in der Erinnerung *wird* dies wieder Gegenwart. Wenn wir das Eintauchen der Seele in die Erinnerung ernst nehmen, dann ist dies etwas Absolutes. Es ist nicht etwas Verschwundenes, im Erinnern ist es *jetzt*. So stark müssen wir eintauchen, in die Tiefen unserer eigenen Seele – da, wo die Erinnerung jederzeit wieder da ist, aber wenn sie da ist, dann ist sie Gegenwart. Im Traum sagt sich die Seele auch nicht, dass sie ‚nur' träume. In der Erinnerung sagt sich die Seele auch nicht, dass sie ‚nur' sich erinnere – sondern sie taucht ein ... und die Erinnerung *wird* Gegenwart, sie ersteht in all ihrer Intensität auf, sie wird wieder Realität, reales Erleben der Seele. Es hängt nur von den Kräften der Seele selbst ab, *wie* real dies wird. Aber die Seele hat alles in sich, ihre ganze Erinnerung. Das ganze Wunder hat sie in sich. Sie hat es nicht vergessen, sie hat es *nie* vergessen. So etwas Schönes *kann* man nicht vergessen. Und jetzt *erinnert* sie sich – so stark, so voller Hingabe, so voller Erstaunen, dass diese atemberaubende Schönheit wieder da ist; dieses unermessliche Glück; dieses Mädchen; dieser Junge; dieser Moment. Erinnern wir uns an jenen Blick, der uns am tiefsten

erschütterte ... an jene Bewegung des geliebten Wesens ... an jenes Wort, jene Geste ... die unser Herz so tief ergriff, dass es wirklich zitterte, nicht im übertragenen Sinne, sondern wirklich...

Die heiligsten Momente des Lebens kann man fast nicht in Worte fassen – und sie sind auch für jeden Menschen andere. Das so innig geliebte Wesen ist ein anderes. Dasjenige, was einen so unendlich berührte und die eigene Seele das Glück, das tiefste Glück kennenlernen ließ ... nur die Seele selbst weiß, was dies war... Aber dies, dieses heiligste Erleben, das sie für immer in ihrem Herzen bewahrt hat – dies ist *niemals* verlorengegangen. Auch wenn wir ein ganzes Leben gelebt haben, in dem wir uns nie an diesen Moment oder diese Momente erinnert haben, sind sie doch nie verlorengegangen. Sie haben in unserer Seele treu gewartet, rein und heilig wie am ersten Tag. Es sind Momente, die mit keinem Geld der Welt je zu bezahlen wären – selbst die Erinnerungen sind kostbarer als alles Vermögen auf Erden. Und sie haben gewartet, diese Erinnerungen, gewartet ... bis wir wieder soweit sind, dies zu tun: uns jener magischen Momente zu erinnern, in denen unser Herz nicht wusste, dass es *so viel Glück* auf Erden überhaupt gibt...

Eintauchen in dieses Heiligtum, das die Seele für uns bewahrt hat, diese wunderbare Seele, sie hat alles bewahrt ... eintauchen in diese unsagbar schönen Momente, die nicht nur Erinnerung sind. Ein solcher Moment ist eine ganze Welt, er ist eine heilige Ewigkeit. Unsere Seele hat ihn bewahrt – und nun dürfen wir ihn noch einmal erleben, eintauchend in das Heiligtum der Erinnerung, und indem unsere Seele selbst zum Heiligtum der Erinnerung wird, treten wir ein in die Gegenwart, in das Heiligtum des Bleibenden.

Es ist nur unsere eigene Schwäche, wenn wir dies nicht sofort können. Aber wir dürfen das Mysterium der Erinnerung nicht

geringschätzen. Denn auch sie, die Erinnerung, ist einer unendlichen Vertiefung fähig, sie wartet nur auf unsere heilige Arbeit, sie zu vertiefen – und sie so heilig zu erleben, wie sie ist...
War nicht, als wir jenes Mädchen liebten – und die Frauen mögen immer an den Jungen denken, den sie liebten, ein jeder möge an seine heiligste Liebe denken –, war nicht damals jeder Gedanke heilig, jeder Gedanke an sie...?
Was ist aus jener Fähigkeit unserer Seele geworden – jeden Gedanken zu heiligen, allein dadurch, dass er mit *ihr* zu tun hatte? Mit ihr, die alle Gedanken und Gefühle heiligte, sobald sie nur leise mit ihr in Berührung kamen... Ein Wunder war jenes Wesen, das wir so unendlich liebten und verehrten – und ein Wunder wurde unsere eigene Seele, denn sie wurde gleichsam so heilig wie jenes Wesen, und sie *wollte* so sein...

Vielleicht hat man diese wahrhaft heilige Liebe so nie erlebt, vielleicht hat man das nie gewollt, vielleicht hat man auch nie einen solchen Menschen gefunden. Dennoch gibt es nichts anderes auf Erden, was dem nahekommt. Die *romantische* Liebe in ihrer ganzen Tiefe – eine Romantik voll heiliger Zartheit – ist das Urbild des Glücks überhaupt. Es ist die tiefste Begegnung, die denkbar ist. Jedes andere Glück beruht darauf, dass auch in ihm *etwas* von dem geschieht, was in der zarten Begegnung der romantischen Liebe in unbeschreiblicher Fülle geschieht.
Wenn wir also jemals das Glück hatten, dieses Glück zu erleben, dann sollten wir auch das Mysterium unserer Erinnerung nicht geringschätzen. Denn der heilige Augenblick bleibt *immer* heilig – nur wir selbst können ihn entwerten, und doch ist er noch immer heilig, selbst wenn wir dies nicht mehr erkennen können. Es ist nicht ‚nur' Erinnerung – es ist die bleibende Ewigkeit eines heiligen Momentes, dessen Heiligkeit von keinen anderen Momenten übertroffen werden kann. Wenn wir unsere Erinnerung gering achten, dann ent-

heiligen wir in Wirklichkeit nicht diese Momente – wir entheiligen nur uns selbst, weil wir uns zu der *Heiligkeit* jenes zauberhaften Augenblickes nicht mehr erheben können. Weil wir nicht fähig sind, in unsere Erinnerungen wahrhaft und mit voller Aufrichtigkeit wieder einzutauchen. So sehr, dass das Glück dieses Moments uns von neuem Tränen des Glücks in die Augen treibt... Tiefstes Glück, diesen Moment wiederum erleben zu können, denn er ist ein *bleibendes* Heiligtum unseres Lebens geworden.

*

Wir werden auf dem Weg, der vor uns liegt, immer wieder unsere jetzige Abstraktheit und Profanität spüren – jenes Hindernis, das sich wie eine Mauer vor das tiefere Wesen unserer Seele schiebt, das viel lebendiger ist als das, was wir jetzt sind. Und zu dieser Profanität und Dumpfheit gehört eben auch, so etwas wie die Erinnerungen nicht ernst zu nehmen – und nehmen zu können.
Der abstrakte Intellekt ist ein mächtiger Gegner unserer Seele, und er schöpft seine Macht auch aus seinem Hochmut. Wir glauben in einem sehr einflussreichen Teil unserer Seele, dass wir aufgeklärte Menschen sind. Die ganze Welt sendet fortwährend die Botschaft aus, dass wir gewisse Gefühle in uns gar nicht zulassen dürfen – dass wir über eine gewisse Empfindsamkeit gar nicht hinausgehen dürfen. Wir wissen unbewusst sehr genau, dass wir uns außerhalb der allmächtigen Norm stellen, wenn wir einen bestimmten Schritt tun würden, der diese Norm nicht beachtet...

Die *Scham* ist ein mächtiger Gegner für den inneren Weg, den wir vor uns haben. Hochmut und Scham spielen einander in die Hände. Denn der Hochmut glaubt, dass über eine gewisse Grenze hinaus sich vertiefende Empfindungen nur eine *Schwäche* sind – und die Scham *wagt* diesen Schritt auch gar nicht. Und wenn man nicht im Verständnis dieser und anderer Seelenregungen bereits sehr geschult ist, wird schon hier jeder inneren Entwicklung ein unüberwindliches Hindernis in den Weg gestellt. Man kommt einfach nicht weiter. Es geht nur bis zu diesem Punkt – und dann bleibt es stehen.

Man muss sehr genau *erkennen*, was für Kräfte hier wirksam werden. Man muss die hier auftretenden Seelenregungen erkennen – und man muss erkennen, dass sie etwas *anderes* sind als das eigene Wesen. Man muss erkennen, dass sie sich diesem eigenen Wesen gerade in den Weg stellen – dass sie *verhindern* wollen, dass man weitere Schritte macht.

Diese Erkenntnis ist bereits sehr weitgehend. Es kann für viele Menschen eine Art Schock sein, sich von ‚ihren eigenen' Seelenregungen distanzieren zu müssen und zu erkennen, dass es in der Seele Regungen gibt, die dem innersten Kern der Seele gerade entgegenarbeiten – und die uns alle fortwährend daran hindern, der zu werden, der wir zutiefst werden können und auch wollen –, und doch muss ich diese Erkenntnis hier bereits gleichsam voraussetzen.

Wer den Mut hat, hier weiter mitzugehen, wird mit einer immer tieferen Erkenntnis auch dieser *Gegenkräfte* belohnt werden. Dennoch werden die Menschen, die ein solches Buch wie dieses zur Hand nehmen, das, was ich hier beschreibe, nachvollziehen können – gewiss auch aus eigener Erfahrung. Wer auch nur in einem ersten Ausmaß begonnen hat, eine Sehnsucht nach innerer Entwicklung und Vertiefung der Seele zu empfinden, der weiß immer mehr um die Kräfte, die sich der Seele und ihrer aufkeimenden Sehnsucht *in den Weg stellen*.

Im Grunde ist es sogar für jeden Einzelnen von uns eine Alltagserfahrung, dass die *Scham* die Seele oft genug daran hindert, der zu sein, der man ist – und dass sie erst recht daran hindert, Schritte in die Richtung zu gehen, in der es möglich wäre, immer mehr der zu werden, der man sein will... Wir alle wissen, wie sehr die Scham jede *wahre* innere Entwicklung verhindern kann. Machtvoll ist sie, diese Scham... Machtvoll wirkt sie, als unausgesprochene und auch ausgesprochene, immer aber überall wirksame Norm. Überall sind diese unsichtbaren Grenzen. Übertrete sie nie... oder du bist ein Ausgestoßener, für jeden sichtbar, preisgegeben dem allgemeinen Urteil, der allgemeinen Verdammung und dem allgemeinen Spott...

Der Hochmut ist schon viel weniger erkennbar. Denn während die Scham einen daran hindert, etwas zu tun, was man immerhin tun *will* – oder wollen würde, wenn es einfacher wäre –, ist der Hochmut eine Kraft in der eigenen Seele, die dazu führt, dass man überhaupt nicht mehr will, was man zutiefst innerlich vielleicht doch will, aber man weiß es überhaupt nicht mehr. Man ist buchstäblich selbst zu einem Spötter gegenüber den tiefsten, den innersten Seelenregungen geworden. Die Scham ist wie ein innerer Zensor, sie übernimmt das Urteil der Außenwelt, nimmt es nach innen, schon vorab, schon bevor man irgendetwas tut... Aber der Hochmut ist dieser innere Zensor noch viel stärker. Man wird *selbst* zum Urteilenden. Man übernimmt das Urteil der Außenwelt so stark, dass man *selbst* Außenwelt wird. Man glaubt selbst, dass man spotten muss – und man tut es. Der Spott wird Teil der eigenen Seele. Und das innerste Seelenwesen muss sich noch weiter zurückziehen als bei der Scham – es muss ganz in das Unbewusste zurückweichen.
Man muss diesen Unterschied erleben. Beide Kräfte sind eine Realität in jedem von uns. Aber man muss erleben, wie sie wirken...
Denken wir einmal sehr intensiv an den Weg, den wir versuchen wollen zu betreten. Wir wollen unsere Empfindungsfähigkeit vertiefen. Wir sind auf der Suche nach jener Tiefe

der Empfindungsfähigkeit, die wir einmal hatten und die wir verloren haben. Diese unendliche Tiefe offenbarte sich auch einmal darin, dass wir einen anderen Menschen so sehr geliebt haben, dass ein Blick, eine Geste dieses Menschen reichte, um unser Herz so tief zu berühren, dass es mehr Glück empfand, als es vielleicht je für möglich gehalten hätte. Wir kannten das heilige Mysterium einer reinen Liebe bis auf den Grund...

Der Hochmut hat nun tausend Möglichkeiten zuzuschlagen. Er verbündet sich mit dem abstrakten Intellekt – und er schlägt zu. Erbarmungslos tötet er das Heilige, indem er es so sehr ablähmt, dass es gar nicht mehr empfunden wird. Und dann erhebt er sich darüber.

Vielleicht war es einmal heilig – aber das ist doch vergangen. Was willst du denn überhaupt? Was soll dies alles? Sentimentales Gerede – und wo soll es hinführen? In Illusionen? Willst du dich lächerlich machen? Schon die ‚erste Liebe' selbst ist eine Illusion, gebaut auf Illusionen – und dieses ganze ‚Eintauchen' und dieses ganze ‚tiefe Empfinden' ist erst recht nur noch lächerlich. Weltfremd und idiotisch, verführerisch vielleicht, aber zu nichts nütze. Du erreichst nichts – und stellst dich höchstens außerhalb der Normalität. Du wirst so etwas wie ein Idiot. Vielleicht musst du am Ende sogar noch Pillen nehmen, weil mit deiner Seele was passiert, was du nicht mehr rückgängig machen kannst. Vielleicht wirst du depressiv – oder sonstwie lebensuntauglich. Nein, dieses ganze ‚Empfinden' und dieses ‚Vertiefen', das ist reiner Quatsch. Vergiss es lieber jetzt als gleich. Und überhaupt – bist du denn etwa ein gefühlloser Klotz? Was bildet sich dieser Mensch eigentlich ein? Glaubt, dich über etwas belehren zu können, was angeblich notwendig und wichtig sein soll – und rennt, abgesehen von seinen Übertreibungen, doch nur offene Türen ein. Denn *natürlich* wissen wir alle, dass das Gefühl wichtig ist und dem Leben seinen Wert gibt.

Aber wir können doch alle fühlen. So viel wie nötig und auch so viel wie möglich. Es reicht vollkommen, um ein glückliches Leben zu führen. Und übertreiben ist sowieso immer von Übel. Nein, nein – leg das Buch nur zur Seite. Du findest darin nichts, was du wollen würdest. Es sind alles entweder maßlose Übertreibungen oder leere Versprechungen. Übertreibungen, weil eine Seele überhaupt nicht heilig werden muss, das ist Blödsinn – und leere Versprechungen, weil dieses ganze ‚Glück' überhaupt nicht erreichbar ist. Man würde sich ja schon, bevor man die ersten Schritte wirklich macht, zum Gespött der Leute machen. Oder man wird einer dieser ‚Ewig-Glücklichen', die gar nicht merken, dass sie sich eigentlich nur in einer Endlosschleife der Selbstsuggestion befinden. Lieber klar und selbstbewusst im Leben stehen, als unkontrolliert in der Seele herumfuhrwerken und da einen Blödsinn nach dem anderen anrichten. Ich weiß gar nicht, was in mich gefahren ist, als ich zu diesem Buch gegriffen habe...

Der hochmütige Intellekt wirkt auf tausend verschiedene Arten. Ich konnte in dem Absatz eben nur versuchen, *einige* seiner Gedankenbewegungen erlebbar zu machen. Dennoch kann man, wenn man in diese *eintaucht*, immer besser fühlen, welche Kraft in diesem abstrakten Intellekt wirkt und wie sie vorgeht... Und man muss auch dann wiederum die Kraft haben, sich davon zu distanzieren – zu erkennen, dass das wahre Wesen der eigenen Seele eine ganz andere Bewegung machen will, nicht diese, sondern eine ganz andere...
Und man braucht *Mut*. Schon bei der Scham brauchte man Mut. Gegenüber dem Hochmut (!) des abstrakten Intellekts braucht man aber sogar noch mehr Mut – wenn man gegen ihn bestehen und sich gegen ihn behaupten will. Denn zunächst ist dieser Intellekt mit allem, was ihn durchzieht, ein Teil unserer eigenen Seele. Wir sind das selbst – mit einem Teil unserer Seele! Es braucht viel Kraft und viel Mut, um

sich dagegen zu wehren und einen *Kampf* zu beginnen. In diesem Kampf wird man sehr schnell merken, dass man nicht nur gegen sich selbst zu kämpfen hat – sondern wiederum auch gegen die Außenwelt. Dann sobald die Seele diesem Hochmut nicht mehr folgen will, weil sie wirklich die *Gegenbewegung* machen will, stellt sie sich im Grunde gegen die ganze Welt. Denn überall in der Welt wirken die Urteile, die ich versucht habe zu skizzieren. Überall wird einem dies entgegentreten: Was tust du? Du übertreibst doch... Was willst du denn jetzt...?
Wenn man es schafft, sich von dem Hochmut der eigenen Seele und des eigenen Intellekts zu distanzieren, dann tritt einem dieser Hochmut dennoch in der *Außenwelt* entgegen, in den Seelen aller anderen Menschen – und sofort beginnt wieder die *Scham* zu wirken. Man will sich doch nicht außerhalb stellen. Man will doch kein Paria sein, man will doch nicht ein Mensch sein, der ‚übertreibt'. Wenn das *alle* denken, dann müssen sie doch wohl Recht haben?

Man braucht hier also den größten Mut – Erkenntnismut und auch Mut des Handelns, des inneren Handelns, das sich aber immer nach außen offenbaren wird.
Es ist doch selbstverständlich – und das ist *Erkenntnis*mut –, dass etwas, was von allen abgelehnt und von oben herab beurteilt wird, sich niemals verwirklichen kann, wenn nicht zunächst Einzelne den Mut haben, es dennoch zu verwirklichen – egal, was alle Anderen sagen. Noch nie war das Urteil einer noch so großen Mehrheit maßgebend für die Wahrheit – oder das Gute.
Man denke an das Beispiel von Christus und der Ehebrecherin. Wir wissen noch nicht, was für ein Wesen Christus ist, und vielleicht urteilt auch hier wieder unser Hochmut – verbunden mit den Vorstellungen, die sich uns eingeprägt haben –, und dennoch können wir versuchen, uns so stark wie möglich um eine Unbefangenheit zu bemühen und diese Sze-

ne aus dem Evangelium einfach auf uns wirken lassen. Da steht Christus und bei ihm die Ehebrecherin, die sie zu ihm geführt haben. Sie, das sind die Schriftgelehrten, die ihn fassen wollen – und sie glauben, es mit dieser Situation endlich tun zu können. Sie glauben, dass er ihnen nun nicht mehr entgehen kann. Sie haben ein Opfer – und sie glauben, dass nun auch Christus ihr Opfer werden wird.
Und sie führen die Frau vor ihn und sie führen sie vor. Es ist ein großer Kreis von Schriftgelehrten, und sie alle haben ihr Urteil über die Frau – und es steht ja sogar im Gesetz, im Gesetz des Moses: Du sollst nicht ehebrechen. Und für die gesetzestreuen Schriftgelehrten ist es klar: Diese Frau verdient nach den Gesetzen und Geboten ihres Volkes den Tod durch Steinigung. Es besteht gar kein Zweifel, nicht der geringste. Die Gebote wurden einst in Stein gegraben von Moses vom Sinai herabgebracht. Jeder Einzelne aus dem Volk denkt dasselbe. Kein Zweifel...
Aber nun sagt Christus nur einen einzigen Satz. ‚Wer von euch ohne Sünde ist, der werfe den ersten Stein.'

Und mit diesen Worten erreicht er die Herzen der anwesenden Menschen. Und *beschämt* gehen sie fort, einer nach dem anderen, beginnend mit den Ältesten...
Was diese Szene erschütternd tief erlebbar machen kann, ist, dass eine Wahrheit überhaupt nicht davon abhängt, wieviele sie erkennen oder empfinden. Sie steht für sich. So, wie Christus bei der Frau stand, als Einziger...
Hätte er nicht jene Worte gesprochen, die er gesprochen hat, wäre die Frau gesteinigt geworden. Und vielleicht ist es ja so, dass wir fortwährend unsere eigene Seele steinigen, wenn wir uns nicht auf den Weg machen, an dem uns, bewusst oder unbewusst, das Urteil der Menge, ja vielleicht das Urteil aller, hindern will – und wenn wir nicht den Mut haben, es *trotzdem* zu tun. Wir müssen den Mut haben, uns lieber von den auf uns einprasselnden Urteilen steinigen zu lassen, als

selbst weiter ein Steiniger und Peiniger unserer wahren Seele zu werden. Wir müssen immer mehr wissen, dass *wir alle* unsere Seelen steinigen, weil wir uns nicht auf den Weg machen, viel zu wenig... Weil wir viel zu sehr weiter und immer weiter den Weg der Härte gehen, den Weg der Dumpfheit, den Weg der Steine... Erkenntnismut bedeutet, sich immer mehr und immer stärker nur noch auf das zu verlassen, was die *eigene* Seele – in ihrem reinen Kern – einem sagt. Und es bedeutet, immer mehr zu erkennen, wie sehr die Urteile der Außenwelt, wenn sie davon abweichen, nur aus dem heraus sprechen, was eben *auch* noch nicht verwandelt ist. Was auch noch ganz auf ... Angst, Scham und Hochmut beruht. All diese Kräfte wollen innere Entwicklung *immer* verhindern. Und sie tun es auch. Aber die eigene Seele muss sich immer mehr dagegen zu wehren wissen. Sie muss immer mehr auf ihre *eigene* Stimme vertrauen. Und sie muss die Kräfte suchen, die ihr dafür die notwendige Stärke geben. Und sie findet diese, wenn sie den Weg, den sie begonnen hat, unbeirrt weitergeht...

Erkenntnismut geht bei jeder inneren Entwicklung in Handlungsmut über. Denn wenn die Seele erkennt, was das Richtige, das Wahre und auch das Gute ist – dann will und muss sie dies ja auch tun. Dennoch braucht sie bereits Mut, dies überhaupt ganz klar zu *erkennen* – und auch immer wieder, denn zu Scham und Hochmut kommen auch die Zweifel hinzu. Erkenntnismut bedeutet, die Erkenntnis immer wieder an den Punkt zu bringen, wo die Zweifel zerfallen, weil sie nicht bestehen können, weil die Erkenntnis zu klar, zu rein da ist. Und doch können die Zweifel wiederkehren, und wiederum muss man darum kämpfen, die Erkenntnis wieder ganz klar, rein und stark vor sich zu haben... Was will ich wirklich? Was ist das Gute? Warum ist es das? Warum will ich das? Was suche ich im tiefsten Inneren? Bin ich ganz sicher? Warum bin ich das? Woher kommt meine Sicherheit?

Die Erkenntnis kann so rein werden, dass sie schließlich nicht mehr anfällig für Zweifel ist. Das ist Erkenntnismut... Dann aber braucht es noch immer Mut, die Erkenntnis auch zu einer Realität zu machen...

Die Erkenntnis wird nicht mit einem Tag so sicher, die Sehnsucht wird nicht an einem Tag so stark, dass nichts sie mehr erschüttern kann. Das ganze Leben lebt in Prozessen – um wieviel mehr das Leben der Seele...
Der Mensch in der heutigen Zeit wird von der Außenwelt und ihrem Geschehen und ihren Anforderungen aufgefressen. Es bleibt ihm kaum noch Zeit für seine Seele – und er nimmt sich diese Zeit auch nicht mehr. Und doch stehen wir hier vor der entscheidenden Frage: Wie wichtig ist uns dies?

Wir stehen vor einer schwerwiegenden Situation: Wir spüren leise eine Sehnsucht. Aber dies wird uns nichts helfen, wenn wir an unserem Leben nichts ändern. Und zugleich wird diese Sehnsucht eben auch nicht viel stärker werden, als sie jetzt ist, wenn wir nichts ändern. Wir werden, wenn wir nichts ändern, dasselbe Leben wie immer führen – immer weiter. Wir werden eine leise Sehnsucht haben, aber *nichts* wird sich ändern. Wir werden unser Leben leben ... und irgendwann sterben, ohne irgendetwas geändert zu haben...
Oder aber wir *werden* etwas ändern. Dann wird sich auch unsere Seele allmählich ändern – aber nur dann.

Was ich sagen will, ist, dass nur wir selbst das Dilemma überwinden können. Wir werden uns nur dann zu einer grundlegenden Änderung entschließen, wenn unsere Sehnsucht danach groß genug ist. Aber stark werden wird unsere Sehnsucht erst dann, *wenn* wir bereits etwas ändern, wenn sich unser ganzer Blick ändert.
Und doch ist dieses Dilemma jederzeit zu überwinden. Es liegt immer in unserer Hand. Und es gibt nur eine entscheidende Frage: Wie wichtig ist uns dies? Wie sehr nehmen wir diese Dinge ernst? Wir *haben* nur eine Seele – und wir haben nur ein Leben, jetzt. Was unsere Seele tut oder nicht tut ... das wird für immer unser Leben gewesen sein. Wir können das,

was mit unserer Seele zu tun hat, ernst nehmen – oder wir können darüber hinweggehen, für immer etwas versäumend, etwas unendlich Kostbares...
Eigentlich sollte sich jeder Mensch einmal einen ganzen Tag lang, vielleicht einen Sonntag, ganz für sich zurückziehen, um nur über diese eine Frage zu meditieren: Was lasse ich mit meiner Seele geschehen? Was tue ich ihr an? Was habe ich ihr all die Jahre bis jetzt angetan? Und ... was *könnte* ich tun? Welche Entwicklung wäre für meine Seele möglich? – Und dann sollte man so tief wie möglich versuchen, reale Bilder von dieser Entwicklung zu entfalten. *Gefühlte* Bilder, tief erlebte Bilder. Was könnte die Seele sein, werden ... wie tief könnte sie empfinden, mitempfinden mit allem, wenn sie eine solche innere Entwicklung beginnen würde, dass dies in ihr wächst, als ein ganz neues Wesen, das aber zugleich so sehr in ihr veranlagt ist...?

Es ist so *wichtig*, dies wirklich zu versuchen – auch leise Ahnungen davon, was die Seele werden kann, ernst zu nehmen; und wenn man diese Ahnungen längst hat, auch diese noch zu vertiefen, *noch* weiter zu gehen in seinen Ahnungen, in seinem *Mut* zu solchen Ahnungen; in seinem Mut, all dies ernst zu nehmen – und sich auch immer ernster und realer nach einer solchen Entwicklung zu sehnen.
Das Einzige, was man zunächst hat, wirklich das Einzige, *ist* diese Sehnsucht. Darum ist sie so unendlich kostbar. Und darum muss sie wirklich gehütet und auch genährt werden. In ihr, in ihrem geheimnisvollen Leben liegt die Kraft, mit der wir immer mehr diesen Weg betreten werden, mit der wir ihr folgen werden – der Sehnsucht unserer Seele...
Nehmen wir sie ernst! Nehmen wir sie nicht als gegeben, sondern erkennen wir, dass wir sie nähren müssen, Woche für Woche, und dass wir lernen müssen, sie immer ernster zu nehmen. Erkennen wir, dass unsere große, wichtige Aufgabe zunächst darin besteht, in unsere Sehnsucht überhaupt erst

wirklich *hineinzuwachsen* – so sehr, dass sie schließlich ein inniger Teil von uns geworden ist. Dass sie uns nie mehr verlässt. Dass sie uns in jeder Stunde unseres Lebens begleitet. Eine immerwährende Erinnerung. Eine immerwährende Mahnung. Ein immerwährendes Ziehen – wie ein ziehender, leiser Schmerz. Aber auch ein süßer Schmerz. Sehnsucht ist nicht nur Entbehrung, sie ist viel mehr. Sie ist eine *Kraft*. Aber sie *wird* erst eine Kraft, wenn wir sie so sehr hüten, dass sie es werden *darf*... Ernst nehmen müssen wir sie. Ernst nehmen und hüten – wie ein sanftes Feuer, das wachsen muss, denn das Herz ist noch so kalt...

*

Bilder müssen wir uns machen ... Bilder, um zu einem wirklichen Erleben zu kommen. Unsere Fähigkeit, die Wirklichkeit zu empfinden, ist so schwach, dass wir uns gar nicht klarmachen, was der unendliche Unterschied ist – zwischen einer Seele, die ist, wie sie ist, in der heutigen Zeit, und einer Seele, die in eine innere Entwicklung kommen darf. Dieser Unterschied ist größer, als wir es je erleben könnten. Wir müssten im Grunde vor Erschütterung in Tränen ausbrechen, wenn wir es wirklich könnten – in Tränen vor tiefstem Erschrecken, was wir ... bisher versäumt haben. Tränen aber auch der tiefsten Sehnsucht nach dem, was wir nun erreichen dürfen. Aber dieses Erleben haben wir nicht. Wir werden es ja erst entwickeln. Und doch *brauchen* wir ein Erleben. Denn sonst wird unsere Sehnsucht nie jenes Maß erreichen, wo sie eine wirkliche, reale Kraft zu werden beginnt, eine Zauberin, die wirklich beginnt, die Seele zu wandeln...

Ein vages, leicht sentimentales Gefühl ändert unser Leben und unsere Seele nicht. Solange unsere Sehnsucht damit Ähnlichkeit hat, ist sie viel zu schwach – und wir haben unsere Verantwortung versäumt, sie zu hüten, sind ihr noch überhaupt nicht gerecht geworden, haben sie noch gar nicht wirk-

lich ernst genommen. Aber diese Sehnsucht kann Tag für Tag wachsen, wenn wir sie hüten und uns um sie kümmern, sie empfinden, sie ernst nehmen, ihr nachsinnen und uns fragen: Was *ist* meine Sehnsucht...?
Und um uns darüber wirklich klarzuwerden, brauchen wir Bilder. Denn Gedanken allein und auch vage Gefühle allein sind zu oberflächlich, zu schwach, sie verändern nichts, weil sie nicht in die Tiefe dringen. Bilder *können* in die Tiefe dringen, weil sie die Realität berühren; weil die Realität mit ihrer Hilfe *uns* berühren kann...
Versuchen wir also, in Bilder einzutauchen, Bilder dessen, was das Schicksal der Seele in der heutigen Zeit ist – und was es stattdessen sein könnte...

Die Seele ist wie ein übelgelaunter Junge, der über seinem Handy sitzt und voller Gefühlsarmut sinnlose ‚Spiele' spielt, die seinen Grimm und seine innere Armut nur immer weiter vergrößern. Lassen wir dieses Bild wie eine Wirklichkeit einmal so stark wie möglich auf uns wirken. Es geht nicht darum, dass wir in Wirklichkeit ja viel freundlicher usw. als dieser Junge sind; es geht nicht um unser äußeres Sein, es geht um die Realität unserer *Seele*. Und es geht um ein Bild, das diese Realität wiedergibt, gemessen an jenem Zustand, den unsere Seele haben könnte, wenn sie all ihre heiligsten Anlagen in eine Entwicklung bringen würde.
Wir können in der äußeren Realität alle ‚normale Menschen' sein – doch wir wollen jetzt mit vollkommen anderen Augen blicken. Wir wollen jetzt mit jenen Augen schauen, die zugleich sehen, was die Seele *werden* könnte – und vor deren Blick sich dann jene Seele, die sich nicht entwickelt, sondern so bleibt, wie sie ist, völlig verändert, weil sie in gewisser Weise ihr wahres Gesicht zeigt. Nicht das, was wir äußerlich sehen, sondern das, was sich übersinnlich zeigt, was nur mit Seelenaugen erlebbar ist. Eine Seele, die sich nicht entwi-

ckelt, offenbart übersinnlich eine verborgene innere Faulheit. Und diese Faulheit ist übersinnlich etwas tief Hässliches... Es geht hier nicht darum, *andere* Menschen zu beurteilen. Es geht ausschließlich darum, innerlich zu einem Erleben zu kommen, wie abgrundtief der Unterschied zwischen der sich nicht entwickelnden Seele und der den Weg innerer Entwicklung betretenden Seele ist – und dies nicht in Bezug auf andere Menschen, sondern *allgemein*, vor allem aber in Bezug auf das Schicksal der *eigenen* Seele.

Das Wort Faulheit ist eigentlich vom Sprachgenius sehr weise gebildet. Die faule Seele *fault* innerlich – das macht sie für den übersinnlichen Blick so hässlich. Es gibt in dieser Hinsicht nichts Schönes an ihr – denn sie bleibt ja innerlich stehen, vollkommen, sie hat innerlich kein Leben mehr, denn Leben im *Seelischen* kann niemals Stillstand sein. Wirkliches Leben hat nur die Seele, die sich entwickelt, die nie stehenbleibt, die fortwährend weitergeht, in sanftem Wachstum... Faulheit ist im Seelischen *hässlich*. Und sie ist etwas völlig anderes als Muße, als innerer Frieden. Entwicklung im Seelischen bedeutet nicht hektische Aktivität und Stress, es geht keineswegs um einen puritanischen Leistungsgedanken, um ein fortwährendes Höher und Weiter ohne Ausruhen und auch ohne Freude. Seelische Entwicklung ist geradezu das Gegenteil dieses pervertierten Begriffes von ‚Leistung' und ‚Entwicklung' in unserer heutigen Zeit und äußeren Welt. Seelische Entwicklung bedeutet harmonisches Wachstum und innere Vertiefung. Wenn wir die Pflanzen beobachten, können wir sehr viel darüber lernen, was Wachstum und Entwicklung bedeutet – und was dies im Seelischen bedeuten würde.

Entwicklung, innerlich verstanden, ist ein wirklich *heiliger* Begriff. Gerade in stillen Stunden heiliger Besinnung kann die tiefste Entwicklung geschehen.

Das Gegenteil dessen aber ist die Faulheit. Denn diese ist eigentlich Unwille – Unwille gegenüber jeder Aktivität und inneren Entwicklung.
Die heilige Besinnung umfasst so vieles: die aufrichtige Sehnsucht, eine sanfte Hingabe an eine aufrichtige und wahrhaftige Selbsterkenntnis. Schon hier geht es um so viele Seelenregungen und verborgene Fähigkeiten, die die Seele übersinnlich geschaut – gleichsam mit den Augen der Engel – unendlich *schön* erscheinen lassen. Faulheit aber, also der Zustand, in dem dies alles *nicht* entfaltet wird, sondern brach liegengelassen wird, um ein bloß äußerliches Leben zu führen, lässt die Seele übersinnlich erschreckend hässlich erscheinen. Sie *hat* all diese Anlagen, die sie entfalten könnte – aber sie tut es nicht, weil sie es nicht will. Und solange sie es nicht will, ist sie beherrscht von Faulheit. Und vielleicht lässt sie diese Faulheit ganz bewusst herrschen. Um so hässlicher wird sie...

Es ist wichtig, dass wir begreifen, um welche Wirklichkeitsebene es hier geht. Solange wir uns gegen diese ‚Bilder' innerlich wehren, sind wir noch nicht bereit, dieser Wirklichkeit ins Auge zu sehen – sondern sind noch Opfer der Gegenmächte in unserer Seele, die uns auf den breiten Weg des Hochmuts zurückführen möchten. Hochmut und Verachtung, Verleugnung alles Übersinnlichen, auch alles Seelischen – das ist es, was diese Gegenmächte wollen.
Dabei wäre es so *leicht*, den Widerstand gegen diese Bilder aufzugeben und sie ganz und gar zuzulassen, wirklich zu erkennen, dass hier die Realität selbst sich in Bilder kleidet.
Und wenn wir *diesen* Schritt tun können, dann beginnen wir von einem Moment auf den anderen auch, eine sehr wesentliche Fähigkeit zu verwirklichen – eine Fähigkeit, die die Seele ebenfalls übersinnlich schön macht. Es ist die Bescheidenheit, oder, sich vertiefend, die Demut...

Demut ist eine der schönsten Fähigkeiten der menschlichen Seele überhaupt – und zugleich eine heiligste Kraft, mit der die Seele einen unbeschreiblichen Schutz gegen die Gegenmächte gewinnt. *Wahre* Demut schützt in tiefer Vollkommenheit gegen die Wirkungen der Gegenmächte. Sie ist wie ein Allheilmittel, das in der Seele alles Dunkle heilt und austreibt, wie eine heilige Arznei... Es darf nur keine *eingebildete* Demut sein – denn dann wirkt doch wieder der Widersacher, dessen Macht der Hochmut ist, in welcher Verkleidung auch immer. Wir brauchen eine tiefe Sehnsucht und Liebe zu dieser wahren Demut – und diese Liebe darf keine Selbstliebe sein. Wenn die Seele sich wirklich auf den Weg macht, wird sie diesen Unterschied immer tiefer erleben, ganz und gar sicher. Die Liebe selbst wird ihr den Weg weisen und sie von aller Unwahrhaftigkeit läutern.

Wenn wir aber so weit gekommen sind, dass wir vor solchen Bildern nicht mehr erschrecken, sondern dass uns immer deutlicher wird, dass sie Bilder der wirklichen Realität sind, dann haben wir eine weite Strecke des inneren Weges zurückgelegt.
Die Seele des modernen Menschen gleicht jenem Jungen, der die seine völlig verwahrlosen lässt, weil er ganz in der äußeren Welt aufgeht – und so, dass er eigentlich in Handlungen ohne Wert versinkt, die seine Seele nur noch mehr verkommen lassen. Haben wir den Mut, uns klarzumachen, wie sehr wir unsere Seele vernachlässigen, indem wir *nichts* für die innere Entwicklung dieser Seele tun!
Es geht nicht nur darum, dass der heutige Mensch so und so viele Stunden vor dem Fernseher verbringt, um sinnlose Sinnesreize in seine Seele dringen zu lassen, die nichts zu ihrer Vertiefung, ihrer sanften Entwicklung und einem vielleicht einstigen Blühen beitragen, ganz im Gegenteil. Es geht darum, dass auch alles andere, was der heutige Mensch tut, nicht einer Entwicklung der *Seele* dient. Diese bleibt, was sie

ist – und der Mensch geht ganz im äußeren Leben auf. Arbeit, Einkaufen, den Alltag regeln, dann die Annehmlichkeiten, Freunde treffen, Zeit verbringen, spielen, quatschen, Urlaub machen, Sport, was noch, Shoppen, Kino, Sex, Essen, und je nach Lebensweise des Einzelnen noch dies und das. Aber was davon dient einer inneren Verwandlung, einem echten Wachstum der Seele? Einem Wachstum in die *Tiefe*? Einem Wachstum in der Demut – einem Wachstum in einen Bereich des Heiligen hinein? Was dient wirklich einem *Wachstum der Seele*?

Wachstum der Seele bedeutet nicht so sehr, dass sie ‚größer' wird, es bedeutet vor allem, dass sie schöner wird, lichter, leuchtender. Wachstum der Seele ist etwas *Heiliges*. Und was dies ist, das muss *empfunden* werden. Diese Empfindung ist die Quelle aller Sehnsucht, wie unbewusst anfangs auch immer.

Dies ist das, worauf alles ankommt – und dies gerade geschieht nicht. Deshalb ist das wahre Bild der Seele des heutigen Menschen ein solches, das tief, tief erschrecken lassen müsste...

Und nun haben wir noch die andere Seite des Bildes... Sie ist nicht dieser Junge, der seine Seele in hässlicher Faulheit verwahrlosen lässt und sie immer mehr den Gegenmächten ausliefert. Sondern sie ist ein reines Mädchen – so schön, wie nur je eines war. Sie ist ein Mädchen, dessen Inneres wie eine sanfte Sonne nach außen strahlt, so voller Schönheit, dass man geblendet die Augen schließen müsste, wenn diese Schönheit nicht so sanft wäre, dass man stattdessen die Augen überhaupt nicht abwenden kann, weil die Sehnsucht so stark wird, dass sie wahrhaft weh tut... Dieses Mädchen, das das Bild der reinen Seele ist, lebt in jeder Bewegung in wahrer Schönheit. Sein Inneres ist zugleich tiefste Demut und wunderschöner Mut. Sie tut das Gute, weil sie gar nicht anders kann – und auch nie wollen würde. Jede ihrer Bewegungen ist von heiliger Sanftheit durchzogen – auch ihre Worte, ihre Stimme, jede Geste... Alles, was eine Seele an schönen Regungen entwickeln kann, ist diesem Mädchen eigen. Sie ist das, was die Seele *werden* kann. An ihr wird die Heiligkeit der menschlichen Seele offenbar – und ihre Schönheit, wenn sie wahr macht, was sie sein kann...

Nehmen wir auch dies tief, tief ernst. – Und dann lassen wir diese beiden Wahrbilder einander begegnen. Erleben und empfinden wir beide gleichzeitig. Wir sehen vor unserem inneren Seelenauge diesen Jungen und was er tut, was er *ist*, und wir sehen innerlich daneben dieses *Mädchen*, und wir sehen, was es tut und was es ist, was sein Wesen ist. Und wir erleben den abgrundtiefen Unterschied, und wir tauchen ein in diesen Unterschied, und wir lassen uns von diesem Bild erschüttern, so sehr, wie wir es vermögen...

Dies sollte die Meditation eines jeden Menschen sein. So sehr und so lange, bis die tiefe, tiefe Sehnsucht wirklich erwacht...

Wir können auch etwas andere Bilder finden. Am meisten kommt es darauf an, den inneren Widerstand immer mehr aufgeben zu können – denn gerade darin, in diesem Prozess, wächst in der Seele jene heilige Bescheidenheit und Reinheit, die so unendlich wichtig ist. Aber wenn wir dies nicht unmittelbar können, oder wenn etwas anderes uns daran hindert, in ein solches Bild ganz und gar einzutauchen, dann können wir versuchen, andere Bilder zu finden, in die wir stärker und wirklicher eintauchen können – in die Realität, für die sie reale Bilder sind.

Wir haben den hässlichen, vernachlässigten Zustand der Seele und ihr heiliges Sein in zwei Bildern zu empfinden versucht. Es muss nicht Junge und Mädchen sein. Dennoch ist dies auch ein Wahrbild. Unsere ganze Kultur führt seit ewigen Zeiten gerade die Jungen in die äußerliche Welt hinein, und bis heute sind die Herzenskräfte der Mädchen stärker. Um diese Herzenskräfte geht es aber gerade. In ihnen liegt der Schlüssel zur Vertiefung und Heiligung der Empfindungen und der Seelenkräfte überhaupt – auch der Gedanken und der Willensregungen.

Dennoch können wir auch ein anderes Bild wählen. Wir können *nur* das Mädchen nehmen. Oder nur den Jungen – aber das überlasse ich dem Leser, der dies tun möchte.

Nur das Mädchen... Zuerst war dieses Mädchen so, wie wir es im ersten Ur-Bild bereits empfunden haben. Seine Seele war so rein wie die Sonne, die im Frühling die Knospen weckt und dann durch das junge Grün spielt. Sein Herz war so schön wie die Blüten der Schlehen, die in ihrem strahlenden Weiß den Frühling heiligen, bevor noch irgendeine andere Blume die Wiesen belebt. Man musste diesem Mädchen nur in sein reines Auge blicken – und auch das eigene Herz wurde tief berührt und verwundet, und in ihm erwachte die

Sehnsucht, so zu werden wie sie, dieses heilige Wesen, dieses Wunder an sanfter Schönheit...

Doch dann verging die Zeit. Es kamen andere Zeiten. Es vergingen Jahrhunderte, dunkle Zeiten begannen – dunkle Zeiten, die auch an diesem heiligen Mädchen nicht spurlos vorübergingen.

Und das Mädchen veränderte sich. Es begann in winzigen Momenten. Zunächst bemerkte man diese kaum. Hatte es vorher für jeden Menschen ein Lächeln, so nahm dies fast unmerklich ab. Es nahm ab. Und irgendwann bemerkte man dies auch. Und auch seine Bewegungen veränderten sich. Sie hatten nicht mehr diese vollkommene Sanftheit und Anmut – noch immer viel davon, aber doch nicht mehr ganz. *Etwas* war anders geworden. Es war nicht mehr die leuchtende Reinheit, es war nicht mehr dieses innere Leuchten. Dieses gerade war nicht mehr da... Es verlor sich...

Und dann ging diese Entwicklung immer weiter. Immer mehr verlor sich – immer mehr von dem Wunder, das dieses Mädchen einst war und in sich trug. Die Einzigartigkeit seines Lächelns verlor sich, die Einzigkeit der Wärme seines Blickes, die Einzigartigkeit der Anmut, mit der es sich bewegt hatte, in jedem Moment...

Und es vergingen Jahrhunderte, und nach und nach verlor sich *alles*. Alles, was einst dagewesen war und das Wesen dieses Mädchens zu einem Wunder gemacht hatte. Und dann war es so, als wäre diese Heiligkeit nie dagewesen, hätte nie die Seele dieses wunderschönen Mädchens durchdrungen und ausgemacht. Nun war es so wie die anderen. Und wie war es nun?

Morgens war es müde. Es stand nur widerwillig auf. Es dachte nicht daran, sich um seine Katzen zu kümmern, die es bis dahin in inniger Liebe versorgt hatte. Es machte nur noch, was es musste – und auch das immer öfter mit Widerwillen. Es dachte nicht mehr an Andere, nur noch an sich. Es wollte

das Leben ‚genießen', wie es nun sagte, und das waren dann die oberflächlichen Dinge, die man so tat, nachdem die Welt in materiellen Sinnesreizen zu ersticken begann. Nun leuchteten die Augen des Mädchens nicht mehr für andere Menschen, sie leuchteten überhaupt nicht mehr – aber auch wenn sie irgendwohin schauten, schauten sie vor allem auf das, was dem Mädchen für sich selbst wichtig war.
Es war für niemanden mehr eine Sonne – und der Tiefpunkt kam, als es stattdessen begann, in ein ‚Sonnenstudio' zu gehen, um sich zu bräunen... Es war der Meinung, es müsste ‚schöner' werden – und wusste überhaupt nicht, dass es immer hässlicher wurde. Es war nun das gewöhnlichste Mädchen von allen. Ob es äußerlich noch schön war, mochte beurteilen, wer wollte – innerlich hatte es längst alle Schönheit verloren.

Dieses Bild ist eigentlich noch um ein Unendliches furchtbarer als das erste – denn hier geht es unmittelbar um ein und dasselbe Mädchen, dessen Wesen die größte nur denkbare Verwandlung – zum Schlechten – durchmacht. Dieses Bild ist in seiner Entwicklung – denn es zeigt eine Entwicklung, im Gegensatz zum ersten Bild – so schlimm, dass wir uns eigentlich fast automatisch dagegen wehren. Wir können es fast nicht so ernst nehmen wie das erste, unendlich vieles in uns wehrt sich dagegen. Denn wenn das Heiligste ... unheilig werden und völlig verlorengehen kann, was bleibt dann noch für eine Hoffnung?
Wenn wir hierbei einen Moment verweilen, können wir entdecken, dass es wiederum unsere eigene *Sehnsucht* ist, die nicht will, dass dieses Bild eine Wahrheit ist. Wir wollen nicht, dass dieses Mädchen sich in dieser Weise verändert; dass das, was es ist, verlorengeht; nichts davon soll verlorengehen...
Und doch ist es wichtig, dass wir den Mut haben, auch dieses Bild auf uns wirken zu lassen – gerade in seiner noch viel

größeren Furchtbarkeit. Wir müssen lernen, an solchen Bildern wirklich zu *leiden*. Denn erst dieses wirkliche Leiden wird in unserer Seele Kräfte befreien, die aus einer vagen, unbestimmten Sehnsucht etwas Reales werden lassen. Wir müssen an dem Untergang und der Vernichtung der Schönheit dieses Mädchens wirklich leiden können – denn nur dann können wir etwas tun, damit ... dieses Bild *nicht* wahr ist.

Dieses Mädchen ... lebt in der Seele von uns allen. Von ihrem tiefsten Wesen her ist die Seele *jedes* Menschen von einer unbeschreiblichen Schönheit. Aber mit dieser inneren heiligen Substanz wird sie nur geboren. Dann jedoch verliert sich diese heilige Schönheit allmählich immer mehr – und es gibt im Leben jedes Menschen tiefe Einschläge, wo sie völlig begraben wird, Stück für Stück, während eine zunehmende Selbstbezogenheit in die Seele einzieht, als wäre es ihre ureigenste Natur. Das Mysterium der menschlichen Seele und ihre tiefe Tragik offenbart sich, Jahr für Jahr... Das innerste Wesen der Seele zieht sich zurück, wird in eine Gefangenschaft geführt, während die Wirkungen geheimnisvoller Gegenmächte die Seele zu dem machen, was sie dann ist: ein Ort, an dem die Selbstbezogenheit herrscht, ob wir es wollen oder nicht. Und nicht nur die Selbstbezogenheit, sondern auch der damit verbundene Hochmut, aber darüber hinaus auch noch die Abstraktheit, die Flachheit des Empfindens, das so sehr Äußerliche, die erschütternde Faulheit, der Unwille in Bezug auf innere Entwicklung – und auch die Unfähigkeit, eine geradezu unfassbare Ohnmacht und Schwachheit der Seele...

Wir würden wieder einen ganz entscheidenden Schritt machen, wenn wir uns von diesem Bild wirklich so sehr erschüttern lassen, dass wir darunter sehr stark leiden könnten. Man muss lernen, solche Bilder wirklich an sich, an die eigene Seele *herankommen* zu lassen. Das ist ebenso schwer wie wirkliche *Trauer*. Die Seele wehrt dies fast automatisch ab. Es ist scheinbar ein ‚Schutz'. In Wirklichkeit sind auch dies wieder die Gegenmächte, die um jeden Preis verhindern wollen, dass die Seele wirklich *fühlt*. Denn hier liegt der entscheidende Punkt. Würden wir wirklich fühlen, was mit unserer Seele geschieht und geschehen ist – mit jeder menschlichen Seele im Lauf der Entwicklung –, dann *müssten* wir unbeschreiblich daran leiden ... aber zugleich wäre dies die sicherste Gewähr dafür, dass wir von da an die stärkste Willensregung empfinden und entfalten würden, um einen Weg der *Umkehr* zu betreten.

Dies wollen die Gegenmächte um jeden Preis verhindern. Wir dagegen müssen wirklich versuchen, zu einem solchen inneren Erleben zu kommen. Denn in ihm liegt der Schlüssel. Die Seele muss lernen zu leiden. Denn gerade hier liegt die Wirklichkeit. Wenn die Seele das *Leiden* lernt, begreift sie ihren wahren Zustand – denn dieser *ist* erschütternd. Gerade hier muss die Seele lernen, zutiefst zu erschrecken und dann zu trauern. Nicht erst beim Tod naher Angehöriger und Freunde – sondern schon bei ihrem jetzigen Zustand, denn auch dieser ist ein wirklicher Tod ... und die Rettung beginnt da, wo sie beginnt, diesen Tod zu fühlen; das Schreckliche des jetzigen Zustandes und der bis jetzt so lange währenden Versäumnisse, die sie an diesen Punkt gebracht haben...

Je mehr die Seele dieses Bild ernst nehmen kann – das des völligen Ersterbens der heiligen Schönheit jenes Mädchens, das zugleich Bild für die Seele überhaupt ist –, desto mehr wird sie zu einem erlösenden *Leiden* finden. Dieses Leiden ist die Erlösung aus dem bis dahin dauernden Zustand des *Nicht*-Empfindenkönnens der wirklichen Realität. Bis dahin war die Seele gefangen in dem Zustand ihres eigenen ‚Todes', der Trostlosigkeit ihrer Veräußerlichung und ihres Stillstandes in einem von jenem heiligen Zustand weit, weit entfernten Zustand unheiliger Dunkelheit und Dumpfheit.

Worte reichen hier nicht aus, weil der Zustand der Seele schlimmer ist als alle Worte – er kann nur durch ein so erschreckendes Bild wiedergegeben werden wie jenes, das wir erlebt haben. Und Worte bergen auch immer die Gefahr, dass sich die Seele dagegen wiederum wehrt, weil sie die Realität doch immer wieder nicht wahrhaben will. Das einzige Mittel dagegen ist, sich mit Wahrhaftigkeit und Hingabe in ein solches *Bild* zu versenken – und *daran* zu leiden ... und dann sanft und aufrichtig die Erkenntnis hinzuzufügen, dass dieses Bild auch die Wirklichkeit der *eigenen* Seele, überhaupt jeder Seele in der heutigen Zeit, offenbart.

Leiden an dem Schicksal jenes wunderschönen Mädchens – und dann dieses Leiden vorsichtig mit der Erkenntnis durchdringen, dass dies wirklich auch Bild für das Schicksal der menschlichen Seele an sich ist. Dabei aber den tiefen, tiefen Ernst des Bildes nicht verlieren, sondern ihn in voller Stärke *behalten*.

In allem geht es darum, zur vollen Realität – auch im Erleben – durchzustoßen. Wir müssen im Erleben in der Realität ankommen. Die Bilder und das Vertiefen der Seele in diese helfen uns dabei. Erreichen tun wir die Realität aber erst, wenn das Leiden, die leidende Erkenntnis, real wird – und real bleibt, gleichsam in jeder Minute. Wenn wir diese Realität nicht mehr vergessen...

Und doch können wir dann auch wiederum eine weitere Seite des Bildes formen, die im Grunde wiederum dem entspricht, was das Mädchen an der Seite des Jungen war. Wir brauchen ein Bild, das unsere Sehnsucht entzünden kann und das nicht bloß in der Vergangenheit liegt, sondern das einem auch unserer eigenen Seele möglichen Weg in die Zukunft entspricht.

Stellen wir uns vor, dass jenes Mädchen eines Tages beginnt, eine leise Traurigkeit zu empfinden. Zuerst weiß es gar nicht, wo diese herkommt. Aber diese Traurigkeit nimmt zu. Und sie bewirkt, dass die gewöhnlichen Aktivitäten dem Mädchen immer weniger Befriedigung geben – sie nehmen ihm seine Traurigkeit nicht, und sie hinterlassen nur einen immer schaleren Beigeschmack.

Schließlich wird das Mädchen so traurig, dass es sich immer mehr zurückzieht. Seine Freundinnen verstehen es natürlich nicht, denn sie leben ihr Leben weiter so, wie sie es gewohnt sind. Das Mädchen aber versinkt in einem tiefen Nachdenken, nicht so sehr in deutlichen Gedanken, mehr in Gefühlen der Traurigkeit und Ratlosigkeit. Es weiß nicht, was es tun soll. In einem Anflug einer traurigen Sehnsucht wendet es sich wieder seinen Katzen zu, die es so lange vergessen hat. Und in diesem Tun steigt eine ebenso lange vergessene Erinnerung ganz leise wieder auf...

Wie in einer Art Traum entstehen vor dem inneren Auge des Mädchens Bilder von dem, was es einst einmal gewesen war. Aber das Mädchen weiß gar nicht: War ich das? Ist das alles nur ein Traum? Wer ist das? Und doch vertiefen diese Bilder die Traurigkeit des Mädchens in einer unendlichen Weise. Sie weint einsam und heimlich viel und weiß nicht warum.

Und doch hat längst eine Verwandlung begonnen, die ihr zwar noch gar nicht bewusst ist, die aber jeder andere Mensch längst bemerkt hat. Es ist, wie wenn die starke Selbstbezogenheit ihrer Seele dahinschmelzen würde wie Schnee im Frühling. Sie beginnt wieder neu, ihre Katzen aufrichtig zu lieben – und die Liebe, die in ihrem Herzen wieder erwacht, erstreckt sich auch sanft auf alles Andere. Es ist wie die Rückkehr von etwas lange Vergessenem, was aber doch an einem lange vergessenen Ort fortwährend gewartet hatte, zurückkehren zu dürfen...

Das, was nun an Empfindungen in die Seele des Mädchens zurückkehrt, erfüllt das Herz des Mädchens mit einer solchen Freude, dass es noch immer oft weint – und noch immer nicht weiß, warum. Dennoch sind es jetzt Tränen tiefen *Empfin-*

dens und auch tiefer Dankbarkeit... Und nicht nur der Zauber des tiefen Fühlens kehrt in seine Seele zurück – auch der Zauber der Anmut beginnt wieder, all seine Bewegungen zu durchdringen. Diese Anmut ist aber gerade der Atem der reinen Liebe, die wieder immer mehr in all seinem Tun lebt, wieder in jede seiner Gesten einzieht, Tag für Tag...
Das Mädchen selbst weiß gar nicht, wann diese Veränderung begonnen hat und wie sie jeden Tag weitergegangen ist. Es kennt nur das Glück dessen, was nun wieder eine Wirklichkeit in seinem Herzen geworden ist, nämlich die Liebe – die Liebe zur Welt, zu allem, was ist. Das Wunder eines leuchtenden Herzens, das keine Unterschiede macht...
Schließlich muss das schöne Mädchen auch nicht mehr weinen. Selbst seine heimlichen Tränen verwandeln sich noch in die Liebe seiner Seele. Und nun hat es wieder alle Schönheit seines ursprünglichen Wesens gewonnen – die sich noch vertieft hat durch die Erfahrung des Leidens und der bitteren Entbehrung und Armut, durch die seine Seele hindurchgegangen war. Schönheit eines flüssigen Diamanten... Liebe, die so innig alles Leid kennt...

Wenn wir solche Bilder nur ernst nehmen können! Sie sind so wahr wie nur irgendetwas. Und sie geben uns in ebenjenem tiefen Maße reale Kraft, wie wir sie wahrhaft und tief ernst nehmen können – um sie wirklich zu erleben, *als* eine Realität.

Reales Leiden an dem tiefen Erkennen des realen Zustandes der Seele des heutigen Menschen, auch der eigenen. Reales Feuer der Sehnsucht an dem tiefen Erkennen des möglichen Zustandes der Seele, auch der eigenen...

Wenn wir die Sehnsucht wirklich finden ... die Sehnsucht nach einer inneren Entwicklung der Seele, einer Umwandlung, einer Vertiefung, einem neuen Leben der Seele ... dann können wir beginnen.
Wir haben längst begonnen. Wir haben längst den Weg betreten, der diese Verwandlung der Seele *ist*. Wir haben ihn schon betreten, als die erste Sehnsucht nach dieser Verwandlung in unserer eigenen Seele aufkeimte. Und doch mussten wir diese Sehnsucht erst wachsen lassen; wir mussten sie hüten und uns ihr gleichsam hingeben – damit sie immer mehr unsere ganze Seele erfüllen konnte.
Und wenn wir dies noch nicht vermocht haben, so müssen wir es *jetzt* tun: uns dieser Sehnsucht *hingeben*. Sie immer stärker fühlen. Sie ist ja da – aber erst, wenn wir uns ihr hingeben können, wird sie unsere Seele erfüllen. Wir sind es selbst, die es verhindern – mit unserer eigenen Abwehr und Unfähigkeit zur Hingabe.

Wenn wir dies wirklich wollen: Dieses Wachstum der Sehnsucht, dieses Sich-Hingeben an diese Sehnsucht ... dann wird uns die Sehnsucht selbst wieder die Führerin und Helferin sein. Sie selbst wird uns lehren, was Hingabe ist. Wir müssen nur den ersten, wirklichen Schritt tun. Eine winzige Hingabe ist von uns gefordert – und wenn wir dies schaffen, dann wird die Sehnsucht, die in unserer Seele dann *wachsen* darf, *weil* wir uns ihr hinzugeben vermögen, unsere Fähigkeit zur Hingabe ebenfalls wachsen lassen.
Es ist wie mit Sonnenstrahlen, die auf eine vereiste Schicht am Fenster treffen. Zuerst scheint nichts zu geschehen. Doch dann schmilzt an einer ersten kleinen Stelle das Eis. Es scheint nur eine winzige Stelle zu sein. Doch mit diesem Moment hat etwas begonnen, was nicht mehr aufhören wird – das Eis hat begonnen, zu schmelzen... Und es schmilzt immer stärker, das Schmelzen durchzieht immer mehr das *ganze* Eis.

Das Eis ist besiegt ... es ist noch da, aber es ist längst am Schmelzen, überall...

So auch mit der Sehnsucht. In dem Moment, wo wir zum ersten Mal beginnen, die Sehnsucht unserer eigenen Seele wirklich ernst zu nehmen, beginnt jener geheimnisvolle Prozess, wo diese Sehnsucht *wirklich* die unsere wird. Zuvor haben wir sie leise gespürt, aber sie schien nicht die unsere zu sein. Sie war da – aber wir haben darüber hinweggelebt. Dann war sie stärker da – und wir haben noch immer daran vorbeigelebt. Dann wurde sie noch stärker, und wir haben ihr geholfen, stärker zu werden; wir haben angefangen, es zu *wollen*, dass sie stärker wird. Wir haben versucht, Bilder so intensiv und so wahrhaftig zu erleben, dass wir in ihnen den Zustand unserer eigenen Seele erlebten, ihr Schicksal, ihre Vergangenheit und vielleicht auch ihre Zukunft. Diese Bilder konnten das Erleben unserer eigenen Seele so erschüttern – und wir *wollten* dies –, dass unsere Sehnsucht, die bis dahin nur ein schwacher Funke war, ein wirkliches Feuer wurde, wie klein auch immer, aber ein Feuer, etwas, was nicht mehr verlöschen wollte.

Und doch müssen wir uns auch diesem Feuer wieder hingeben. Denn sonst ist es doch wiederum nicht *unser* Feuer, wird es doch wiederum verlöschen. Das, was wir mit all diesen Prozessen erreichen, ist, dass das, was unsere Seele zu *empfinden* vermag, wirklich immer mehr und mehr *unsere* Empfindungen werden.

Dies gerade ist es, was wir so sehr verloren haben – die Unmittelbarkeit, die tiefe Unmittelbarkeit und dadurch auch die unmittelbare Tiefe des Fühlens. Egal, was wir fühlen, es scheinen alles zu wenig *unsere* Gefühle zu sein. Immer werden sie sofort abgelähmt, sie bleiben abstrakt, wir selbst löschen sie aus, lassen sie an der Oberfläche, lassen sie in der Fremde, es sind unsere und doch nicht unsere... Ich spreche von der Oberflächlichkeit und der schwachen, fremden Natur

unserer Gefühle – die, wenn sie einmal wirklich da sind, nur für Momente bleiben und dann schon wieder vergehen. Kein einziges Gefühl können wir bewahren. Und kein einziges Gefühl haben wir im Grunde *wirklich* – in seiner ganzen Tiefe.
Das ist das Leiden der Seele: dass sie nicht bis zum *Grund* fühlen kann. Sie ahnt, dass dieses Fühlen wie ein tiefer, ein wunderbarer, so unendlich tiefer Brunnen sein könnte; sie ahnt, dass das wahre Fühlen eine unendliche Welt voller Tiefe sein würde – und sie weiß, dass sie davon nichts, fast nichts hat. Nur die äußerste Oberfläche, die äußerste Abstraktion, einen Hauch. Jedes Gefühl ist nur wie ein Hauch da – und dann schon wieder weg. Und die wirklichen, die wesentlichsten, die heiligsten Gefühle, die kennt sie gar nicht, die Seele. Sie weiß, dass es diese Gefühle gibt, sie ahnt sie, aber sie kennt sie nicht – und sie hat sie nicht... Das ist ihr Leiden: Sie hat sie nicht...

Der einzige Weg, das heilige Reich des wirklichen Fühlens, des tiefen Fühlens, zu finden, ist der der Sehnsucht und der Hingabe. Wir brauchen den Funken der Sehnsucht. Wir müssen diesen Funken zu einem sanften Feuer entzünden. Und wir müssen uns diesem Feuer hingeben können.
All dies sind Schritte und Stufen, die die Seele nur zu gehen und zu erreichen vermag, wenn sie ... Sehnsucht *empfindet*. Es sind Stufen, die sich gleichsam von selbst gehen, und doch nur, wenn wir es vermögen, unsere Sehnsucht *wachsen* zu lassen, sie zu hüten, wie ein lebendiges Flämmlein, das ach so schnell wieder verlöschen kann, aber wir sind für es verantwortlich. Und die Sehnsucht *will* ja wachsen; alles, was wir tun müssen, ist, dies nicht zu verhindern, diesem Wachsen nicht im Wege zu stehen – uns selbst nicht im Wege zu stehen. Denn es ist ja unsere eigene Sehnsucht. Und genau dies versuchen wir, immer mehr zu erreichen: Uns mit dem ganz und gar zu vereinigen, was unser eigenes *ist*.

Wir versuchen eigentlich die ganze Zeit schon, eine Mauer zu überwinden und aufzulösen, die sich zwischen das geschoben hat, was wir sind – und was wir sind. Das ist das Geheimnis der ‚Entfremdung', der Entfremdung von den eigenen Gefühlen, aber den eigenen *wahren* Gefühlen, der eigenen wahren Fähigkeit des Fühlens. Sie ist tief, tief in die Verborgenheit geraten, wir haben sie verloren ... aber wer sind wir dann?
Wir sind dann jene, die wir sind – aber eine wahre, eine wesentliche, essentielle Fähigkeit ist von uns abgetrennt worden, wir haben sie verloren, vergessen, verstoßen... Sie gehört zu uns, sie ist vielleicht sogar unser Heiligstes, was wir haben – aber wir haben es nicht mehr, es ruht in Tiefen, die wir nicht mehr erreichen. Unsere Sehnsucht gilt dieser Tiefe, aber alles, was wir haben, ist diese Sehnsucht – und das, dem sie gilt, jenes verborgene, ersehnte Ziel, das haben wir gerade nicht. Und doch ruht hier vielleicht unser wahres Wesen. Nicht nur vielleicht, wir wissen es sogar – sonst hätten wir diese Sehnsucht gar nicht. Wir wissen, dass wir auf dem Weg zu uns selbst sind. Unsere Sehnsucht ist heilig – sie führt unsere Seele auf dem Weg der tiefen Menschwerdung. Jede Vertiefung der Seele ist eine Vertiefung des Menschwerdens. Jedes Vertiefen des Fühlens ist heilig. Es gibt für dieses Heilige keine Grenze. Der Stein soll Diamant werden – und es soll ein *flüssiger* Diamant werden. Die Heiligung der Seelenkräfte, die Verwandlung der Seelenkräfte in ein immer tieferes Licht, hat kein Ende. Wenn wir auch nur ahnen, wie *groß*, wie wundergroß, wunderschön und wunderheilig dieser Weg ist, dann ist unsere Sehnsucht wahr ... und eine sichere Führerin.

Und ich schrieb: dann können wir beginnen. Vielleicht ist es jetzt sehr viel deutlicher geworden, warum wir bereits längst begonnen haben; warum wir mit jedem Moment, den unsere Sehnsucht wächst, weitere riesige Schritte tun, weite, große Schritte, die entscheidend sind, unendlich entscheidend.

Sie sind entscheidend, weil überall die Gegenkräfte lauern, am Wegesrand und auch sich uns frontal gegenüberstellend, um uns nicht weiterkommen zu lassen, ja, uns mitten auf diesem Weg zu besiegen, niederzustrecken und zur Umkehr zu zwingen, zum Aufgeben...
Alles, was diese Sehnsucht oder unser anderes, mit ihr verbundenes Empfinden wieder schwächt oder lähmt, sind Wirkungen dieser Gegenmächte. Auch die stark gewordene Sehnsucht ist noch nicht geschützt und sicher, wir sind in jedem Moment für sie verantwortlich, *wir* müssen sie schützen, und *wir* können sie im Stich lassen, so dass sie noch immer stirbt, auch jetzt noch, trotz allem.

Wir suchen das Geheimnis der Sanftheit – aber auch die Sehnsucht ist etwas Sanftes. Auch ihr Geheimnis ist schon die Sanftheit. Die Sehnsucht ist im Grunde etwas sehr, sehr Wehrloses. Sie hat nur sich – und kann, wenn wir sie nicht hüten, jederzeit sterben, getötet von Mächten, die wir nicht kennen, noch nicht. Wenn wir diese *Verantwortung* für sie spüren könnten, dann würde auch dies uns unendlich helfen, sie zu behüten. Denn auch dies wäre wieder ein wirkliches Erleben – und mit jedem Erleben schwindet der Abstand, der Abstand zwischen dem, was wir fühlen und fühlen wollen ... und uns selbst.
Im ‚Kleinen Prinzen' gibt es diese berührende Stelle, und oft kennt man nur ihren Anfang, aber sie geht noch weiter:

‚Adieu', sagte der Fuchs. ‚Hier mein Geheimnis. Es ist ganz einfach: man sieht nur mit dem Herzen gut. Das Wesentliche ist für die Augen unsichtbar.'
‚Das Wesentliche ist für die Augen unsichtbar', wiederholte der kleine Prinz, um es sich zu merken.
‚Die Zeit, die du für deine Rose verloren hast, sie macht deine Rose so wichtig.'
‚Die Zeit, die ich für meine Rose verloren habe...', sagte der kleine Prinz, um es sich zu merken.

‚Die Menschen haben diese Wahrheit vergessen', sagte der Fuchs. ‚Aber du darfst sie nicht vergessen. Du bist zeitlebens für das verantwortlich, was du dir vertraut gemacht hast. Du bist für deine Rose verantwortlich...'

Hier geht es ganz um die Essenz des wirklichen *Erlebens*. Mit jedem Wort geht es um das, was nur da sein wird, wenn wir es wirklich erleben. Auch hier ist das Wesentliche für die Augen unsichtbar – aber für das erlebende Herz ist es zweifelsfrei da, und nicht nur da, sondern auch voller *Bedeutung*. Denn das Herz empfindet, und Empfindungen sind nie ohne Bedeutung, aber auch nie ohne Realität, sie sind Leben, das wirkliche, das reale Leben der Seele...
Die Zeit, die der kleine Prinz für seine Rose ‚verloren' hat, macht sie für ihn so wichtig. Jede Zeit, die man mit etwas ‚verliert', ist nicht verlorene Zeit – es ist Zeit, die die Seele mit diesem anderen verbindet. Hier liegt das Geheimnis der Bedeutung, der Bedeutsamkeit, der sanft wachsenden Liebe...
Und das andere Geheimnis ist: Man ist verantwortlich für das, was man sich vertraut gemacht hat.

Übertragen wir dies auf unsere eigene Sehnsucht, von der wir aber zunächst noch viel zu sehr getrennt sind, dann können wir auch hier die tiefe Wahrheit dieser Worte erleben.
Zunächst vergessen wir unsere leise Sehnsucht die meiste Zeit unseres Alltags. In stillen Minuten spüren wir sie auf einmal wieder – aber eigentlich ist sie immer da, nur überdeckt von allem anderen. Fortwährend lebt sie in uns und wartet auf uns, wartet darauf, dass wir sie hören, ihre leise Stimme. Die Sehnsucht *kann* nur sanft sprechen, sie kann nicht laut sein, sie kann nur auf uns warten und auf uns hoffen, darauf, dass auch wir einmal leise werden können...
Aber *wenn* wir sie dann einmal wirklich zu hören beginnen; wenn wir anfangen, sie nicht immer wieder zu vergessen; wenn wir sie mehr und mehr hören, immer seltener verges-

sen; wenn sie allmählich unsere treue Begleiterin geworden ist und wir sie auch gar nicht mehr vergessen *wollen* ... dann haben wir sie uns vertraut gemacht. Sie ist uns vertraut geworden, und wir müssen nun empfinden, was das heißt. Wir sind für unsere Sehnsucht *verantwortlich* geworden... Wir waren es schon immer, aber jetzt können wir es tief und innig spüren.

Die Zeit, die wir für unsere Sehnsucht ‚verloren' haben – jede Minute, in der wir sie empfunden haben, sie und nichts anderes, die Welt um uns herum für einen Moment vergessend, nachsinnend über die Sehnsucht, die auf einmal da war –, sie macht unsere Sehnsucht für uns so wichtig. Jede dieser Minuten verleiht dieser Sehnsucht Bedeutung, Wesen, Wichtigkeit, Gewicht, Leben... Immer mehr wird diese Sehnsucht ein eigenes Wesen, immer mehr spüren wir ihre unendliche Bedeutung. Immer mehr spüren wir aber auch ... ihre Verletzlichkeit. Ihre Schutzbedürftigkeit. Und wir sind der Einzige, der sie beschützen kann. Denn sie lebt in unserer Seele, und dort ist auch der Ort, wo sie bedroht ist, wo sie zugrunde gehen kann – wie die Rose des kleinen Prinzen, wenn sie sich an einem zu kühlen Wind erkältet...

Es mögen nur Sekunden sein – aber es kann Sekunden geben, wo wir diese Wahrheit, diese Realität einen erschütternden Moment lang *ganz* erleben, wo sie unverhüllt vor uns steht und wir mit ganzem Herzen eine Sekunde lang vor der erschütternden Wehrlosigkeit der in unserer Seele lebenden Sehnsucht stehen. Sie *hat* nur uns – und entweder wir sind ihr Hüter ... oder ihr Verräter...

‚Du bist zeitlebens für das verantwortlich, was du dir vertraut gemacht hast.' – Das kann ein erschütterndes Erleben werden, eines, das einen bis zu Tränen der tief berührten Erkenntnis ergreifen kann.

Aber was können wir dann tun, wenn uns diese Erkenntnis in einem heiligen Moment ergriffen und unser Herz erschüttert hat? Was können wir tun, wenn wir bis ins Innerste erlebt haben, dass wir für unsere Sehnsucht *verantwortlich* sind?

Das Herz weiß die Antwort – es weiß sie immer. Aber wir sind ja erst auf dem Weg zu unserem Herzen. Und doch müssen wir unserer Sehnsucht nur immer weiter folgen – auch sie weiß die Antwort...
Die Antwort ist die Hingabe. Wir spüren das Wesen der Sehnsucht. Wir spüren, dass wir nur dann offen für jene Verwandlung unserer Seele sind, *wenn* wir diese Sehnsucht spüren. Und wir spüren, dass diese Sehnsucht selbst unendlich verletzlich ist. Wir können sie *jederzeit* verraten – jedes Mal, wenn wir sie vergessen, ist dies ein Verrat. Jedes Mal, wenn wir in unseren gewöhnlichen Alltag zurückkehren und die Sehnsucht vergessen, als ob sie nie dagewesen wäre, als ob sie nicht das Heiligste wäre, was wir haben – jedes Mal ist dies ein Verrat an ihr. Vielleicht stirbt sie in diesen Momenten, vielleicht kehrt sie nie wieder, vielleicht werden wir sie nie wieder fühlen, das könnte doch sein? In den Momenten des Alltags, wo wir sie nicht empfinden, haben wir sie völlig verraten – und es könnte sein, dass sie gerade in diesen Momenten stirbt, den Tod findet und nie wiederkehren wird. Einsam, vergessen, nicht beachtet, traurig und verraten...
Die Wirklichkeit empfinden wir nur, wenn wir die *Verantwortung* empfinden. Wir sind für unsere Sehnsucht verantwortlich. Sie hat nur uns – nur wir können sie beschützen, hüten und ihrem bedrohten Leben Schutz geben. Es liegt an uns, ob wir den zarten Keim dieser sanften Sehnsucht so bewusst hüten können, dass er immer mehr wachsen kann ... trotz aller Versuche der Gegenmächte, dies zu verhindern.

Aber wie können wir dies tun?

Wir kennen die Antwort doch. Wir können unsere Sehnsucht nur dadurch hüten, dass wir uns ihr hingeben. Jede Hingabe unserer Seele an diese Sehnsucht *ist* das, was sie hütet. Und jede ausbleibende Hingabe an sie ist das, was sie töten wird, sterben lassen wird, vergehen lassen wird... Wir sind für unsere Sehnsucht verantwortlich. Wir haben die Macht über ihr Leben und über ihren Tod. Wenn sie leben soll, diese Sehnsucht, dann müssen wir uns ihr hingeben.

Wir *wollen* schließlich, dass diese Sehnsucht unsere Führerin wird. Wir wollen, dass sie stark wird – stärker als nur ein kleiner Keim. Wir wollen, dass sie so stark wird, dass nicht mehr wir sie behüten müssen, sondern dass sie *uns* behütet, weil sie uns wahrhaft zu führen beginnt. Weil sie die Verwandlerin unserer Seele werden wird. Das gerade wollen wir – sonst könnten wir auf unsere Sehnsucht verzichten, könnten sie ausrotten. Wir bräuchten nicht ihr Hüter zu sein. Wir bräuchten uns nicht danach zu sehnen, dass sie uns zu etwas völlig Neuem führen wird...
Wir wollen aber, dass sie ein solches Leben in unserer Seele gewinnt, dass sie mit diesem ihrem Leben auch alles andere Leben der Seele verwandelt; zum Leben erweckt, was jetzt noch so tot, so gelähmt, so arm, so oberflächlich ist...

Wenn wir unsere Sehnsucht also hüten wollen, müssen wir uns ihr hingeben. Unsere Seele muss die innere Bewegung der *Hingabe* lernen. Was ist diese Bewegung? Wie lernt man diese? Wir wissen es alle – und wir alle können diese Bewegung in unserer Seele tun, wir haben es nur verlernt. Es ist wie eine äußere Bewegung, die man jahrzehntelang nicht gemacht hat; dennoch weiß man noch, wie sie geht, aber sie fühlt sich komisch an, sehr unbeholfen, man schämt sich dabei ... und doch wissen wir inzwischen, was diese Art von Scham ist: der Versuch der Widersacher, uns an etwas zu hindern...

Wir müssen also die innere Seelenbewegung der Hingabe wieder lernen. Es ist eine Bewegung, die die Sanftheit selbst zu sein scheint. Wir müssen sie wieder lernen...
Selbst wenn uns niemand dabei zuschaut, weil es eine rein innerliche Bewegung ist, kann sie doch sehr mit dieser Scham verbunden sein. Hier können wir entdecken, wie unfassbar groß die Macht der äußeren Welt ist – und damit die Macht der Widersacher. Denn es wäre doch möglich, dass eine Seele so große innere Kraft in sich trägt, dass sie auf das Urteil der Welt überhaupt nicht zählt: Wenn sie selbst die Bewegung der Hingabe machen möchte, dann macht sie sie einfach ... egal, was die Welt darüber denkt und urteilt... Aber so stark ist unsere Seele nicht, und daran sehen wir wieder, wie *schwach* sie in allem ist.

Die Bewegung der Hingabe scheint gerade eine Bewegung der Schwäche zu sein – aber selbst dafür reicht unsere Kraft und innere Sicherheit nicht. Aber dies liegt gerade an dem Wirken der Gegenmächte, die dafür gesorgt haben, dass unsere Welt durchtränkt ist von dem Urteil, dass Hingabe und Schwäche ‚schlecht' ist.
Das gilt natürlich vor allem für die Männer, aber inzwischen auch sehr weitgehend für die Frauen. Wir leben in einer Welt, in der alles, was mit ‚Schwäche' assoziiert wird, im Grunde verachtet und gehasst wird. Ein Baby darf noch schwach und hilflos sein, aber alles andere darf dies nicht mehr. Mit Schwäche ist man nicht erfolgreich, mit Schwäche ist man ein ‚Loser', niemand mag einen, niemand hilft einem, und man hat seine Einsamkeit dann auch verdient...
Solche und ähnliche Urteile haben in unserer Welt eine ungeheure Macht gewonnen, sie haben sich in den Seelen festgesetzt, sie gleichsam durchtränkt und imprägniert. Und wir können meinen, dass das alles nur Analogien sind, Worte, die in übertragener Bedeutung benutzt werden – aber das ist nicht wahr. Es sind Realitäten, so, wie auch die Gegenkräfte, die

die Seele fortwährend in eine unvorstellbare Entfremdung von sich selbst führen wollen, eine Realität sind. Doch wir werden für diese Realität *als* Realität erst empfindsam und immer empfindsamer, wenn wir die Bewegung umkehren – wenn wir den Mut haben, eine Bewegung der ‚Schwachheit' zu vollziehen.
Hingabe müssen wir lernen – Hingabe zuerst an unsere eigene Sehnsucht...

Wir werden auf diesem Weg auch die Scham sehr, sehr gut kennenlernen – und diese wird uns vielleicht noch oft daran hindern, Empfindungen in voller Stärke in uns zu erwecken, die wir eigentlich in unserer Seele erwachen lassen *wollen*. Wir werden sehr genau erleben lernen, wie in unserer Seele *verschiedene* Kräfte leben – von denen die einen das genaue Gegenteil der anderen wollen können. Und wir werden uns immer wieder sehr genau befragen müssen und unterscheiden lernen müssen, mit welchen Kräften wir uns wirklich identifizieren wollen.
An diesem Punkt hilft es auch nicht weiter, es so zu betrachten, wie es bedeutsame psychologische Strömungen heute ansehen wollen: dass man alle ‚Kräfte' und ‚Tendenzen' der Seele ‚integrieren' müsse, weil man sonst ‚Persönlichkeitsanteile' von sich selbst ‚abspalten' würde. Solche Anschauungen bleiben an einem entscheidenden Punkt abstrakt. Sie nehmen nicht ernst, dass es außer der Seele selbst noch Kräfte geben könnte, die das Menschenwesen selbst von seinem eigenen Kern abspalten wollen. Dass also nicht der Mensch oder die Seele eine Abspaltung betreibt, sondern dass sie das *Opfer* einer Abspaltung wird, die von ganz anderen Kräften betrieben wird.
Eine ursprünglich heile Ganzheit *kann* sich gar nicht selbst spalten und sogar immer mehr entfremden. Es müssen andere Kräfte sein, die von außen bzw. innen ansetzen und als fremde Kräfte dazu führen, dass eine Spaltung und Entfremdung

eintritt. Die Seele und das Menschenwesen sind Opfer – auch wenn sie, beeinflusst durch diese Kräfte, zu Tätern werden, Tätern an sich selbst. Insgesamt angeschaut sind die Seele und das Menschenwesen Opfer – und handelnde Mächte sind solche, die wir zunächst überhaupt nicht durchschauen. Aber wir beginnen immer mehr, ihre Wirksamkeit und die Art dieser Wirksamkeit zu erleben...

In dem Maße, in dem wir diese Wirksamkeit durchschauen, gewinnen wir die Kraft, uns und alles, was uns teuer ist, vor dem Wirken dieser Mächte immer mehr zu behüten.
Wenn wir erkennen, dass die Scham vor dem Urteil der Außenwelt ein machtvoller Weg ist, uns und unsere Seele von dem abzuhalten, was sie zuinnerst ersehnt, haben wir die Möglichkeit, innerlich eine solche Stärke und Sicherheit zu entwickeln, dass wir das, was wir wahrhaft wollen, *trotz* dieser befürchteten Urteile verwirklichen. In jedem solcher Augenblicke, wo wir diese Zusammenhänge klar erkennen und in die Lage kommen, ihnen entgegenzuarbeiten, verlieren die Gegenkräfte an Macht. Sie behalten sie noch immer stark, denn das Erkennen der Zusammenhänge ihrer Wirksamkeit und die Kraft, dem standzuhalten und dennoch das zu tun, was man im Innersten will, sind trotzdem noch zwei verschiedene Dinge. Und doch ist die Erkenntnis der erste Schritt, auch für das Handeln die notwendige Stärke in der eigenen Seele wachsen zu lassen.

Wir wollen unsere Sehnsucht nicht verraten, wir wollen sie behüten. Also brauchen wir die innere Bewegung der Hingabe – trotz aller eventueller Scham...
Die Scham sagt uns zunächst nur, dass wir diese Bewegung nicht gewohnt sind – und dass wir von der Außenwelt komisch angeschaut werden könnten. Aber das ist immer so. In einer Welt, in der die Gegenmächte regieren, wollen diese durch das ‚Urteil der Mehrheit' jederzeit den Einzelnen davon

abhalten, davon abzuweichen. Diese Gegenmächte wollen nicht, dass auch nur ein Mensch wahrhaft selbstständig und individuell wird – und der Teil der Seele, in dem diese Gegenmächte Macht haben, will dies auch nicht. Man sagt dann: Jeder Mensch hat Angst vor Veränderung und vor dem Fremden, vor allem, was abweicht – aber auch das sind nur Phrasen, wenn man nicht erkennt, *warum* das so ist.
Die Seele *bräuchte* überhaupt keine Angst vor Veränderung oder vor Fremdem zu haben; sie hat sie nur, weil sie ihr von den Widersachermächten eingeflößt wird. Und jede Seele, die dann von dieser Angst vor allem Fremden beherrscht wird, ist ihrerseits ein mächtiges Instrument und Werkzeug für die Widersacher, auch andere Seelen daran zu hindern, frei und selbstständig zu werden. Und das Mittel, dies zu tun, ist wiederum die Angst – die nun in der Scham wirkt.
Die einen Seelen haben Angst vor dem Fremden und verachten, verspotten und bekämpfen es, aus einer Position der ‚Stärke' und der Mehrheit heraus – und die anderen Seelen haben Angst vor dem Abweichen, vor der Verachtung, Verspottung und Einsamkeit ... und finden nicht den Mut, die entscheidenden Schritte zu tun, die mit ihrer innersten Sehnsucht zu tun haben. Sie verraten sie letztlich doch. Die Angst regiert in allen Seelen – und durch sie haben die Widersacher Macht über die Seelen.

Wir brauchen also *Mut*. Und zunächst brauchen wir gar nicht so sehr viel Mut – denn die Außenwelt sieht nicht wirklich, was wir im Inneren tun; zunächst sehen wir auch selbst die Früchte dessen ja kaum...
Im Grunde brauchen wir also für eine lange Zeit nur uns *selbst* gegenüber Mut. Wir dürfen das Urteil der Außenwelt nicht so weit in uns hineinlassen, dass wir es im Grunde auch selbst haben. Wir *selbst* dürfen uns unserer eigenen Sehnsucht nicht schämen. Das tun wir aber noch, wenn wir uns ihr nicht hingeben können. Die innere Bewegung der Hingabe ist

nur ohne Scham möglich – sie ist gerade das Abwerfen aller Scham.
Wir werden bei dem Versuch, die Bewegung der Hingabe zu verwirklichen, entdecken, *wovor* wir uns eigentlich alles schämen. Wir werden entdecken, worin diese Scham eigentlich wirklich besteht...

Hingabe ist nicht *Selbst*-Aufgabe, aber doch *Hin*gabe... Hingabe an die Sehnsucht, deren Bedeutung man nun schon so sehr erkannt hat und empfindet. Man weiß, dass *sie* die Führerin sein wird, die die Seele erretten kann – erretten vom Tod, in dem sie derzeit noch lebt. Man hat inzwischen erlebt, was es heißt, nur schwach und oberflächlich fühlen, empfinden und erleben zu können – und man fühlt immer stärker die Sehnsucht nach einer Verwandlung, einer Verwandlung der ganzen Seele. Und doch ist auch diese Sehnsucht noch schwach, auch sie ist eingebettet in die Abstraktheit und Schwäche unseres übrigen Seelenlebens. Vielleicht ist sie inzwischen das stärkste und ausgeprägteste oder tiefgehendste Gefühl, das wir haben, und doch ist auch sie gefangen im Horizont unserer Seele, wie sie gegenwärtig noch ist... Was wir noch immer nicht wirklich getan haben und auch noch nicht vermocht haben, ist, uns dieser Sehnsucht wirklich hinzugeben, mit ganzer Seele...

Wie macht man das? Wir wissen, was Hingabe ist. Wir brauchen nur den Mut dazu... Hingabe ist etwas Heiliges. Es ist ein heiliger Prozess. Diese Stimmung brauchen wir also. Die Sehnsucht selbst muss uns etwas Heiliges sein – und das Geschehen der Hingabe auch. Je mehr wir dies alles so empfinden können, desto tiefer wird auch unsere Hingabe werden...
Die Sehnsucht nach der Verwandlung der Seele – sie soll unsere Führerin werden. Deswegen wollen wir uns ihr hingeben. Wir wollen dies in einer heiligen Atmosphäre tun. Wir

schaffen uns also heilige Stunden der Stille – und diese ‚Stunden' können auch Minuten sein. Es sollen Momente sein, die wir ganz aus dem Alltag herausnehmen – heilige Momente, die wirklich gleichsam eine Art Heiligtum inmitten unseres Alltags bilden. Momente, in denen dieser Alltag außerhalb bleibt; in denen wir uns ganz in unsere Seele zurückziehen und diesen Rückzug in ein Inneres wie ein Hineingehen in ein Heiligtum erleben.

Früher lebten manche Menschen im Kloster oder gingen mit tief frommen Gefühlen an einem Sonntag in die Kirche. Das wahre Heiligtum war aber auch damals schon das heilige Innere der Seele mit den heiligen Empfindungen, die dann in ihr auflebten, getragen auch von der Atmosphäre der heiligen Räume, die von Menschenhand erbaut worden waren, um eben diesem zu dienen: der Heiligung und Vertiefung der Seele. Heute können und müssen wir diese heiligste Atmosphäre, die die Seele kennen kann, immer mehr ganz unmittelbar in unserem Inneren suchen. Wir müssen unser eigenes Wohn- oder Arbeitszimmer, einen ganz bestimmten Platz, zu dem Ort machen, an den wir uns zurückziehen können, um in das Heiligtum einzutreten, das nur aus innerer Aktivität gebaut ist: aus seelischem Empfinden und Erleben. Eine reine Innenwelt, die wir selbst durch unsere eigenen Empfindungen zu einer *heiligen* machen können. Unsere Seele selbst ist es, die jenen Ort heiligt, an den wir uns zurückziehen. Es ist die Seele selbst. *Sie* muss sich heilig machen können...

Und hier, an diesem heiligen Ort, der ganz aus Rückzug besteht und gebaut ist, Rückzug nach innen, zu sich selbst, in eine heilige Besinnung ... an diesem heiligen Ort wollen wir uns nun der Sehnsucht hingeben, die hier, an diesem Ort, ja gerade entspringt...

Und nun *können* wir dies auch. Nun können wir uns ihr wahrhaft hingeben, denn nun sind wir mit ihr allein... Nun sind wir in einem Heiligtum, und es gibt hier nichts anderes mehr, nur

noch uns und die sanfte Sehnsucht unserer Seele. Ihr können wir uns jetzt hingeben – so lange hat sie schon darauf gewartet, dass wir ihr so nahe kommen...
Es ist ein heiliger Raum, dieser reine Seelen-Innen-Raum, in dem alles andere draußen bleibt, vor den Mauern des Heiligtums. Der ganze Alltag – draußen. Alltägliche Gedanken – draußen. Gewöhnliche Gefühle – draußen. Alles, was uns sonst fortwährend beschäftigt und unsere Seele in Stücke reißt, jedes tiefere oder heiligere Empfinden überlagert, lähmt und unmöglich macht – alles, alles bleibt draußen. Es ist nicht mit hineingekommen, in diesen heiligen Innenraum. Vielleicht gelingt uns dies nicht beim ersten Mal, vielleicht auch nach vielen Malen noch nicht vollständig, und doch werden wir dies jedes Mal wieder so rein wie möglich versuchen. Denn auch *danach* haben wir eine Sehnsucht. Und je stärker diese ist, um so tiefer wird es uns auch gelingen. Alles, alles bleibt draußen. Wir sind allein mit unserer Sehnsucht. Völlig allein. Und nun geben wir uns ihr hin...

Es ist ein seelischer Innenraum. Hier ist eine völlige Vereinigung möglich. Indem wir uns jener Sehnsucht hingeben, kann sie uns ganz umgeben und erfüllen. Zuerst haben wir einen heiligen Innenraum geschaffen, indem alles Unheilige, Gewöhnliche außen bleiben musste. Und nun brechen wir gleichsam auch in uns selbst noch alle Mauern ab, jede Abwehr, alles fällt weg, Es gibt nur noch das Gegenteil. Das ist die Hingabe. Wir lassen die Sehnsucht wirklich in uns einziehen, wir setzen ihr nicht mehr das Geringste entgegen, *wir geben uns ihr hin.*
Bis jetzt hat man an ihr, der Sehnsucht, eigentlich ganz vorbeigelebt. Man hat sie nur in manchen Momenten leise empfunden, als sanft aufsteigende Empfindung. Nun verwandelt sich dies völlig. Hingabe ist nur möglich, wenn das, dem man sich hingibt, gleichsam unendlich groß wird – indem man es heiligt und indem man sein wahres Wesen und seine wahre

Größe erkennt. Sich der Sehnsucht hinzugeben, bedeutet, seine ganze Seele, den ganzen heiligen Innenraum, den man jetzt erlebt, von *ihr* erfüllen zu lassen. Man kann eintauchen in die wirkliche Empfindung und das wahre Wesen dieser Sehnsucht – und auch dies in Wirklichkeit, nicht nur im übertragenen Sinne. Hingabe bedeutet, dass die Sehnsucht wirklich wie ein sanftes Meer wird, in dem man versinkt, weil man es *will*. Man sinkt in die wunder-stillen Tiefen eines Meeres, das das wahre Heiligtum ist. Zuvor war alles nur Vorbereitung. Erst dieses Sich-Sinkenlassen in die heiligen Fluten jenes Meeres, das einen dann umgibt und einhüllt, ist das eigentliche heilige Geschehen. Es ist ein tiefstes *Einswerden* mit der Sehnsucht. Es gibt nur noch sie... Sie und den, der in sie eingetaucht ist; sie und den, der sich mit ihr erfüllt; sie und den, der sich ihr hingegeben hat, in diesem heiligen Moment...

Man kann auch ein anderes Bild zum Leben erwecken, damit das Geschehen selbst etwas Reales wird. Jedes dieser Bilder ist ein Versuch, zu beschreiben, wie real der Prozess ist, der zwischen jener Sehnsucht und der Seele und demjenigen, der man ist, geschieht. Diese Art von Realität kennen wir zunächst gar nicht – es ist realer als alles andere, was wir bisher als inneres Leben kennengelernt haben. Wir können erleben, dass hier unser inneres Leben, das Leben unser Seele, überhaupt erst eine Realität *gewinnt*.

Ein anderes Bild ist, dass wir die Sehnsucht, von der wir fühlen, dass sie uns Führerin sein kann und muss, wenn wir zu einer Verwandlung der Seele kommen wollen, auch wirklich wie eine Art sanfte Königin empfinden. Mit ihr, dieser sanften Königin, die schon so lange gewartet hat, dass wir ihre sanfte Stimme wirklich wahrnehmen, sind wir nun im Heiligtum unserer Seele allein, völlig allein – und nun geben wir ihr unsere Seele wirklich hin... Und sie, die sanfte Königin, zieht nun wirklich in unsere Seele ein, weil wir sie ihr ganz öffnen, vollkommen...

Kein Alltag stört uns mehr, lähmt sie, diese sanfte Königin, kein Alltag mehr führt sie in die Gefangenschaft, keine Widersachermacht kann sie mehr töten oder verspotten, für ihre Ohnmacht, für ihr Wesen – sondern jetzt *darf* sie wirklich diese sanfte Königin sein ... und darf wirklich einziehen in jenes Reich, das ihr Reich ist, das Reich der Seele. Wir geben dieses Reich ihr hin ... und wir geben uns ihr hin. Die sanfte Königin durchzieht unser Wesen mit ihrem Wesen, das ist ihre ‚Herrschaft', dass wir dies zulassen und wollen; und ihr Wesen durchzieht uns, und ihr Wesen ist die Sehnsucht. *Eins* werden wir mit der Sehnsucht, unsere Seele wird ganz Sehnsucht.

Und dann ist wirklich ein Wunder geschehen. Denn dann ist wirklich geschehen, was seit ewigen Zeiten undenkbar war – und was alle Widersachermächte um jeden Preis verhindern wollten: dass die sanfte Königin je wieder herrschen darf, ihr Wesen offenbaren darf, ihr sanftes Wesen wirken lassen darf, ihr wunder-wirkendes, sanftes Wesen...

Die wirkliche Hingabe ist ein Wunder – und ein Mysterium. In ihr geschieht etwas, was sonst nie geschieht. Wirkliche Verwandlung wird in der Hingabe möglich – und nicht nur möglich, sondern auch wirklich. Hingabe bedeutet, sich nicht zu verlieren und sich dennoch mit etwas anderem vollkommen zu vereinen. Das ist ein heiliges Mysterium. Dieses Andere zieht in einen ein, durchdringt einen, wird eins mit einem – und verwandelt einen. Die eigene Seele wird etwas anderes, als sie es bis dahin gewesen war. Nun erst kennt sie die Sehnsucht wirklich. Nun erst ist sie, die Sehnsucht, *wirklich* ein Teil der Seele geworden – und nicht nur ein Teil, sondern ihre sanfte Führerin ... Führerin zu allem, was noch folgen wird...

Zuerst war diese Sehnsucht nur ein schwacher, zarter Keim, den wir behüten mussten, damit er lebendig bleibt; eine zarte Flamme, die nicht wieder verlöschen sollte. Wir mussten sie vor den Gegenmächten behüten, die sie schwach halten wollten, ja, ganz wieder vernichten wollten.
Dann geschah ein Wunder – und dieses Wunder lag in der Seelenbewegung der Hingabe. In ihr kehrte sich alles um. Was vorher klein und schwach, schutzlos und hilfsbedürftig war, wurde unendlich groß, tief und reich, es offenbarte sein wahres Wesen, *weil* wir uns ihm hingaben. Und indem wir dies taten, konnte es in uns einziehen, sich mit uns vereinigen und sein wahres Wesen ganz offenbaren. Sein wahres Wesen ist nicht das Schwache, sehr wohl aber ist es noch immer das Sanfte. Unsere eigene Hingabe aber gibt ihm, diesem Wesen, seine wahre Stärke. Und es erweist sich wahrhaft ... als eine sanfte Führerin, als eine sanfte Königin, die alle Widersacher abzuwehren vermag, solange sie selbst unsere Hingabe hat...

Die wirkliche Hingabe ist ein Wunder. Die Seele kann sich heiligen Mächten, die in ihr leben, hingeben – und diese erweisen sich dann als mächtiger als jede Widersachermacht. Die Sehnsucht ist in ihrer Sanftheit mächtiger als die Widersacher, die mit Angst, mit Furcht, mit Spott und mit tausend anderen Seelenregungen zu wirken versuchen. Die Sehnsucht ist wie eine heilige Königin oder wie ein heiliger Engel, der durch das Leuchten seiner Sanftheit all dies abzuweisen vermag. Eine unbeirrbare, heilig-mächtige Führerin, das ist die Sehnsucht ... aber sie kann es nur sein, wenn wir uns ihr hingeben, in heiliger Freiheit und heiligem, eigenem Wollen...

*

Und doch ist die Sehnsucht unserer Seele etwas, was der Seele selbst zutiefst eigen ist – und uns selbst noch eigener. Es ist *unsere* Sehnsucht. Es ist unser eigenes, tiefstes Wesen,

das in dieser Sehnsucht lebendig und regsam wird. Wir selbst fühlen in dieser Sehnsucht, dass es uns nicht bestimmt ist, in Oberflächlichkeit und Mangel an Tiefe und Mangel an innerer Entwicklung dahinzuleben, sondern dass unser tiefstes Wesen noch etwas ganz anderes verwirklichen und entfalten will. Insofern ist die Sehnsucht nichts *anderes* als wir, sondern der heiligste Teil unseres eigenen Wesens.
Und doch besteht die Gefahr, dass, wenn wir es so anschauen, gar nicht bis zu der Tiefe kommen, bis zu der wir kommen *müssen*, um zur vollen Wirklichkeit zu kommen. Wir merken doch selbst, wie wir alles mit unserer Abstraktheit, mit unserem gewöhnlichen Auffassen töten und immer wieder neu in das Profane, Gewöhnliche hinabstoßen. Wir *können* gar nicht so heilig empfinden, wie wir unbedingt müssten, um all dies zu einer Wirklichkeit werden zu lassen.
Wir *müssen* das Heiligste, was wir in uns finden können, selbst wenn es das Eigenste ist, was wir haben und was zu unserem Wesen gehört, zuerst in dieser Weise als etwas *anderes* betrachten und empfinden, um diese vollkommene Hingabe wahrzumachen. Denn darauf kommt alles an: dass sich unser Wesen ganz und gar mit dem durchdringt, was dieses Heiligste ist – und dass sich nichts, wirklich nichts Abschwächendes, Abstraktes dazwischen schiebt.

Wir können dies auch ohne Bilder dieser Art versuchen: *ohne* solche Bilder unsere Sehnsucht ganz und gar ernst zu nehmen und uns immer mehr mit ihr zu durchdringen – nicht abstrakt, sondern voll-wirklich. Dies ist wirklich nur mit großer Wahrhaftigkeit möglich – und die Gefahr, dass es dennoch abstrakt bleibt, bleibt immer bestehen.
Bei dem, was wir hier als ‚Bilder' bezeichnet haben, handelt es sich in Wirklichkeit gar nicht um Hilfsmittel oder eine Art von Suggestion. Sondern auch dies sind wirkliche *Wahrbilder*. Für die Seele, die immer tiefer zu erleben beginnt, werden sich auch andere Wirklichkeiten in solche und andere

Bilder kleiden, weil die in die Tiefe gehende Seele die Wirklichkeit immer mehr in *Bildern* erleben wird. Diese Bilder sind in Wirklichkeit nicht ein Rückschritt im Vergleich zu dem in abstrakten Begriffen verlaufenden Auffassen der Wirklichkeit, sondern ein Voranschreiten – ein Voranschreiten der Seele mitten in tiefere Bereiche der Wirklichkeit hinein. Die Seele kommt hier *mehr* in der wahren Wirklichkeit an, als sie es vorher war.

Die wahrsten, heiligsten Kräfte in der Seele *sollen* in ihr herrschen. Und so *ist* die Kraft der Sehnsucht eine Führerin und Königin – und sie *soll* es nur sein, wenn wir uns ihr in Freiheit hingeben können. Es *soll* eine sanfte Herrscherin sein, und sie kann es sein, in genau dieser Weise. Alle diese Bilder sind wahr. Auch das Meer... Die Seele kann das Geheimnis der Wandlung gerade durch die Bewegung der Hingabe kennenlernen – und Hingabe *ist* ein völliges Eintauchen in etwas Anderes, was dann groß werden kann wie eine Welt, die die ganze Seele erfüllt, alles in ihr... Diese Bilder sind nicht bloß ‚Bilder', sie sind *mehr* Wirklichkeit als alle bloß abstrakten Begriffe.

Und nun ist die Sehnsucht wirklich unsere sanfte Führerin geworden... *Sie* hat die sanfte Herrschaft in unserer Seele übernommen, wir sind der Herrschaft der Gegenmächte ein unglaubliches Stück weit entronnen. Sie können die sanfte Führerin nicht mehr vernichten...

Auf unserem Weg zu einer inneren Vertiefung der Seele und einem Wiederfinden des Fühlens gibt es nun einen entscheidenden nächsten Schritt, den wir irgendwann tun müssen. Er ist sozusagen das Tor, durch das wir gehen müssen, um wirklich in die Tiefe zu kommen. Die Sehnsucht der Seele *führt* diese gleichsam zu diesem Tor – die Seele *will* zu diesem Tor und sie will hindurch. Ob wir es aber auch schon wollen, ob wir auch schon bereit dazu sind, das ist die Frage...
Wenn wir mit der innersten Sehnsucht unserer Seele wirklich eins werden, und wenn wir der sanften Führerin, die unsere Sehnsucht ist, wirklich vertrauen und uns hier hingeben können; wenn es keinen Unterschied mehr gibt zwischen uns und dieser Sehnsucht, die unsere eigene ist – dann gibt es gar keine andere Möglichkeit, dann *sind* wir bereit dazu. Aber die Frage ist: *Sind* wir mit unserer tiefsten Sehnsucht bereits eins?

Dieser nächste Schritt, den wir irgendwann tun müssen, weil er ein Tor ist und der weitere Weg erst dahinter liegt, sich erst durch dieses Tor hindurch eröffnet, ist eine weitere Seelenbewegung. Und zwar ist es die innere Bewegung der *Ehrfurcht*.
Wenn wir eins mit unserer Sehnsucht nach wirklicher Vertiefung der Seele geworden sind, wird es uns sehr leicht verständlich werden, warum dies der nächste Schritt und das Tor ist, jenseits dessen erst der weitere Weg sich erstreckt.

Ein Hindernis kann in diesem Fall im Grunde nur noch das wirkliche Erfassen des Begriffes, seiner wahren Bedeutung sein. Denn gerade um die für die menschliche Seele entscheidenden Begriffe hat sich im Laufe der Jahrhunderte oft ein dichtes Gestrüpp von Dornen gelegt – vergleichbar dem Dornröschen. Man muss sich vorstellen, dass die Bewegung der Seele, die wir mit tiefem Recht ‚Ehrfurcht' nennen, ein

Dornröschen ist – also auch wiederum eine wunderschöne Prinzessin, die aber von einem bösen Zauber in einen Tiefschlaf versetzt worden ist, zusammen mit ihrem ganzen Königreich. Die wahre Bedeutung des Begriffes ‚Ehrfurcht' schläft in unserem Denken, ebenso wie die innere Bewegung der Seele, die die Ehrfurcht ist. Und die harten, kratzenden, verletzenden, die schlafende, wunderschöne Prinzessin verbergenden Dornenranken – das sind jene Vorstellungen und Assoziationen von ‚Ehrfurcht', die der heutige Mensch hat. Sie bilden ein undurchdringliches Dickicht, in dem die sanfte Königin – die auch sie sein könnte, wenn sie einmal erwacht –, gefangen ist, verborgen vor aller Augen, unzugänglich für jeden. Man sieht die Dornen – und niemand hat Lust, sich ihnen auch nur zu nähern. Von dem schlafenden Dornröschen weiß man auch gar nichts mehr, es ist in Vergessenheit geraten... Einzelne wissen vielleicht noch von dem Geheimnis hinter den Dornen, aber auch sie wollen sich nicht mehr verletzen und sich vielleicht die Haut blutig reißen. Soll doch die wunderschöne Prinzessin dahinter schlafen – muss *ich* sie denn erlösen? Das ist nichts für mich...

Aber die Dornenranken, das ganze undurchdringliche Gestrüpp, ist natürlich das Werk eines bösen Zaubers. Nicht das Dornröschen hat die Dornen geschaffen, sondern die Widersachermächte haben die Dornen geschaffen, *damit* das Dornröschen vergessen wird und niemals befreit werden wird.
Um überhaupt eine Sehnsucht danach zu bekommen, das Dornröschen zu befreien, müssen wir verstehen, wer es wirklich ist – und was es nicht ist...

Was also ist die Ehrfurcht und was ist sie nicht?

Wenn man schon jemals in einen Raum getreten ist, in dem ein ganz kleines Kind schlief, ein Säugling, und man ist an sein Bettchen getreten – und man wurde ergriffen von der heiligen Atmosphäre tiefster Unschuld und ... von noch so vielem, was man gar nicht in Worte fassen konnte und kann ... dann kennt man dasjenige Erleben und Empfinden, was Ehrfurcht ist.

Wenn man in seiner Jugend einmal das Erleben haben durfte, dass man sich in tiefer und zarter Weise in ein Mädchen oder einen Jungen verliebt hat, die man dann mit seinem ganzen Herzen verehrt hat, voller Liebe und Sehnsucht ... dann kennt man, was Ehrfurcht ist.

Wenn man einmal an einem frühen Morgen auf einsamen Feldwegen durch noch in leichtem Nebel liegende Wiesen und Felder ging und auf einmal, ganz unverhofft, ein scheues Reh vor einem stand, nicht weit entfernt, aber doch so weit, dass es für Momente stehen blieb, vielleicht selbst erschrocken, über die plötzliche Begegnung, und man für *Momente* ganz in dieser Begegnung aufging, angerührt durch die Nähe dieses Geschöpfes, angerührt durch die Rätselhaftigkeit seines Daseins, seiner Schönheit, seines Lebens und seiner Scheu ... dann weiß man, was Ehrfurcht ist und was die Seele in diesem Moment erlebt; wie es sich anfühlt...

Ehrfurcht ist eine innere Bewegung der Seele, die sehr viel mit der Bewegung der Hingabe zu tun hat. Aber sie ist gleichsam *noch* zarter. Es ist ein ehrfürchtiges *Verharren* vor etwas, was so groß, so schön, so rätselhaft, so berührend, so heilig ist, dass gewöhnliche Begriffe oder Empfindungen dafür weder ausreichen noch passen, sondern alles nur kaputtmachen und un-erlebbar machen würden. Ehrfurcht ist ein Sich-Erheben der Seele zu einer Empfindung, die allein dem *Heiligen* und zutiefst Berührenden gerecht wird, das man in diesem Moment *wahrnimmt*...

Wenn wir in unserem eigenen Leben die Momente suchen, in denen vielleicht ein solches Gefühl in unserer Seele gelebt hat, wird es uns leicht sein, zu erkennen, dass diejenige Seele, die ein solches Erleben nicht kennt, unendlich arm ist, dass ihr etwas unendlich Kostbares fehlt...
Ehrfurcht, die Empfindung der Ehrfurcht, ist ein Heiligtum – man kann es nicht anders sagen. In der Ehrfurcht erhebt sich die Seele zu dem heiligsten Erleben, was sie hat – und sie erhebt sich dazu, weil ihr etwas begegnet, das dieses Empfinden *verdient* ... und erweckt. Ehrfurcht ist eine natürliche Bewegung und Reaktion der Seele auf etwas, was diese Bewegung gleichsam unweigerlich erweckt.

Aber hier kommen wir an denjenigen Punkt, an dem die Widersacher ansetzen, um das Dornengestrüpp zu weben... Denn viele Jahrhunderte lang wurde diese innere Bewegung der Seele *gefordert*. Könige, Herrscher und die Kirche und ihre Vertreter forderten diese Regung der Seele, die doch nur dann wahrhaftig ist, wenn sie frei und von selbst aus dem Innersten des Herzens entspringt.
Dies ist der wesentliche Grund dafür, dass der Begriff der ‚Ehrfurcht' heute so in Verruf gekommen ist. Man verdammt im Grunde den Begriff und die Regung der Ehrfurcht für das, was mit ihnen gemacht wurde. Auf diese Weise macht man auch sich selbst schuldig an dem Schicksal der wunderschönen Prinzessin ... denn es ist deutlich, dass die Prinzessin selbst nicht schuld daran ist, was für ein Schicksal sie ereilt hat.
Die Gegenmächte können *alles* missbrauchen und in Verruf bringen, indem sie die Konnotation verändern und das Verständnis pervertieren. Aber auf unserem Weg versuchen wir, die *Wahrheit* wiederzufinden, das wirkliche Wesen derjenigen Seelenregungen, die wir gerade zutiefst suchen, weil wir spüren, dass hier die wahre Vertiefung zu finden ist.

Wir müssen also verstehen und innerlich erleben, was mit einer solchen Seelenregung wie der Ehrfurcht in den vergangenen Jahrhunderten geschehen ist. Wir müssen innerlich wirklich erleben können, wie die *Schändung* dieser Regung und ihres Begriffes vonstatten gegangen ist – um zu einem tiefen Leiden daran zu kommen; einem tiefen Leiden auch daran, dass wir sie dadurch ebenfalls bis jetzt verkannt und also auch verraten haben, nicht unterscheiden könnend zwischen ihrer Perversion, die in die Welt gesetzt wurde, und ihrem wahren, für immer heiligen Wesen... Das Wesen der Ehrfurcht ist ein heiliges – aber es kann sich nicht gegen die Dornen wehren, die es umstricken, das können nur wir. Nur *wir* können das Dornröschen befreien. Wir sind auch für *diese* sanfte Königin verantwortlich...

Die allererste Frage ist: *Kennen* wir die Empfindungen, die ich versucht habe, an drei Beispielen zu beschreiben? Kennen wir diese heilige Regung der Seele, mit der sie sich etwas Heiligem gegenüberstellt, um es ... ja, im reinsten und heiligsten Sinne wirklich zu verehren? Oder ist unsere Seele so arm, dass ihr diese Erfahrung fehlt, dass sie sie bisher kein einziges Mal in ihrem Leben erlebt hat?
Kann unsere Seele verehren? Oder kann sie es gar nicht? Oder könnte sie es, will es aber nicht...

Denn das ist das zweite Hindernis, der zweite Schlag, den die Gegenmächte gegen das Dornröschen führen: Dass sie die Seele so weit bringen, dass diese die Ehrfurcht überhaupt nicht mehr *kennt*, auch gar nicht mehr fähig ist, sie überhaupt zu *empfinden*. Dann stellen sich nicht nur falsche Begriffe zwischen die Seele und diese heilige Empfindung, sondern die Seele vermag diese Empfindung nicht einmal mehr zu haben. Dann werden nicht nur die Begriffe verhärtet, sondern die Seele selbst auch...

Unsere heutige Zeit lebt so sehr unter dem Zugriff der Widersacher, dass dies in sehr vielen Menschen so zu sein scheint: Sie kennen das Gefühl der Ehrfurcht wirklich nicht. Sie wissen nicht, was das ist. Sie haben es nie erlebt bei einem Säugling, an seiner Wiege, sie haben es nie erlebt bei einem Mädchen oder einem Jungen, sie haben es nie erlebt in der Begegnung mit einem Tier – und auch sonst nie... *Sie wissen nicht, was Ehrfurcht ist, sie kennen das Gefühl nicht.*

Die Widersachermächte haben zwei Kräfte, um dies in der Seele zu erreichen. Die eine Kraft ist die Dumpfheit, die wirkliche Oberflächlichkeit alles Fühlens. Ehrfurcht ist ein Empfinden des Heiligen – aber diese Empfindung ist nur möglich, wenn das Empfinden selbst in die *Tiefe* gehen kann. Die zweite Kraft ist der Hochmut. Dies ist eine Kraft, die die Seele dazu bringt, dass sie nichts ‚über sich' anerkennen kann. Wenn die Seele diese Kraft in sich wirken lässt, bewusst oder unbewusst, dann ist sie nicht in der Lage, irgendetwas zu bewundern, zu verehren, aufrichtig zu verehren. Eine solche Seele kennt dann nur das Herabblicken auf anderes – oder allenfalls ‚Augenhöhe', aber nicht das Gefühl heiliger, zarter Verehrung...

Es ist deutlich, was die Widersachermächte dann erreicht haben. Eine solche Seele wird *niemals* die Tiefe der Empfindungen kennenlernen. Sie wird immer nur die Gefühle der ‚Augenhöhe' kennen, wenn überhaupt, und das heißt, sie kann nur das empfinden, was sie selbst ist – in aller Flachheit und Beschränktheit. Das Erleben des Heiligen, des unendlich Schönen, des in welcher Hinsicht auch immer tief Berührenden, ist ihr verborgen und verschlossen. Sie ist für immer eingeschlossen in den Horizont ihrer eigenen Flachheit, ihres Eigenseins und Selbsterlebens. In Wirklichkeit erlebt sie immer nur *sich* und das, dem sie Bedeutung zumisst. Die ganze übrige Welt hat immer nur den Wert und die Erlebnisqualität, die sie ihr zugesteht. Nichts existiert, was über sie hinausgeht oder zu dem sie aufblicken könnte. Augenhöhe ist das Höchste der Gefühle – die Seele selbst und ihr Selbsterleben ist das Maß aller Dinge. Sie ist der Gott, von dem alle Bewertung ausgeht, etwas Heiligeres gibt es nicht – es gibt also *nichts* Heiliges. Einer solchen Seele ist nichts heilig – wenn überhaupt sie sich selbst, aber das merkt sie gar nicht.

Eine Seele, die die Ehrfurcht kennt, kann den Weg finden und gehen, der zu einer immer weiteren Vertiefung führt. Eine Seele, die die Empfindung der Ehrfurcht nicht kennt, kann keinen einzigen Schritt machen, der sie in eine Vertiefung führen könnte – der erste Schritt müsste die Bewegung mit dem wirklichen Gefühl der Ehrfurcht sein... Sie ist das Tor zum verborgenen Königreich der Seele. Sie ist das Dornröschen, das erst erweckt werden muss, wenn das Königreich eine Realität werden soll...

*

Manche Menschen haben vor allem mit dem *Wort* Ehrfurcht Probleme. Sie wollen eigentlich die Empfindung haben können, aber das *Wort* ist ein Hindernis für sie. Warum Furcht, fragt man dann zum Beispiel. Warum Ehre? Ist das nicht wirklich veraltet? Hat es nicht wirklich nur mit einem von außen erzwungenen und geforderten Gefühl zu tun?
Wir müssen versuchen, uns einem Verständnis auch des Wortes zu nähern – auch das Verständnis des Wortes müssen wir vertiefen. Wir müssen die Wahrheit und die wahre Schönheit der Begriffe entdecken...
Vergessen wir einmal alles, was dem Begriff und dem Gefühl, der Seelenregung der Ehrfurcht in den vergangenen Jahrhunderten angetan wurde. Gehen wir wirklich von dem Erleben aus, das wir nun als die Wahrheit dieser Seelenregung kennengelernt haben. Gehen wir von dem wahren

Wesen Dornröschens aus, gehen wir aus von unserer eigenen heiligsten Erfahrung, in welcher Situation wir sie auch gehabt haben.

Wenn wir diese Erfahrung wirklich einmal gehabt haben, dann wissen wir, warum es hier um eine seelische Regung geht, die wir mit voller Wahrheit ‚Verehrung' nennen können. Verehrung bedeutet nicht, einen äußeren Herrscher anzuerkennen und ihm devot zu dienen – es bedeutet eine freie, unmittelbar auftretende Regung der Seele, die in tiefster Bewunderung und, noch gesteigert, wirklicher Verehrung auf etwas hinschaut. Es geht um das Erleben von etwas Heiligem, *deswegen* wird in der Seele unmittelbar die Bewegung des ‚Verehrens' lebendig. Die Seele verehrt etwas, was sie als heilig erlebt – das, was die Seele daraufhin unmittelbar tut, diese innere Regung des ‚Verehrens', ist die direkte *Antwort* auf das Erleben des Heiligen.

Der Gedanke, dass die Seele das tun ‚müsste', von außen auferlegt, ist genauso sinnlos wie der Gedanke, dass sie etwas als ‚heilig' erleben ‚müsste'. *Sie tut es einfach.* Und zugleich ist dies ihre größte Gabe. Denn eine Seele, die dies nicht ‚kann', ist, wie wir unmittelbar empfinden, wenn wir dieses Gefühl kennen, unendlich arm.

Damit haben wir die Regung des ‚Verehrens' unmittelbar verstanden. *Dies* steckt in der Silbe ‚Ehr-', nicht irgendeine äußerliche oder äußerlich einforderbare ‚Ehre'. Nicht um Ehre geht es, sondern um Verehrung.

Dies ist übrigens im Grunde auch da der Fall, wo in der Heiligen Nacht der Gesang der Engel ertönt: ‚Ehre sei Gott in der Höhe'. Das lateinische Wort für ‚Ehre' ist *gloria*, im Griechischen ist es *doxa*. Darin liegt eine Bedeutung, die mit *Lichtglanz* zu tun hat. Man könnte sagen: Das, was Verehrung verdient, *hat* diesen Glanz, egal, ob man ihn erkennt oder nicht. Auch das geliebte Mädchen hat diesen Glanz, auch der Säugling, auch das Reh. Gerade dies nehmen wir ja

wahr. Und die Regung der Seele ist dann die Verehrung. Später wurde dies zu einer immer äußerlicheren ‚Bezeugung der Ehre', ‚Ehrbezeugung', die dann nur noch Königen gebührte und eingefordert wurde. Aber was die Engel in der Heiligen Nacht tun, ist ja keine Forderung, es ist ihr unmittelbarer ‚Lobgesang', der selbst unmittelbare Verehrung ist. Sie selbst verehren Gott ganz unmittelbar und rufen die Menschen zart auf, in diese ‚Bewegung' einzustimmen – was die Seele tut, wenn auch sie die Empfindung der Verehrung und Ehrfurcht verspürt.
Der volle Wortlaut geht ja noch weiter. Es heißt: ‚Ehre sei Gott in der Höhe und Friede auf Erden den Menschen, die eines guten Willens sind'. Daran wird im Grunde vollends deutlich, dass es gar keine Forderung an die Menschen ist, sondern ein wirklicher unmittelbarer Lobpreis der Engel – denn auch der zweite Teil ist ein reiner Engelsegen, der auf die Erde gesandt wird. Der erste Teil ist in die Höhe gerichtet, der zweite Teil zur Erde hin, der erste Teil ist Engel-Lobpreis, Verehrung der Engel, der zweite Teil ist Engel-Segen, Segen der Engel für die Menschen auf Erden.
‚Ehre' ist das, was die Seele dem bezeugt, was sie verehrt. Und sie tut dies, weil sie jenen ‚Glanz' wahrnimmt, der jene ‚Ehre' (gloria, doxa) ist, die das verehrte Wesen besitzt, egal, ob es erkannt wird oder nicht. *Wenn* es erkannt wird, antwortet die Seele mit der Verehrung dieses erkannten Glanzes, dieses Heiligen...

Aber was ist nun mit der Silbe ‚-furcht' in der Ehrfurcht?

Auch hier müssen wir uns aus den starren, fertigen Konnotationen lösen, die dieses Wort für uns inzwischen allein nur noch hat. Wir müssen uns wiederum in das unmittelbare *Erleben* der Seelenregung der Ehrfurcht versetzen. Sei es in die heilige Atmosphäre rund um die Wiege des Säuglings, sei es in die heilige Atmosphäre, die das verehrte Mädchen oder den verehrten Jungen umgibt, sei es in die Atmosphäre, die das Reh umgibt, das plötzlich vor uns steht...

Es geht um die Begegnung mit etwas Heiligem – mit etwas, was von der Seele unmittelbar als heilig empfunden wird. Und wir brauchen nur wirklich einmal zu beobachten, was die Seele dann tut – es ist völlig offenbar. Sie steht voller Ehrfurcht vor dem Heiligen...

Die Ehrfurcht hindert die Seele, dem bewusst oder unbewusst Verehrten auch nur einen Schritt näherzutreten – und in jedem Fall hindert sie sie daran, dies mit unheiligen, schwächer werdenden Gefühlen zu tun. Alles in der Seele wehrt sich dagegen, andere Gefühle als die der Verehrung, des Heiligen, zu haben. Die Seele will das nicht, sie *will* nur heilige Gefühle haben.

Wir müssen empfinden, wie sich hier die gewöhnliche Bedeutung des Wortes ‚Furcht' völlig verwandelt. Die Seele fürchtet nicht das verehrte Wesen; sie fürchtet und hütet sich davor, andere Gefühle in sich zuzulassen als die heiligsten, die sie in sich finden kann.

Und doch hat dies auch mit dem verehrten Wesen zu tun. Der Junge, der ein Mädchen tief verehrt, fürchtet sich auch vor dem Mädchen. Ihr Blick ist größte Glückseligkeit und größte Furcht – denn was wird sie über einen denken? Wird man vor ihrem Blick nicht völlig zunichte? Wer dieses Erleben wirklich kennt, für den wird auch die Silbe ‚-furcht' etwas unmittelbar Einleuchtendes. Denn wiederum ist es nichts, was von außen verlangt wird, sondern etwas, was die Seele selbst unmittelbar empfindet. Verehrung und Furcht gleichzeitig. Also wirklich Ehrfurcht...

Bei dem Baby ist es wiederum etwas anderes. Hier fürchtet man wirklich vor allem, diesem Heiligen zu nahe zu treten. Man ist so vorsichtig und andächtig wie nur irgend möglich. Man erlebt das Heilige und fürchtet nur, es zu zerstören, zu laut zu sein, zu grob, nicht sanft genug. Man fürchtet, das

Heilige durch seine eigene Unheiligkeit anzutasten... Aber auch dies ist Ehrfurcht, das kann man doch unmittelbar fühlen...

Auch bei dem Reh ist es ähnlich. Auch von dem Tier geht etwas unendlich Heiliges aus, etwas unendlich Unschuldiges. Wir erleben etwas, das für uns eine Art Rätsel ist – und doch erleben wir es. Wir erleben die ganze Unschuld des Geschöpfes – seine Reinheit, seine Anmut, das ganze Wunder gerade eines *Rehs*. Wir fürchten nicht mehr die göttlichen Kräfte, so wie die Germanen vielleicht noch ein Gewitter oder Sturm erlebt haben mögen, und doch liegt in diesem Erleben, das wir in dieser unmittelbaren Begegnung mit dem Reh haben, das Erleben von etwas, was über unseren Verstand und unser abstraktes Verstehen weit hinausgeht – und gerade das erweckt in uns die Regung der Ehrfurcht, des ehrfürchtigen Verharrens. Es ist keine Furcht im Sinne von Angst. Aber es ist ein Berührtwerden von etwas, vor dem wir ehrfürchtig verharren – in Ehrfurcht...

In der angstvollen Furcht erstarrt die Seele – aber auch in der Ehrfurcht, hier nicht in Angst, sondern in zarter Berührung und Verehrung. Sie erstarrt nicht völlig, sie verharrt. Es ist nicht *bloß* Verehrung. Es ist noch zarter und noch heiliger. Es ist *Ehrfurcht*.

Die Seele, die diese Erlebnisse kennt, wird auch diese Differenzierungen immer besser empfinden können. Und auch dies ist wiederum mit einer Art Ehrfurcht verbunden – nämlich mit Ehrfurcht vor der Wahrheit, vor dem wahren Wesen der einzelnen Seelenregungen. Es ist die wachsende Empfindung, mit all diesem nicht leichtfertig umzugehen, sondern es gerade immer mehr und mehr zu vertiefen. Nur so wird man diesen heiligen Begriffen und Empfindungen ja überhaupt immer mehr gerecht. Und gerade das ist die Vertiefung der Seele. Sie beginnt, in jeder Hinsicht, mit der Ehrfurcht...

Vor einem *Wort* können wir keine Ehrfurcht haben. Wenn wir aber begreifen – im wirklichen Erleben –, welche Bedeutung dieses Wort in Wahrheit hat und was die Seelenregung, für die es steht, in Wahrheit für eine Bedeutung hat, dann kann sich das Empfinden der Ehrfurcht einstellen.
Wir suchen den Weg einer unendlichen Vertiefung der Seele. Und wenn wir in Wahrheit erkennen, was die Ehrfurcht für eine Seelenregung ist, dann können wir auch vor dieser Regung selbst wieder eine Ehrfurcht haben. Wir können in aufrichtiger Ehrfurcht davor verharren, dass die Seele solche Regungen überhaupt haben kann – und haben darf...
Ehrfurcht mischt sich hier mit Staunen und Dankbarkeit – und nicht nur hier...

*

Nun haben wir den Begriff aus den Fängen der Widersacher befreit. Das Wort und das gewöhnliche (Un-)Verständnis des Begriffs und der Empfindung stellt uns nun kein Hindernis mehr in den Weg. Wir haben gleichsam das Dornröschen befreit – von den Dornenranken. Doch die Frage ist nun noch: Wollen und können wir es auch aufwecken?

Wir kennen die Empfindung der Ehrfurcht. Aber die Frage ist: Wollen wir diese Empfindung zu einer Königin in unserer Seele machen? Wollen wir auch sie zu unserer sanften Führerin machen?
Und nicht nur ‚auch sie', sondern ‚jetzt sie'. Denn die Sehnsucht, die bisher unsere Führerin war, kann ihre Führung an die Ehrfurcht übergeben, wenn wir dazu bereit sind. Die Sehnsucht hat uns bis an den Punkt des Weges geführt, den wir nur mit ihr gehen konnten. Jetzt brauchen wir sie nicht mehr, weil wir jetzt jener Kraft begegnet sind, die unsere weitere Führerin sein wird – wenn wir ihr folgen wollen. Die Sehnsucht ist gleichsam ein vollkommener Teil unserer selbst

geworden. Sie ist nicht verschwunden, aber sie gehört nun ganz zu uns, sie ist nicht mehr unsere Führerin, aber eine andere Seelenkraft kann jetzt unsere Führerin werden – jene Kraft, zu der uns die Sehnsucht, unsere bisherige Führerin, gerade geführt hat...

Sind wir bereit, uns nun der Ehrfurcht anzuvertrauen? Sie ist das Tor für den ganzen weiteren Verlauf des inneren Weges. Wir können keine Schritte machen, wenn wir nicht durch dieses Tor gehen und uns ihrer weiteren Führung anvertrauen. Aber es liegt in unserer Freiheit, dies zu wollen – und also mit ihr weiterzugehen oder nicht.

Bis jetzt kannten wir die Empfindung der Ehrfurcht nur von außergewöhnlichen Momenten unseres Lebens – und hatten sie vielleicht als solche auch da nicht erkannt. Jetzt wissen wir aber, dass dies damals das Gefühl der Ehrfurcht gewesen war, jetzt wissen wir, was Ehrfurcht *ist* – und dass wir sie kennen, als Gefühl, dass sie uns überhaupt nicht fremd ist.
Und doch ist sie uns fremd *geworden*. Je älter man wird und je mehr sich auf das Leben der Mehltau der Gewöhnung und des Gewöhnlichen legt, desto mehr verliert man die Ehrfurcht aus seiner ganzen Seele, sogar als Möglichkeit. Immer mehr kann uns begegnen, ohne dass unsere Seele noch mit dem Gefühl der Ehrfurcht darauf antworten würde, ja, könnte. Dies ist das allmähliche Sterben der Seele, es ist ein Verhärten, ein Vertrocknen, ein Erlöschen. Mehltau, der sich auf alles Empfinden legt...
Dennoch möchte ich zunächst davon ausgehen, dass wir die Empfindung der Ehrfurcht zumindest in wenigen Momenten unseres Lebens gekannt haben.

Wenn wir nun das Leben unserer Seele vertiefen wollen – und nach dem zuletzt Gesagten müssen wir im Grunde sogar sagen: wenn wir es *retten* wollen, erretten aus dem schon so weit gegangenen Verlöschen –, dann müssen wir den Weg bis zu jenem Tor finden, bis zu dem wir jetzt im Grunde schon geführt wurden, von unserer Sehnsucht, und wir müssen einen Weg, eine Möglichkeit finden, auch *hindurchgehen* zu können. Wir müssen einen Weg finden, die Ehrfurcht wirklich zu unserer Führerin zu machen, uns von ihr führen zu lassen und ihrer Führung willig zu folgen. Es muss unsere *Sehnsucht* sein, ihr folgen zu *können*.

Bis jetzt war die Seelenregung der Ehrfurcht etwas, was in ganz herausgehobenen Augenblicken unseres Lebens wie von selbst in unserer Seele erweckt worden war, unwillkürlich, unmittelbar. Nicht wir haben die Ehrfurcht erweckt, etwas außerhalb von uns hat sie in uns erweckt ... und wir wurden von ihr ergriffen. Wir standen vor etwas Ergreifendem, und die Ehrfurcht ergriff uns, erfasste uns, durchzog uns.
In diesen Worten wird deutlich, dass diese Seelenregung einerseits von der Seele ausgeht, andererseits aber auch in sie ‚eingeht', die Seele ergreift. Die Seele antwortet auf etwas, was die Ehrfurcht in ihr erweckt – aber diese Ehrfurcht *wird* in ihr erweckt, weil das, was sie erweckt, in seiner ganzen Wirkung auf die Seele übergreift. Es ergreift sie – und die Seele lässt sich ergreifen. Sie gibt sich der Wirkung dieses Ergreifenden, dieses Heiligen, dieses unendlich Besonderen hin...

Der innere Weg der Vertiefung der Empfindungen, aber auch der Gedanken und der Willensimpulse, besteht darin, dass man innerlich etwas tut, was dazu führt, dass Empfindungen tiefer werden, als sie es bis dahin waren – aber auch, dass tiefe Empfindungen, die bis dahin nur ganz ‚geschenkt' durch äußere Bedingungen erweckt wurden, immer mehr auch *selbst* in der Seele erweckt werden können.

Am Anfang verdankten wir auch die Sehnsucht allein ihrem Dasein. Irgendwann war sie da – und wir konnten dafür nur dankbar sein, dass sie *da* war. Dann lernten wir, sie zu hüten, uns ihr hinzugeben und sie dadurch zu vertiefen, ganz uns zueigen zu machen, eins mit ihr zu werden. Es lag nicht mehr an uns unzugänglichen Bedingungen, ob sie da war oder nicht, sondern wir wurden für sie verantwortlich – und wir machten sie *ganz bewusst* zu der sanften Führerin unserer Seele.

Innere Entwicklung in aktivem Sinne bedeutet immer, die inneren Prozesse, die zu einer Entwicklung führen, in die Hand zu nehmen, in die eigene Verantwortung. Es bedeutet, etwas dafür zu *tun*, dass das geschieht, was geschehen soll, was man ersehnt. Es bedeutet ein inneres Streben, ein bewusstes Einsetzen des inneren Willens.

Innere Entwicklung bedeutet, sich des Dornröschens zu *erinnern*. Es nicht schlafen zu lassen, auch die Dornen nicht hinzunehmen, die Dornen überhaupt als Dornen zu erkennen, und dann zu beginnen, das Gestrüpp zu durchdringen, um das Dornröschen zu befreien. Innere Entwicklung bedeutet, das Dornröschen befreien zu *wollen* – und immer mehr zu erkennen, was das bedeutet und was es erfordert. Innere Entwicklung bedeutet zunächst eine Sehnsucht – und dann immer mehr eine Verwandlung dieser Sehnsucht in bewussten Einsatz des Willens, beruhend auf immer bewussterer Erkenntnis, zunächst Erkenntnis dessen, was man überhaupt will, was also die eigene Sehnsucht wirklich ist, und dann Erkenntnis, was dafür notwendig ist.

Nachdem uns die Sehnsucht bis zur Ehrfurcht geführt hat, stehen wir nun also vor der Frage, ob wir uns dieser neuen, wunderschönen, heiligen Führerin anvertrauen wollen. Aber das Dornröschen schläft noch. Wenn wir es erwecken, wird es die heilige Königin unserer Seele werden können. Aber es liegt in unserer Freiheit, dies zu wollen...

Bisher war das Dornröschen in außergewöhnlichen Momenten unseres Lebens erwacht und war dann für diese kurzen Momente die sanfte Herrscherin unserer Seele. Unsere Seele antwortete mit wahrhaft heiligen Empfindungen auf etwas, dem wir gegenüberstanden und das uns so tief berührte, dass unsere Seele dies mit dem tiefsten Gefühl erwiderte, das sie hatte: dem Gefühl der Ehrfurcht...
Für Momente war das Dornröschen in unserer Seele durch einen wahrhaft heiligen Zauber von etwas außerhalb von uns erlöst – es durfte erwachen und für Momente wach da sein und um sich schauen... Das Dornröschen durfte in heiliger Schönheit heilige Schönheit schauen...

Vielleicht führen diese Worte und Bilder den Leser noch immer an die Grenze des Erträglichen, vielleicht kann er damit noch immer zu wenig anfangen – und begreift deshalb nicht, warum ich dies so betone und so intensiv versuche, es in dieser Weise zu beschreiben.
Aber dann liegt auch hier wieder die Möglichkeit, die eigene Abwehr dagegen zu untersuchen. Auch jeder ‚Anstoß' ist eine Möglichkeit, die eigene Seele zu beobachten – und damit die Regungen der eigenen Seele auch immer mehr in die eigene Hand zu bekommen. Das bewusste *Erleben* der Seele und ihrer inneren Empfindungen ist auch eine Bedingung jeder inneren Entwicklung. Man kann nur dasjenige in die eigene Hand bekommen und bewusst in eine Entwicklung führen, dessen man sich bewusst ist. Erst ist Bewusstheit notwendig – dann kann das, was man in die Bewusstheit hinaufgehoben hat, verwandelt werden.

Wenn man das Dornröschen verehren kann, wird man keine Schwierigkeit damit haben, eine schlafende, heilige Seelenkraft als ein solches Dornröschen zu erleben – und *in* dieser Gestalt ihr, dieser Kraft, gegenüber tiefere Empfindungen aufzubringen, als wenn man einfach von ‚Ehrfurcht' sprechen würde. Und umgekehrt, wenn man diese heilige Kraft der Ehrfurcht auch tief als etwas Heiliges *erleben* kann, wird man keine Schwierigkeit haben, wenn sie mit der Gestalt des Dornröschens in Verbindung gebracht wird, sofern man in den Bildern der Märchen *auch* das tief Heilige erblicken kann. Märchen *sind* tiefgründige Bilder für seelische Wirklichkeiten. Aber fast immer werden sie nicht mehr in dieser Tiefe genommen – und erst recht nicht mehr in dieser Tiefe ... verehrt.

Wer mit einem solchen Bild wie dem des Dornröschens Schwierigkeiten hat, könnte einmal versuchen, sich so lebendig wie möglich vorzustellen, dass ein solches Märchen eine *Realität* wäre. Für einen Mann ist dies vielleicht leichter als für eine Frau. Eine Frau weiß vielleicht weniger, was sie mit diesem Märchen ‚soll', bei einem Mann ist die Sehnsucht nach einem solchen Dornröschen sehr leicht da... Aber jetzt ist dies ja ein Bild für *seelische* Realitäten. Es geht um eine heilige *Seelenkraft* – nämlich die Ehrfurcht.
Die Seele selbst ist auch als Ganzes ihrem Begriff nach weiblich: *die* Seele. Auch im Lateinischen ist das so: *anima* ist weiblich. Es liegt also nahe, auch die Kräfte der Seele als ‚weiblich' zu erleben – so wie auch *die* Kraft im Deutschen weiblich ist. Auch die Ehrfurcht ist es, und auch die Sehnsucht... Überhaupt geht es bei all diesen Seelenkräften um das Geheimnis der Sanftheit. Die ganze Vertiefung der Empfindungen – und auch die Empfindung ist weiblich! – ist ein Geheimnis der Sanftheit. Wir werden unsere Empfindungen *sanfter* machen müssen, um sie in immer größerer Differenziertheit, Fülle und Tiefe zu entdecken und zu verwirklichen. Und warum sollten Frauen sich *nicht* der sanften Führung eines Dornröschens anvertrauen können? Aus Konkurrenzdenken? Dies hat auf dem Weg der inneren Vertiefung gar keinen Platz. Es geht auch gar nicht um äußerlich existierende weibliche Wesen, es geht um *Urbilder*. Dennoch ist die

Seelenkraft der Ehrfurcht etwas absolut Reales. Und das Dornröschen ist ein reales Urbild für eine schlafende Seelenkraft, nicht nur für die Ehrfurcht, sondern für jegliche Seelenkraft, die zunächst schläft – aber insbesondere natürlich für all jene Seelenkräfte, die so sehr mit dem Geheimnis der Sanftheit zu tun haben wie die Ehrfurcht...

Dennoch sollen diese Bilder ja eine *Hilfe* sein, zu einem tieferen Erleben zu kommen; sie sollen kein *Hindernis* sein. Derjenige, für den sie ein Hindernis sind und auch trotz allen Bemühens bleiben, möge sie einfach übergehen und sich dem darin Liegenden *ohne* diese Bilder immer mehr zu nähern versuchen.

Das zuletzt mit diesem Bild Ausgedrückte besagte, dass wir bis dahin die Kraft der Ehrfurcht niemals uns selbst verdankt hatten – zwar schon unserer Fähigkeit, berührt zu werden, aber diese Berührung selbst trat dann doch so ein, dass wir gar nichts dafür ‚konnten', weil wir von ihr eben ergriffen wurden – und eigentlich nur dankbar dafür sein konnten, dass wir empfindsam genug waren... Für kurze Momente durfte also jene heilige Kraft der Ehrfurcht in unserer Seele erwachen – aber als jener heilige Moment vorbei war, da schlief auch sie notwendigerweise wieder ein, fiel erneut in die Verzauberung. Und unsere eigene Seele wusste weder, dass sie *selbst* jene Kraft wieder hätte entzaubern können, noch, wenn sie zumindest dies gewusst hätte, *wie* sie es hätte machen können.

Die heilige Kraft der Ehrfurcht *ist* ein Dornröschen, und sie schläft in unserer Seele fortwährend – und der nächste Schritt der inneren Entwicklung besteht darin, dieses Dornröschen bewusst zu wecken und zu wollen, dass es erwacht, damit es die sanfte Herrscherin in der Seele werden kann.

*

Was bedeutet das? Und warum ist dies so wichtig?

Die Vertiefung des Seelenlebens und das Wiederfinden des Fühlens bedeutet, sich von immer mehr Eindrücken wirklich *berühren* zu lassen. Wenn unser Empfindungsleben und unsere Erlebnisfähigkeit nicht so *dumpf* wäre, dann *würden* uns unendlich viele Eindrücke sehr, sehr tief berühren – und wir würden in unendlicher Differenziertheit und Tiefe das Wesen der Dinge erleben. Nichts würde uns ‚kalt' und unberührt lassen – alles würde uns berühren, differenziert und vielfältig. Die ganze Welt würde beginnen zu sprechen ... weil unser Herz und unsere Seele auf einmal auf alles antworten würde, berührt...

Die Ehrfurcht ist nun aber jene Seelenkraft, die in tiefster Weise auf dasjenige antwortet, was der Seele begegnet. Sie tut dies zunächst nur in außergewöhnlichen Momenten – sie antwortet auf das, was die Seele im Grunde als *heilig* erlebt, schon jetzt, so, wie sie ist.
Was aber wäre, wenn die ganze Wirklichkeit, wenn unendlich viel in dieser Wirklichkeit etwas an sich hätte, was die Seele als heilig empfinden könnte – und wenn nur die Dumpfheit unserer Empfindungen verhindert, dass wir dies noch erleben?
Die Seele neigt immer dazu, ihr momentanes Erleben als den Maßstab der Dinge zu setzen. Aber wir brauchen nur einmal *Kinder* zu beobachten – und werden unmittelbar bemerken, wie vollkommen sich ihr Erleben von dem unseren unterscheidet. Wir wissen vielleicht nicht, was für ein Kind alles ‚heilig' ist, aber wir wissen, von wie vielem ein Kind sich berühren lässt, auch tief berühren. Wir können beobachten, wie vieles ein Kind anzieht – und vor wie vielem ein Kind staunend stehenbleibt, niederkniet, um es zu beobachten, zu bestaunen, zu bewundern, andächtig, selbstvergessen... Und wir wissen auch, dass ein kleines Kind vor vielem noch eine

große Ehrfurcht hat und dass dies jedes Mal eine tiefe Empfindung der kindlichen Seele ist.
Wir haben dieses Erleben des Kindes nicht mehr. Unser Erleben ist dumpf und gewöhnlich geworden. Aber vielleicht ist vieles in der Welt so, dass wir unendlich viel mehr daran empfinden *könnten*. Vielleicht könnten wir an *allem* unendlich viel mehr empfinden – sogar mehr als die Kinder. Wir können dies nur herausfinden, indem wir innerlich etwas tun. In gewisser Weise müssen wir den Zustand, den wir ‚herausfinden' wollen, selbst ‚herstellen'. Das scheint ein Paradox zu sein. Und doch ist es eine ganz einfache Wahrheit. Einfach gesagt, stehen wir vor der Wahl, weiterhin fast nichts zu empfinden – oder vielleicht eines Tages ‚alles' zu empfinden. Die Frage, ob man als ‚tumber Tropf' oder als tief empfindsamer Mensch durch die Welt geht, liegt in der *eigenen* Verantwortung. Der ‚tumbe Tropf' kann jederzeit die andere Seele, die noch in der kleinsten Blume ein Wunder erblickt, wegen ihrer geradezu rührenden ‚Autosuggestion' verspotten – die andere Seele weiß es besser. Sie allein weiß, dass noch die kleinste Blume ein Wunder *ist*.
Was ich damit sagen will, ist: Man kann die *Wahrheit* an diesem Punkt nicht beweisen. Sie beweist sich selbst – aber nur für den, der den inneren Weg gegangen ist, sie zu finden.

Das ist der Grund, warum die *Übung* der heiligen Empfindung der Ehrfurcht so wichtig ist. Denn ohne dass wir diese Empfindung üben, werden wir nie erleben, was alles in der Welt Ehrfurcht verdient. Nicht die Welt ist schuld daran, dass wir so wenig Ehrfurcht empfinden – etwa, weil nur so wenige Dinge diese Empfindung verdienen –, sondern unsere eigene Seele in ihrer Dumpfheit. Wäre unsere Seele nicht so dumpf, sie *würde* unendlich vielem gegenüber Ehrfurcht empfinden können und auch empfinden.
Das Tor zur Vertiefung der Seele ist also die Ehrfurcht – und ihre Übung.

Auch mit dem Wort ‚Übung' ist etwas sehr anderes gemeint, als es dem herkömmlichen Sinn entspricht. Wir verstehen heute auch alle Worte ohne Ehrfurcht. Man kann aber so etwas wie die Seelenregung der Ehrfurcht nicht ‚üben', ohne auch diesem ‚Üben' gegenüber die größte Ehrfurcht zu haben. Der *ganze* Prozess der inneren Vertiefung der Seele ist etwas Heiliges – und dieser ganze Prozess ist nur möglich, wenn die Seele die Ehrfurcht kennt. Gerade *deshalb* ist die Ehrfurcht das Tor zu diesem Weg.

In gewisser Weise müssen wir also, um die Ehrfurcht üben zu können, bereits durch das Tor *gegangen* sein. Dies ist auch wieder scheinbar ein Paradox, doch auf unserem Weg begegnen uns bisweilen solche Paradoxa, die aber auf diesem Weg gar keine sind.

Wenn eine Seelenkraft, die geübt worden ist, Dinge sieht, die eine andere Seele gar nicht sieht, kann diese andere Seele leicht von ‚Autosuggestion' sprechen. So gesehen bringt die Vertiefung der Seele die Dinge, die sie erreichen will, gerade erst selbst hervor. In Wirklichkeit aber *sieht* sie nur, was andere (noch) nicht sehen. Aber dies ist vielleicht noch einsichtig. Viel schwieriger ist es, zu begreifen, dass man so etwas wie Ehrfurcht üben kann, obwohl man dazu doch bereits Ehrfurcht bräuchte, die man ja doch noch gar nicht hat, denn sonst bräuchte man sie ja nicht zu üben.

In gewisser Weise ist der ganze Prozess der inneren Entwicklung ein Sich-Herausziehen aus dem Sumpf, so wie es in der Geschichte des Baron Münchhausen von diesem geschildert wird. Und doch liegt die Lösung dieses Paradox in der inneren Entwicklung darin, dass der *Wille*, der bis dahin noch nicht wirklich tätig war, bewusst tätig zu werden beginnt. Dies ist wirklich eine Art Entwicklung aus dem Nichts. Natürlich muss es diesen Willen schon zuvor gegeben haben, denn irgendwann begann ja sein Erwachen, zunächst in Form der Sehnsucht, in der er sich selbst noch nicht erkannte. Aber mehr und mehr erwachte er – und schließlich wurden wir fähig, unsere Entwicklung *in die Hand* zu nehmen, eine Entwicklung *in Gang* zu bringen, bewusst und willentlich. Das ist Münchhausen, als Realität. Wir erwachen ja auch an jedem Morgen aus einer Art Nichts. Nun erwachen wir auf einer höheren Stufe, unser Wille erwacht – und wir können die innere Entwicklung der Seele, um die wir uns bisher in keinster Weise gekümmert haben, weil wir auch für die Möglichkeit noch gar nicht erwacht waren, nun bewusst und willentlich in die Hand nehmen.

Die Lösung des Paradox der Ehrfurcht liegt in folgendem: Egal, um welche Fähigkeit es geht – geübt werden kann sie überhaupt nur, wenn wir sie als Veranlagung bereits besitzen, also als eine Art Keim. Dieser Keim kann geübt werden – so unvollkommen auch immer, wie es zunächst möglich ist. Die Vollkommenheit wächst ja erst mit dem Üben. Wir können also gar nicht die volle Ehrfurcht gleich zu Beginn haben, wenn wir sie erst üben müssen. Dennoch können wir mit dem *Keim* an Ehrfurcht, den wir bereits aufbringen können, diese Fähigkeit der Ehrfurcht üben. Es geht darum, von Anfang an bewusst zu *erleben*, um welche heiligen Kräfte es hier geht. Und wenn wir die Ehrfurcht ein einziges Mal erlebt haben, wissen wir doch, was ‚heilig' ist. Nun kommt es darauf an, dass wir dieses Empfinden auch auf die innere Entwicklung *selbst* übertragen. Wir dürfen auch diese nicht als etwas Gewöhnliches betrachten, nicht als ein bloßes ‚Training', sondern von Anfang an als etwas Heiliges.
Wenn wir dies nämlich nicht tun, werden wir in der inneren Entwicklung sofort stehenbleiben. Wie kann man die Ehrfurcht üben, wenn man dies als rein technischen Vorgang betrachtet? Das geht einfach nicht, es ist unmöglich. Auch ein Klavierspieler wird nicht weit kommen, wenn er stur und mechanisch seine Tonleitern übt. Er muss auch dieses Tun bereits lieben – sonst wird er immer rein technische Fertigkeiten erlernen, nie aber ein Künstler werden. Ein Künstler

liebt das Spielen, und ein Künstler hat sogar Ehrfurcht vor den Stücken, die er spielen darf...

Die Ehrfurcht ist also das Tor zu aller inneren Vertiefung – und sie selbst kann auch bereits nur geübt werden, wenn ihre Übung bereits ... von Ehrfurcht durchzogen ist.
Aber weil wir diese Empfindung kennen, und sei es zunächst nur aus einem vielleicht sogar einzigen Erlebnis unseres Lebens, können wir sie entfalten – wie unvollkommen auch immer. Darum geht es gerade – um ihre Entfaltung. Wir versuchen, die Ehrfurcht zu entfalten, und wir üben dies mit voller Aufrichtigkeit, das heißt, *mit* Ehrfurcht. Wir sind uns bewusst, dass dies ein heiliger Weg ist, dass es ein heiliges Geschenk ist, dass die Seele üben darf...

*

Aber wie kann man eine solche Seelenregung ‚üben', wenn sie doch nur dann in der Seele aufsteigt, sobald ihr etwas wahrhaft Heiliges begegnet?
Wir müssen lernen, das Heilige zu *sehen*. Und wir üben dies, indem wir die innere Bewegung der Seele, die diese sonst bei der Ehrfurcht macht, willentlich hervorrufen. Das bedeutet, dass wir einem ‚Etwas' in der Außenwelt ein Gefühl des ‚Verehrens' entgegentragen. Wir versuchen, willentlich in unserer Seele dieselbe Regung zu erwecken, die in jenen außergewöhnlichen Momenten unwillkürlich in der Seele erwacht war. Wir können uns erinnern, wie sich dies ‚anfühlt', was für eine innere ‚Bewegung' der Seele dies war – und wir können diese Bewegung innerlich regsam machen. Wir können versuchen, von *uns* aus einem Etwas der Außenwelt mit einer so tiefen, sanften, offenen, heiligen Berührbarkeit entgegenzutreten, dass dieses ‚Etwas' tatsächlich beginnen kann, uns zu berühren...

Wir können zum Beispiel einen Kristall nehmen, etwa einen Amethysten. Wir können ihn vor uns hinstellen und versuchen, das Empfinden unserer Seele so sanft und offen, so ‚verwundbar' und zart zu machen, dass wir gleichsam ohne Widerstand – mit immer mehr schmelzendem Widerstand – in die *Schönheit* dieses Kristalls, seiner Oberflächen, seiner Farbe, in das Wunder seiner Gestaltung eintauchen können. Dass wir versinken können, mit unserem Empfinden, in das Wunder seiner Schönheit, in das Wunder, dass eine solche Gestaltung *möglich* ist, dass sie in der Natur existiert, in all dieser Schönheit. Sich verwunden lassen von der Schönheit ... das ist der Weg zum Empfinden der Ehrfurcht. Staunen, Verwunderung, Bewunderung, tiefes Berührtwerden ... Ehrfurcht...
Es ist das größtmögliche Zartmachen der Empfindungen, ein vollkommenes Sich-Berührenlassen, reine Verletzlichkeit, reine Empfänglichkeit. Dann beginnt man, die Schönheit zu sehen und in ihrer Tiefe zu empfinden. Dann *erwacht* die Ehrfurcht, immer mehr.
Auch hier beginnt alles mit der Hingabe – mit einer so vollständigen Hingabe wie möglich. Aber man muss wissen, wie man das ‚macht' diese Hingabe, man muss wissen, was das ist, wenn die Seele sich hingibt. Und dann reicht nicht einfach irgendeine Hingabe. Es muss eine *aktive* Hingabe sein, durchdrungen von jenem zarten Staunen, von Liebe, von dem Versuch, sich wirklich ganz verletzlich zu machen, ganz offen für das Wunder... Man versucht, sein Empfinden so sanft zu machen, dass das Wunder in die Seele einziehen kann, dass man es zu *sehen* beginnt, tiefer und tiefer. Und dann ... dann kann auch die Ehrfurcht einziehen, denn dann *beginnt* man, es zu sehen...

Und wenn dies einmal auch nur in allererster Unvollkommenheit sich ereignet, dann weiß man, worauf es ankommt – und auch was es heißt, dass die Seele gewöhnlich ganz und gar dumpf ist. Denn man hat es *erlebt*, man hat es gespürt. Immer feiner erlebt und versteht man, was es bedeutet, zu versuchen, die Empfindungen zart und verletzlich zu machen, die Seele zu öffnen, empfänglich zu machen. Immer mehr versteht man es, weil man es immer und immer wieder *versucht*. Man macht wirklich innerliche Bewegungen, es sind Seelenregungen, die sich zuerst wirklich anfühlen wie die ersten Laufversuche eines Gelähmten. Und doch weiß man, wie man es machen muss, man kennt den Beginn der Bewegung, man kennt die Richtung, aber man weiß noch nicht, wie die Bewegung weitergehen muss, oder weiß nicht, wie man dies schaffen kann. Aber man versucht es... Man weiß genug, um es zu versuchen... Und im Versuchen wachsen die Kräfte. Und wenn man es nur aufrichtig genug versucht, kann es beim nächsten Mal bereits ein wenig besser gelingen...

Das ist das Üben der Ehrfurcht. Es ist das Üben einer inneren Seelenbewegung, die die eines Gelähmten ist, weil wir sie bisher dem Wunder außergewöhnlicher Momente überlassen haben. Bisher haben wir uns bewegen *lassen*, jetzt wollen wir uns *selbst* bewegen. Wir wollen unsere Seele selbst in die Bewegung der Ehrfurcht bringen. Wir wollen, dass sie auch von dem berührt wird, was sie bisher unberührt gelassen hat. *Alles* vermag die Seele zu berühren – und wir wollen unsere Seele dazu bringen, dass dies immer mehr auch wirklich geschehen kann.
Wir wollen unsere Seele sanft lehren, das Wunder zu sehen. Und wir wollen unsere Seele selbst zu einem Wunder an Sanftheit werden lassen... Wir wollen wirklich das Dornröschen befreien – und sie, das Dornröschen, wird dann die Befreierin von allem anderen... Wenn *sie* erst einmal erwacht ist, dann erwacht auch das ganze Königreich, in all seiner Schönheit...

*

An diesem Punkt wird sich schließlich auch die Bedeutung einer spirituellen Weltanschauung erweisen. Die Seele *kann* durch das Üben der Ehrfurcht zu einer spirituellen Weltanschauung kommen – oder an den Punkt, wo sie eine solche ohne Schwierigkeiten aufnehmen kann; aber leichter ist es, mit einer spirituellen Weltanschauung zur *Ehrfurcht* zu kommen. Damit will ich sagen, dass die Übung der Ehrfurcht sehr, sehr schwer ist, wenn die Seele in ihrem ganzen Empfinden nicht nur dumpf ist, sondern noch dazu eine rein materialistische Weltanschauung hat. In einer solchen *existiert* die Ehrfurcht ja gar nicht. Und selbst wenn man sich sagt, dass man diese Empfindung aber doch hat oder schon einmal hatte, ist es kaum deutlich, wie so etwas wie ein Amethyst-Kristall die Seele berühren können soll.

Eine materialistische Weltanschauung *verstärkt* die Dumpfheit der Seele, weil sie der bereits gegebenen Dumpfheit Vorstellungen hinzufügt, die diese Dumpfheit zementieren. Letztlich tun sie dies bewusstseinsgeschichtlich ja inzwischen schon seit Jahrhunderten, und umgekehrt hat eine zunehmende Dumpfheit der Seelen auch zu diesen Vorstellungen geführt. Eine Seele, die sich auf den Weg der inneren Entwicklung machen will, wird also früher oder später auch an den Punkt dieser Frage kommen.

Spirituelle Vorstellungen und Begriffe erleichtern es der Seele unendlich, zu Empfindungen der Ehrfurcht gegenüber sehr vielem zu kommen. Denn es sind Begriffe, die der Wirklichkeit *näher* kommen als die materialistischen Vorstellungen. Sie helfen der Seele, zu sehen, was sie dann wirklich sieht, wenn sie sich auch in der Wahrnehmung von dem Wunder ergreifen lässt.

Es gibt keine *erkannte* Wahrnehmung ohne den Begriff. Dieser Begriff kann in gewisser Weise unbewusst bleiben, und doch ist er notwendig. Ein Materialist kann, wenn er seine eigenen Begriffe ernst nimmt, niemals zu dem Erleben des

Wunders, der tiefen Schönheit oder der unglaublichen Weisheit der Zusammenhänge, kommen. Ein junger Mann, für den Menschen im Prinzip biologische Wesen mit etwas psychischen Regungen sind, die ihrerseits wieder hormonell gesteuert werden, kann nie zu einer tiefen Verehrung eines Mädchens kommen – oder er widerlegt in der Realität seine eigene Weltanschauung vollkommen, ob er es merkt oder nicht. Es wird aber für einen solchen jungen Mann schwer sein, zu einer solchen Verehrung zu kommen, während ein anderer junger Mann, der von vornherein idealistisch veranlagt ist, sehr leicht zu einer solchen Verehrung kommen wird, weil er die Empfindung der Ehrfurcht unmittelbar kennt.

Ein Pianist, der das Klavierspiel wirklich zu einer Kunst gemacht hat, hört feinste Differenzierungen, die allen anderen verschlossen bleiben. In alledem geht es um die feinen Begriffe, die der eine hat und die anderen nicht. Ein Mensch sieht scheinbar völlig normal aus, aber der Arzt erkennt sofort, dass er an einer bestimmten Krankheit leidet. Erst wenn wir in Steinen, Pflanzen und Tieren und natürlich im Menschen mehr sehen als Produkte einer aus dem Urknall beginnenden, rein auf Zufall und Selektion beruhenden ‚Aufwärtsentwicklung', in der alles letztendlich doch nur ein Epiphänomen rein materieller Vorgänge bleibt, werden wir wirklich zu der Empfindung der Ehrfurcht kommen können – oder wir müssten den Urknall und den Materialismus jedes Mal vergessen. Kann es in einem materialistischen Welt- und Menschenbild überhaupt Menschen geben, die eine innere Entwicklung suchen – und kann eine solche überhaupt möglich sein? Für eine Vertiefung der Seele müsste es eine solche Seele ja doch zunächst überhaupt *geben*...?

Es ist also deutlich, dass der ganze Prozess der inneren Entwicklung auch eng mit den Begriffen und der sich in vielen verschiedenen Begriffen entfaltenden Weltanschauung zusammenhängt. Die Vertiefung der Empfindungen ist nicht unabhängig von einer Vertiefung der Gedanken und Begriffe.

Begriffe können das Empfinden aber auch weiter ablähmen. Der Arzt mag die Krankheit des einen Menschen unmittelbar erkennen – aber ob er dann Empfindungen hat oder ob dieser Mensch für ihn dann nur ‚Krankheit X' ist, ist noch eine ganz andere Frage. Seine Begriffe helfen dem Arzt zunächst nur, die Krankheit zu sehen – die alle anderen nicht sehen. Ob er dann aber noch den *Menschen* sieht, liegt an seinen Empfindungen – und an den nicht-materialistischen Begriffen, die er vom Menschen überhaupt hat und die als solche vielleicht sein Empfinden vertiefen konnten.

Es gibt winzige Blümchen, die zu Beginn des Frühlings mit winzigen weißen Blütchen blühen. Diese teilweise nur zwei Zentimeter hohen Pflänzlein heißen Frühlings-Hungerblümchen. Ein normaler Mensch übersieht sie in der Regel völlig. Ein Biologe oder zumindest ein Botaniker übersieht sie *nicht*. Er sieht sie, sobald sie zu blühen beginnen. Aber ob er an ihnen auch etwas empfindet, oder ob er sie innerlich nur kurz ‚abhakt', das liegt an seinem Fühlen. Der Begriff, die Kenntnis dieser Art und ihrer Merkmale, hilft ihm, sie überhaupt zu sehen, wenn er ihnen begegnet. Aber es bleibt völlig offen, ob sich außer dem Begriff in seiner Seele bei ihrem Anblick noch etwas anderes regt.
Ein Mensch, der Biologie studiert hat und die Natur auch wirklich liebt, kann auch dieses kleine Blümchen wirklich lieben, voller Staunen über dieses winzige Wunder, von dem er sogar den Namen kennt und die Familie, zu der dieses Blümchen gehört. Ein anderer Mensch könnte vielleicht ebensoviel Liebe zu diesem Blümchen empfinden, wenn er es denn überhaupt sähe. Die meisten Menschen aber sehen es nicht – und empfinden auch keine besondere Liebe zu irgendwelchen Pflanzen, die sie weder genauer kennen noch genau-

er kennen wollen. Bei einem Biologen wird es oft so sein, dass er die Natur wirklich liebt und dass seine Wahrnehmungen auch von Empfindungen begleitet werden.
Und doch wird auf diese Frage in den heutigen Studiengängen keinerlei Rücksicht genommen. Der Biologe, der Arzt und jeder andere Wissenschaftler muss seine Liebe *selbst* mitbringen und bewahren. Die Begriffe können ihm helfen, diese Liebe, aus der heraus er sein Studium sicher oft bereits gewählt hat, zu vertiefen, sie können sie aber auch ertöten. Die Frage ist, ob die Abstraktheit der heutigen Begriffe über das Leben der Empfindungen siegt, oder ob das Empfinden den Begriffen immer wieder Leben einhauchen kann, so dass diese ihm ihrerseits Wege zeigen können, sich in alle Richtungen zu differenzieren.
Der abstrakte Begriff selbst gibt keine Liebe. Und doch kann sich die Liebe eines Menschen zur Natur vertiefen, wenn er nicht einfach nur ‚Natur' und ‚Blumen' lieben kann, sondern ganz konkret das Frühlings-Hungerblümchen, die Anemone, den Hahnenfuß, das Leberblümchen... Natürlich geht es nicht darum, nur die bloßen Unterscheidungen und Benennungen zu haben. Dennoch können die einzelnen Blumen ihr Wesen in der Seele des Menschen immer mehr entfalten, je mehr die Seele bewusst zu unterscheiden weiß. Auch die winzige weiße Blume als Art gewinnt eine Art Individualität, wenn ich ihren Namen kenne. Es ist *ihr* Name. Und dies vertieft sich, wenn man ihre Blütezeit kennt, ihre Standortbedürfnisse, all dies gehört zu *dieser* Blume...

Was man kennt, kann man noch tiefer lieben. Denken wir an den kleinen Prinzen: ‚...was du dir vertraut gemacht hast.'
Natürlich kann die Liebe auch *abnehmen*, wenn man etwas ‚kennt' und es dadurch ‚bekannt' und ‚gewohnt' wird. Aber wir wollen hier gerade den umgekehrten Weg gehen. Wir wollen die Empfindungen immer mehr vertiefen. Wir werden daher versuchen, auch alle Begriffe und alles Wissen so le-

bendig in uns zu tragen, dass sie dem Vertiefen der Empfindungen dienen können...

Versuchen wir einmal, uns vorzustellen, wie das Dornröschen oder das Mädchen mit dem reinen Herzen auf alles schauen würde. Die Liebe in seinem Blick würde in keinem Moment aufhören. Es würde auch alle Begriffe und alles Wissen *so* aufnehmen, dass dieses seine Liebe unweigerlich vertiefen müsste, nie das Gegenteil tun würde. Von dem, was bloß abstrakter Begriff ist, würde es sich erschrocken abwenden, es würde einen solchen *abweisen* ... um seine Liebe nicht zu verlieren. Überall da aber, wo ein Begriff etwas dazu beitragen würde, das Geliebte – also alles – noch differenzierter, feiner und individueller zu erkennen, würde es die Begriffe freudig aufnehmen. Ein solches Mädchen wäre auch gegenüber allem Wissen sehr, sehr offen – aber nur, wenn es dieses Wissen als etwas *Lebendiges* in sein Herz aufnehmen könnte; wenn es in dieser lebendigen Form seine Liebe vertiefen würde.

Wir können über dieses Verhältnis von Wissen und lebendigem Empfinden einmal intensiv meditieren – dies wird uns ein sicherer Führer auf unserem Weg sein.

Wenn wir die heilige Empfindung der Ehrfurcht in dieser Weise zu üben versuchen, werden wir erleben, wie sich durch unser aufrichtiges Bemühen unser Empfinden und Wahrnehmen vertiefen wird.

Wir bemühen uns um etwas sehr Großes. Wir bemühen uns darum, heiligste, tiefste Empfindungen, die nur in außergewöhnlichen Momenten durch unsere Seele zogen, zu solchen werden zu lassen, denen unsere Seele immer *mehr* Wohnung gibt. Wir bemühen uns, an einem Kristall dasjenige zu empfinden, was wir – nicht aus eigenem Bemühen, aber aus Gnade und doch auch aus eigener Empfänglichkeit – in der Begegnung mit jenem Reh an einem einzigen Morgen empfunden haben. Wir bemühen uns, diese Empfindung nicht nur an einem Kristall zu haben...

Wir bemühen uns *in jeder Hinsicht*, diese Empfindung in unserer Seele zu erwecken. Erinnern wir uns noch einmal an die tiefe, zarte Verehrung, die wir vielleicht einmal gegenüber einem Mädchen oder einem Jungen empfunden haben. *Etwas* von dieser Qualität können wir lernen, immer mehr auch anderen Menschen entgegenzubringen. Es geht um die Qualität der Ehrfurcht. Diese kann verschiedene Färbungen annehmen. Es geht natürlich nicht darum, dass wir uns in jeden Menschen so verlieben, wie wir es vielleicht gegenüber jenem einen Mädchen oder Jungen einmal erlebt haben. Und doch hat es eine Art Ähnlichkeit, ist dem nicht völlig fremd.

Wenn wir uns daran erinnern, was wir gegenüber dem Kristall versucht haben, kann uns vielleicht deutlicher werden, was wir im direkten Vergleich mit unser heiligsten Liebe nicht so leicht verstehen können.

Vertiefung der Empfindungen, bis hin zu einem Erleben von Ehrfurcht, bedeutet, das Erleben so zart und heilig wie möglich zu machen. Die Ehrfurcht wird in dem Maße *erwachen*, wie uns dies gelingt. Wir brauchen nicht mit einer Empfindung zu beginnen, die uns vielleicht noch gar nicht möglich ist – sondern es geht darum, innerlich dasjenige zu tun, was diese Empfindung *ermöglicht* und, wenn wir tief genug gehen, diese schließlich auch unweigerlich, nach und nach, in unsere Seele einziehen lässt.

Suchen wir also Wege, unsere Seele auch gegenüber einem Mitmenschen immer mehr in ähnlicher Weise so offen zu machen, wie wir sie dem Kristall gegenüber machen konnten. Hier kann die wirkliche Ehrfurcht vielleicht erst ganz am Ende stehen – und doch können wir recht schnell zu Empfindungen kommen, die bereits eine große Nähe zu diesem Gefühl haben.
Auch hier bedeutet ‚Ehrfurcht' nicht das, was das herkömmliche Verständnis damit verbindet. Es geht vor allem um ein Empfinden der Ehrfurcht gegenüber dem Menschsein als solchem – und gegenüber dem Geheimnis der Individualität als solchem. Gerade deshalb kann es dann jedem Menschen gegenüber empfunden werden.

Ehrfurcht hat unter anderem sehr viel mit einem Sich-Enthalten gegenüber allen Urteilen zu tun. Das gerade lebt in dem vollkommenen Sich-Öffnen. Gegenüber dem Kristall hatten wir auch keinerlei Urteile, und das ist bei einem Kristall sehr viel einfacher als bei einem Menschen. Die Schönheit eines Kristalls ist geradezu offensichtlich, und dazu brauchen wir kein Urteil, wir brauchen nur unser Wahrnehmen so offen wie möglich zu machen, um uns von der unmittelbaren Wahrnehmung tief und immer tiefer berühren zu lassen.
Dennoch ist dies auch bei einem Menschen so, sogar noch viel tiefgehender – und doch sind wir es bei Menschen so unendlich stark gewohnt, uns *nicht* berühren zu lassen, sondern die Berührung geradezu abzuweisen. Wir haben uns in der Begegnung mit Menschen ein großes Desinteresse und einen großen Schutzpanzer angewöhnt, weil wir uns erstens

oft wirklich schützen müssen und weil wir zweitens täglich so unglaublich viele Menschenbegegnungen haben. Der Kristall drängt sich uns nicht auf, Menschenbegegnungen können wir gar nicht verhindern, auch wenn wir es oft gerne würden...
Und dennoch wollen wir jetzt auch Menschen gegenüber die Bewegung *umkehren*, wollen üben, sie umzukehren.

Wir können damit ganz im Geheimen beginnen. Es muss dies zunächst überhaupt niemand bemerken. Es sind alles zunächst ganz innerliche Prozesse.
Wenn wir unsere Empfindung vertiefen wollen, müssen wir zunächst unsere Wahrnehmung vertiefen – wie bei dem Kristall, nur vorsichtiger. Bei dem Kristall konnten wir radikal beginnen, von dem Kristall ging keinerlei ‚Gefahr' aus. Bei einem Mitmenschen kann es uns leicht passieren, dass er uns gereizt oder verunsichert fragt, warum wir denn ‚so gucken', wenn er zufällig bemerkt, dass wir ihn eine Sekunde lang länger angeschaut haben, als es ‚üblich' ist.
Es geht ja gar nicht darum, Menschen heimlich zu ‚beobachten' – es geht darum, dass wir unsere Wahrnehmung und unsere Empfindungen vertiefen. Dies ist aber doch nur möglich, wenn wir uns wahrnehmend für längere Momente in einen Mitmenschen versenken können, als es üblich ist. Es ist eigentlich furchtbar, wie oberflächlich unsere ganze Welt auch hier geworden ist. Früher konnte man einander manchmal für Sekunden in die Augen schauen und gegenseitig dem Blick des Anderen standhalten – und wusste dann sehr, sehr genau, was der Andere für ein Mensch war. Die Augen waren und sind noch immer das Tor zur Seele... Nur ist es heute sozusagen ‚verboten', länger als einen Augen-Blick lang in die Augen eines anderen Menschen zu schauen.
Dennoch können wir jederzeit Möglichkeiten finden, für Momente in die ganze Erscheinung eines Menschen einzutauchen und diesen Eindruck möglichst tief in uns aufzunehmen,

so offen wie möglich, ohne jedes Urteil, mit einer tiefen, zarten *Offenheit*.

Wenn wir dies immer wieder üben, werden wir wiederum merken, wie sich unser ganzes Empfinden nach und nach wandelt. Wir werden allmählich merken, wie wir auch *dann* immer weniger urteilen, wenn wir gar nicht ausdrücklich darauf achten. Das Üben einer reinen, sanften Wahrnehmung führt dazu, dass sich diese Art des Wahrnehmens immer mehr zu einer *neuen* Gewohnheit macht. Und *diese* ‚Gewohnheit' ist im Gegensatz zu allen bisherigen Gewohnheiten eine lebendige. Denn dies ist die erste Gewohnheit, die nicht zu einer größeren Passivität und Unbewusstheit führt, sondern zu einer größeren Aktivität und Bewusstheit. Gerade *dies* wird eine Gewohnheit – es wird eine Gewohnheit, aktiv und bewusst zu bleiben bei dem, was man tut. Man muss sich sozusagen immer weniger dazu aufrufen, man macht es immer mehr gleichsam von selbst. Statt wie bisher von selbst passiv zu bleiben, ist man jetzt immer mehr von selbst innerlich aktiv. Das wird die Gewohnheit – eine wunderbare Gewohnheit!
Gerade dies ist es, was wir erstreben. Wir wollen ein wirkliches *Leben* der Seele immer mehr zu ihrer wirklichen Natur werden lassen. Da, wo wir uns nicht mehr extra anstrengen müssen, um es überhaupt zu erreichen, sondern wo wir uns anstrengen müssten, einmal wieder passiv zu sein – da *ist* es zu der neuen Natur der Seele geworden.
Natürlich müssen wir uns fortwährend dessen bewusst sein, dass dies ein weiter Weg ist – und dass die Bewusstheit und die innere Aktivität im Grunde keine Grenze kennt. Jede Gewohnheit in dieser Richtung kann immer nur ein Beginn sein. Während man sich nicht mehr anstrengen muss, *überhaupt* innerlich aktiv zu sein, braucht es doch immer ein inneres Streben, einen erreichten Zustand weiter zu vertiefen...

Es kann aber auch eine Gewohnheit werden, innerlich zu *streben*. Dann müsste man sich anstrengen, es irgendwann nicht mehr zu tun, was aber sinnlos ist... Eine solche Seele weiß, dass die innere Entwicklung das Kostbarste ist, was es gibt, und sie hat zugleich das innigste Bedürfnis danach. Dies ist die höchste Stufe der ‚Gewohnheit'. Sie ist das Gegenteil von Faulheit und Stillstand, in ihr verwirklicht die Seele ihr wahres Wesen: fortwährende Entwicklung und Entfaltung, Wachsen und Blühen.

Wir aber kennen die *Hindernisse* für diese höchste Gewohnheit zunächst sehr genau. Wir wissen sehr gut, wie anstrengend innere Aktivität ist – und wie lange oder wie kurz wir diese durchhalten, bevor wir uns wieder verlieren oder unsere innere Kraft erlahmt.
Aber wir versuchen aufrichtig, diese innere Aktivität immer intensiver zu entfalten: die Offenheit ... ein sanftes, intensives, inniges Wahrnehmen ... ohne alles Urteil – und dann dieses Wahrnehmen so lebendig in das Innere der Seele hineinnehmen, dass es sich in lebendige, nach und nach immer intensivere Empfindungen verwandelt.
Wir werden auf diese Weise ganz sicher die Erfahrung machen, dass wir jetzt eigentlich überhaupt erst anfangen, unsere Mitmenschen wirklich zu *sehen*. Das Individuelle der einzelnen Menschen ist uns bis dahin noch sehr abstrakt und auch gleichgültig geblieben. Den einen fanden wir interessanter, viele andere überhaupt nicht. Durch das Üben einer innigen, offenen Wahrnehmung beginnen wir immer mehr, die Individualität jedes Menschen real zu *erleben*. Nicht nur die individuellen Züge eines Menschen, sondern was Individualität überhaupt *ist*. Wir beginnen, immer mehr das wirkliche Wesen des *Menschen* zu erleben – das des einzelnen Menschen natürlich, aber auch das des Menschen überhaupt. Immer stärker wird es uns ein Erlebnis, was das eigentlich ist: ein *Mensch*.

Und hier beginnt dann eigentlich erst die Möglichkeit der wirklichen Empfindung der *Ehrfurcht*.
Was der Mensch ist – das ist viel größer als alles, was wir zunächst an Gedanken und Empfindungen haben. Jetzt, wo wir über eine längere Zeit das intensive Wahrnehmen und Empfinden geübt haben, dringt zusammen mit der Wahrnehmung und Empfindung etwas in uns ein, was uns erleben lässt, was ein *Mensch* ist. Auch dies ist erst eine erste Ahnung – und doch eine reale Ahnung, ein reales erstes Erleben. Und dieses Erleben beginnt, die reale *Ehrfurcht* zu erwecken.

Durch das, was wir üben – diese reine, offene, tiefe, urteilslose, sanfte Wahrnehmung –, wird unser Erleben immer tiefer. Es kann schließlich zu Momenten kommen, wo wir in unserem reinen Erleben gleichsam erschrecken – erschrecken vor dem, was wir ahnend erleben, die wirkliche Größe des Menschen, das wirkliche Geheimnis seiner Individualität, die wirkliche Größe des Geheimnisses Mensch...
Hier dürfen wir nicht zurückschrecken – und dürfen dieses Erleben auch nicht durch einige schnelle Begriffe oder Vorstellungen zudecken. Eine spirituelle Weltanschauung kann eine große Hilfe sein, um bis zu diesem Punkt zu kommen, sie kann aber auch ein Hindernis werden, wenn man an diesem Punkt stehenbleibt, weil man ja die ‚Begriffe' dafür ‚schon hat'... Wir stehen jetzt erst an einem entscheidenden *Anfangs*punkt. Was wir jetzt erleben, ist erst die erste Ahnung von dem Geheimnis des Menschen. Wir sollten jetzt nicht aufgeben, sondern das Erschrecken aushalten. Jetzt werden wir die *wirkliche* Ehrfurcht kennenlernen. Wir werden jetzt noch tiefer verstehen, warum dieses Wort die Silbe ‚-furcht' enthält. Wir sind dabei, unser Erleben so sehr zu vertiefen, dass uns die wahre Größe des Geheimnisses Mensch aufgeht, in einem allerersten Beginn...

Aber dies werden zunächst und vielleicht auch für eine sehr lange Zeit einzelne Momente, einzelne zarte Ahnungen sein – die wiederum abgelöst werden von längeren Zeiten, in denen wir nur weiter üben, unsere Wahrnehmungen und Empfindungen zu vertiefen, ohne dass es wiederum einmal zu einem solchen plötzlichen Moment des ‚Erschreckens' kommt.

Es ist nicht entscheidend, dass wir das tiefste Geheimnis des Menschen in diesem Leben enträtseln – *das* können wir auch gar nicht, denn wir dürfen nicht glauben, dass selbst der Gipfel, den wir für Momente erahnt haben, bereits der höchste ist und dass dahinter nicht noch weitere sichtbar werden werden –, sondern entscheidend ist, dass wir nicht müde werden, unsere Seele zu vertiefen. Diese Seele ist das uns anvertraute Heiligtum, und wir wollen sie zu einem Heiligtum *werden* lassen – wir wollen, dass in dem Reich dieser Seele immer mehr ein heiliges, tiefes Empfinden leben kann...

Und das Reich unserer Seele ist schon verhältnismäßig sehr heilig geworden, wenn es uns immer besser gelingt, uns der Urteile zu enthalten und unsere Mitmenschen vor allem mit einer immer wieder neu unvoreingenommenen, zarten, tiefen *Offenheit* wahrzunehmen. Wenn man dies immer wieder übt, wird man die Erfahrung machen, dass es immer *leichter* wird, auch Schwächen und Fehler der Mitmenschen zu ertragen. Es wird immer weniger ein ‚Ertragen' und immer mehr ein ‚Hinnehmen', das schließlich übergehen kann in ein ‚Annehmen' und schließlich sogar ein liebevolles Bejahen selbst der Schwächen des Anderen, die im Moment zu seinem ganz individuellen Wesen gehören... Die urteilslose Liebe zum Mitmenschen wird so groß, dass auch seine Schwächen ganz fraglos dazugehören, dass man sie nicht ablehnen muss, um den ‚Rest' lieben zu können. Das Verstehen des Menschen an sich, *jedes* Menschen, wird immer größer.

An die Seite der Ehrfurcht gegenüber dem Menschenwesen überhaupt tritt die *Liebe* zum Menschen, auch zu jedem einzelnen Menschen.

Man kann die Schwächen seiner Mitmenschen wahrhaft annehmen und liebevoll bejahen, wenn man immer tiefer erlebt, was der Mensch *überhaupt* ist – jetzt nicht nur in seiner erahnten unendlichen Größe, sondern auch in seiner zunächst gegebenen Unvollkommenheit. Und immer tiefer erlebt man ganz real, dass diese Unvollkommenheit gleichsam der erschütternde Schattenwurf seiner ganzen Größe ist, vor der man nur tiefste Ehrfurcht haben kann. Gerade die Schwächen, gerade das Ringen, sogar das Scheitern – alles weist das tiefere Empfinden hin auf ein *dahinterliegendes Mysterium*...

Dieses Erleben ist gewiss nicht ohne ein spirituelles Menschenbild möglich, das einem die tiefen, differenzierten und umfassenden Begriffe für dieses Erleben gibt und es, vielleicht abgesehen von ersten Ahnungen, überhaupt erst ermöglicht. An dieser Stelle kann ich ein solches Menschenbild nur voraussetzen und jedem Leser die Möglichkeit wünschen, sich in ein solches ausführlich zu vertiefen. Es war Rudolf Steiner, der mit seinem ganzen Lebenswerk das tiefste und heiligste Menschenbild gegeben hat, das ich kenne. Ich kann hier nur ein Winziges davon einfließen lassen.

Ein unendlich wesentlicher Begriff, ohne den das Geheimnis der Individualität überhaupt nie verständlich sein wird, ist der der Inkarnation – also das Sich-Inkarnieren, ‚Verleiblichen' eines Geistigen in einen Leib – und der der Reinkarnation, also der *wiederholten* Inkarnationen oder Erdenleben. Man kann das Geheimnis des Menschen nicht einmal ansatzweise fassen, wenn man ihn nicht als ein geistiges Wesen begreift – ein geistiges Wesen, das bereits eine lange Entwicklung hinter sich hat, *bevor* es (in diesem Leben) geboren wird. Hier liegt der Ursprung der unglaublichen Individualität der einzelnen Menschen – in einer langen, langen Entwicklung, in der sich diese Individualität entwickelt und immer mehr entfaltet hat, und in einer langen weiteren Entwicklung, in der diese Individualität immer mehr zunehmen wird, immer mehr eine völlige Realität werden wird. Das Geheimnis der Individualität ist ein unendlich Großes, und es hat im Grunde noch immer erst *begonnen*, sich zu offenbaren.

Die Schwächen des einzelnen Mitmenschen, überhaupt die Unvollkommenheit des Menschen, wie er sich bis jetzt offenbart, ist der Schattenwurf von etwas Allergrößtem. Und der einzelne Mensch mit seinen Schwächen befindet sich mitten in einem Ringen, sein wahres Wesen zu offenbaren.
Wenn man sich wirklich auf den Begriff der *Inkarnation* einlässt – und auch dies muss man in sehr tiefer Weise und mit wahrhaftigen Empfindungen der Ehrfurcht tun –, dann kommt man zu einem tiefen Erleben der vielfältigen, damit verbundenen Tragik. Denn dieser Inkarnation, dieser Offenbarung des individuellen Menschenwesens – seines *wahren* Wesens –, stehen unendlich viele Hindernisse entgegen. Und die einzelnen Schwächen des einzelnen Menschen sind gleichsam nur der Spiegel dieser Hindernisse. Jeder Mensch scheitert an anderen Hindernissen. Aber mit einem wahrhaft spirituellen Menschenbild wird man immer weniger nur das Scheitern sehen, man wird immer mehr sehen, wie das Scheitern das Gegenbild eines realen *Ringens* ist: das Ringen des Menschenwesens um ein wirkliches Sich-Offenbarenkönnen. Dieses gerade scheitert – aber damit werden die Schwächen etwas unglaublich Berührendes, etwas Erschütterndes.
In diesem Moment verlieren sie völlig das persönliche Phänomen von etwas vielleicht Unsympathischem, sie werden geradezu zu einem Zeichen für die wahre Würde des Menschen. Gerade an den Schwächen ‚sieht' man dann immer

mehr, wie der wahre Mensch viel, viel größer ist als alles, was sich jetzt und in diesem Leben offenbaren kann.
Man kann gerade deshalb auch die Schwächen immer tiefer lieben, weil man immer tiefer empfindet, dass all dies nicht *alles* ist, auch nicht alles von diesem Menschen – sondern dass jeder Mensch seinem wahren Wesen nach unendlich viel *mehr* ist als das, was sich zu offenbaren vermag. Jede Schwäche wird zu einem berührenden Erleben des Ringens und des Scheiterns, aber diese Berührung ist nie sentimental, sie ist immer *groß* – und sie stellt sich nie über den Mitmenschen, sondern sie vertieft nur die *Liebe*.

Das ist das Ziel – dass wir den Menschen *so* anschauen können, dass all unser Erleben und das Vertiefen unseres Erlebens und unserer Empfindungen in *diese* Empfindungen aufblüht: in die Empfindungen von der Größe des Menschenwesens und die der Liebe zu dem einzelnen Mitmenschen.

Es ist nicht mit Worten auszudrücken, wie sich unser Erleben bereichert, wenn wir *dies* verwirklichen können. Das Reich der Seele kann wirklich zu einem heiligen Königreich werden, wenn es jetzt zunächst nur eine ärmliche, staubige Hütte ist... Und wir können die wahre Wirklichkeit in ihrer ganzen Heiligkeit wahrnehmen lernen, während wir jetzt zunächst nur ihre äußere Hülle sehen, die allein für sich eine ungeheure Illusion ist – die scheinbar hässliche, verzauberte Gestalt von etwas in Wahrheit unendlich Schönem, Großem und Heiligem...

Wir müssen uns auf dem Weg unseres Bemühens nun Seelenkräften zuwenden, die mitwirken und mitleben müssen, damit sich unser Seelenleben vertiefen kann – und sie tun es längst, aber auch sie müssen wir vertiefen.
Sobald die Seele sich nach innerer Vertiefung zu sehnen beginnt, beginnen *alle* diese Kräfte keimhaft zu erwachen. Aber das Verwirklichen dessen, was eigentlich Inhalt der Sehnsucht ist, hat damit zu tun, diese Kräfte zu hüten, zu stärken, innerlich etwas zu tun, was sie zu einer weiteren Entfaltung kommen lässt. Dazu muss die Seele sich diesen Kräften *bewusst* zuwenden.

Die erste Kraft, der wir uns nun wiederum sehr intensiv zuwenden wollen, ist der *Ernst*.
Der Ernst mag wie eine unangenehme Eigenschaft erscheinen, nicht nur, weil er unserer heutigen ‚Kultur' so fremd wird, sondern auch, weil man sich diesen, wie vieles andere auch, nicht ‚vorschreiben' lassen will. Aber auf unserem Weg *geht* es auch um keine einzige Vorschrift, es geht nur um die eigene Sehnsucht und den Weg, der zu einer wirklichen inneren Vertiefung und einem tiefen Wiederfinden des Fühlens führt.
Vor dem Ernst steht die Seele dennoch wie vor einem unerbittlichen Fels, wie vor einem steinernen Mahnmal. Es ist mit dem Ernst nicht so leicht wie mit anderen Seelenkräften. Alle anderen Kräfte, etwa die Ehrfurcht oder die Offenheit, das Sich-Öffnen, kann man scheinbar üben, wann und wie man möchte – probeweise oder sehr gewissenhaft, unverbindlich oder ... mit tiefem Ernst. Nun, das geht sogar mit dem Ernst. Man kann probeweise einmal versuchen, ernst zu sein und alles wirklich sehr ernst zu nehmen. Aber man wird merken, dass die Seelenkraft des Ernstes die Seele doch vor eine Frage stellt...

Der Ernst ist eine Seelenstimmung, nicht eine solche Fähigkeit wie das Sich-Öffnen, das Nicht-Urteilen und so weiter. Der Ernst möchte als Stimmung *alles* durchdringen, alles Tun der Seele. Es ist ein Unterschied, ob ich mit dem Amethysten etwas übe, weil ich es eben nur *übe*, fünf Minuten lang, oder ob ich mit vollem, mit tiefem Ernst und all meiner inneren Kraft etwas übe, weil ich die tiefste Hoffnung habe, damit etwas zu erreichen, weil ich wirklich etwas erstrebe, nämlich die Vertiefung meiner Seele.
Der Ernst hat also mit meinem innersten, meinem tiefsten Willen und seiner ganzen Färbung zu tun. Der Ernst ist etwas wirklich *Heiliges*. Es ist nicht umsonst, dass man auch tatsächlich sagt: heiliger Ernst... Wenn meine Seele von aufrichtigem *Ernst* beseelt ist, dann hat alles, was sie in dieser Seelenstimmung tut, einen vollständig anderen Charakter. Es wird heilig – es wird ein heiliges Streben, ein heiliges Bemühen. Die Seele heilt in gewisser Weise sich selbst, indem sie ihr ganzes Bemühen in einen heiligen Ernst taucht.

Man muss diese Qualität *empfinden* – sonst reichen alle Worte nicht aus. Man muss empfinden, dass dies eine Wahrheit ist: Man kann dem Heiligen nur mit Ehrfurcht und Ernst begegnen – und der Ernst ist *selbst* etwas Heiliges.
Er ist es, der die Seele in die Tiefe führt. Er ist es, der sie von der Oberfläche fort in die wirkliche Tiefe führen kann. Und erst die Seele, die die Tiefe kennt, *gewinnt* Tiefe – und damit etwas, was sie überhaupt ‚hat', als Substanz. Eine Seele, die die Tiefe nicht kennt, kann auch alle Seelenkräfte, die sie hat, nur schwach und oberflächlich hervorbringen. Wie kann eine Seele ohne Tiefe wirkliche Ehrfurcht empfinden? Ohne Tiefe gibt es auch keine tiefen Empfindungen. Erst eine tiefe Seele kann auch tiefe Ehrfurcht empfinden.
Gerade diesen unmittelbaren Zusammenhang spüren wir doch von Anfang an, wenn auch nur die erste Sehnsucht nach Vertiefung in unserer Seele aufleuchtet...

Aber wie können wir diese Tiefe gewinnen? Nur durch den *Ernst*. Er ist es, der unsere Seele in die Tiefe zu führen vermag.

Der Ernst zieht *immer* in die Tiefe – auch der falsche Ernst, von dem man sagt, dass es ‚lastender Ernst' ist. Ein solcher Ernst legt sich dann lastend auf die Gemüter, obwohl es um etwas ganz anderes geht. Ein solcher Ernst hat immer etwas Übergriffiges, die Seele ist dann nicht mehr frei, sondern etwas Lähmendes greift auf sie über. Lastender Ernst lähmt die Seele immer da, wo sie eigentlich auch Flügel bräuchte oder zumindest frei gehen können müsste.

Aber von diesem Ernst sprechen wir jetzt nicht. Wir sprechen jetzt von einem Ernst, den die Seele aus freiem Willen rein in sich selbst entfaltet. Wir sprechen von einem Ernst, in dessen heilige Atmosphäre sie ihr rein inneres Reich tauchen kann. Es geht um jenen Ernst, der sozusagen der mächtigen Eiche hilft, ihre starken Wurzeln in den Boden zu treiben, um überhaupt so groß zu werden, wie sie werden kann, – und jedem Sturm trotzen zu können.

Die gewöhnliche Seele ist zunächst wie ein Halm im Wind – schwache, haarfeine Würzelchen und ein dürrer Stengel. Der Ernst ist jene Kraft der Seele, durch die sie im Lauf der Zeit immer mehr zu einem mächtigen, starken Baum mit tiefen, tiefen Wurzeln werden kann.

Das sind Bilder – aber wir müssen auch die seelische Wirklichkeit erleben. Wir müssen erleben, dass wir gleichsam nichts, wirklich nichts in den ‚seelischen Händen' haben, wenn wir versuchen wollen, die Empfindung etwa der Ehrfurcht in uns zu erwecken, aber die heilige Stimmung des Ernstes überhaupt nicht kennen – oder auch nur in trauriger, beschämender, verschwommener Oberflächlichkeit.

Keine dieser Seelenfähigkeiten *haben* wir von Anfang an, wir müssen sie alle üben. So auch den Ernst. Wir haben von all diesen Fähigkeiten zunächst nur die Keime, die Anlage, die

Möglichkeit, sie zu entfalten. Aber der Ernst ist nun eine Kraft und eine Stimmung, eine seelische Atmosphäre, in die alles getaucht werden kann und will – wenn wir die Vertiefung suchen.

Warum stand dann nicht er am Anfang, sondern die Ehrfurcht? Warum war und ist *sie* das Tor für den weiteren Weg und nicht der Ernst?
Einfach aus dem Grund, weil der Ernst für sich gleichsam noch ‚nichts' ist. Der Ernst ist heilig, weil er alles heiligt, was er durchzieht und was in ihn eingetaucht wird. Aber es muss etwas geben, was ernst *empfunden* und genommen werden kann.
Die Ehrfurcht dagegen erkennt das Heilige, sie ist die Antwort auf das erlebte Heilige. Das Üben der Ehrfurcht ist das Sich-Bereitmachen der Seele, das Heilige immer tiefer und immer mehr zu sehen und zu empfinden. Die Ehrfurcht ist das Wahrnehmungsorgan für das *Wunder*. Eine Seele, die – mit heiliger Ehrfurcht – die Ehrfurcht übt, macht sich bereit, wie das Sterntaler-Mädchen den Himmel auf Erden zu empfangen. Es ist die allerheiligste Bewegung, die die Seele machen kann – und sie ist das Tor für jede andere Bewegung, die zu diesem ‚Reich des Guten' gehört.
Eine Seele, die die Ehrfurcht kennenlernt, wird auch die tiefe, selbstlose, heilige Liebe finden, sie wird *alles* finden können. Jeder andere Beginn unterläge der Gefahr, dass die Widersachermächte trotz allem den Hochmut, die Eigenliebe, die Dumpfheit, die Verhärtung und noch anderes in die Regungen der Seele mit einfließen lassen.
Vertiefung aber bedeutet Heiligung. Es ist ein immer reineres und tieferes Empfinden gegenüber der Außenwelt, und es ist ein immer reineres und tieferes Sich-Berührenlassen von der Außenwelt. Wenn wir nicht empfinden, dass der Weg der Vertiefung der Seele ein heiliger Weg und ein Weg der immer weitreichenderen Heiligung der Seele ist, brauchen wir

ihn gar nicht weiter zu gehen. Denn entweder wir suchen die Vertiefung der *Seele* – und das ist ein immer tieferes *Mitleben* und Mitempfinden mit allem Übrigen –, oder wir suchen die Vertiefung der Selbstbezogenheit und des bloßen Eigenerlebens...

Wenn wir aber den Weg der wirklichen Vertiefung der Empfindungen und der ganzen Seele suchen, dann werden wir längst sehr stark erlebt haben, warum die Übung der *Ehrfurcht* der Beginn und das Tor des inneren Weges ist.

Der Ernst hat mit der Ehrfurcht eine innige Verwandtschaft. Auch er kann die Seele von ihrem Selbstbezug losreißen, denn je mehr wir unsere Seele in die Stimmung des Ernstes tauchen, desto mehr taucht die Seele selbst ein in das, *was* wir mit Ernst tun – und kann sich selbst ganz vergessen.

Natürlich kann die Seele mit Ernst auch äußere, irdische Ziele verfolgen, die dann nicht selten auch gänzlich ihr selbst dienen können. Bei dem Ernst ist entscheidend, welche Richtung dasjenige hat, was die Seele tut.

Die Ehrfurcht führt die Seele unmittelbar in eine heilige Bewegung hinein, in eine heilige Hingabe gegenüber etwas Heiligem. Der Ernst *kann* jede Seelenregung heiligen, wenn ihr eigentlicher Impuls gut ist. Er führt alles in die Tiefe...

Der Ernst ist im Grunde eine Konzentration der Seele – ein Ernst-Nehmen von etwas, ein Nicht-leicht-Nehmen, ein Nicht-oberflächlich-Nehmen, ein Nicht-mal-eben, ein Nicht-auf-Probe. Die Seelenfähigkeiten konzentrieren sich, geben sich selbst Gewicht, um dem, um das es geht, sein eigentliches Gewicht geben zu können. Die Gedanken, die Gefühle und die Willensregungen schweifen nicht *ab*, sondern sie sind mit vollem Ernst *anwesend* und dabei.

Wenn wir uns in diese Realität vertiefen, dann können wir auf einmal erleben, eine wie positive Seelenkraft der Ernst ist. Ganz im Gegensatz zu der scheinbar ununterbrochenen

Botschaft unseres Zeitalters, alles doch ‚leicht' zu nehmen und zu ‚genießen', ist es erst der *Ernst*, der dem, was der Seele wirklich *wichtig* ist, seine volle, seine tiefe, seine heilige Bedeutung geben kann.

Wir brauchen doch nur daran zu denken, wie das ist, mit dem Jungen, der ein Mädchen verehrt. Die Liebe ist keine ‚ernste Sache', aber sie ist etwas *Heiliges*. Und der Ernst heiligt seinerseits alles und führt es in die Tiefe... Dieser Junge, der jenes Mädchen verehrt – es wird ihm niemals einfallen, seine Liebe ‚leicht' zu nehmen, leicht und unverbindlich. Sie ist schließlich das Heiligste, was es gibt – sie, die Liebe, und sie, das Mädchen...

Wenn wir uns wirklich besinnen, werden wir sofort einsehen, was für ein Irrsinn die Botschaft ist, alles ‚leicht' zu nehmen. Es ist der pure Weg in die Oberflächlichkeit, mehr nicht... Wer den Genuss sucht, verlernt, das Wunder zu erleben – völlig. Oberflächlichkeit und Tiefe sind einfach Gegensätze. Und alles, was wahrhaft Wert hat, kann nicht unverbindlich genommen werden – es muss ernst genommen werden. Ernst bedeutet nicht ‚freudlos', sondern *tief* und *heilig*...

*

Nun können wir uns einer weiteren Seelenkraft zuwenden, die einen lebendigen Ausgleich herstellen wird zu dem, was wir bisher vertieft haben. Wir wenden uns dem *Mut* zu.

Vielleicht können wir sofort empfinden, dass auch Mut eine Verwandtschaft zum Ernst hat – allein schon dadurch, dass es heute vielleicht schon besonderen Mut braucht, einmal ernst zu sein... Aber auch dadurch, dass man bei allem, womit es einem wirklich ernst ist, immer wieder Mut brauchen wird.

Andererseits ist der *Mut* eine Kraft, die uns nun wieder nach außen führt. Der Ernst führte uns in die Tiefe, der Mut führt uns in die Weite, egal, in welcher Richtung. Angst beengt, das steckt schon im Wort (lateinisch *angustus* – eng). Der Mut ist die Gegenbewegung der Seele, er wehrt der Angst, er kehrt sie um, er *weitet* die Seele. Im Mut kann die Seele ihre eigenen Kräfte entfalten – in der Angst werden ihr die Flügel gelähmt, sogar die Wurzeln wieder beschnitten. In der Angst wirkt die Außenwelt auf die Seele und in die Seele hinein, mit *Mut* wirkt die Seele auf die Außenwelt und auch innerlich in sich selbst. Mut macht die Seele selbstständig, Mut macht sie standhaft, im Mut beginnt sie erst zu stehen – zu sich selbst und auch sonst. Mut gibt der Seele *Kraft* – Wirkenskraft, Kraft, selbstständig und wirklich dasjenige zu tun, was sie an Impulsen in sich trägt und findet.

Wir können jetzt sehen, wie wunderbar der Ernst und der Mut zusammenpassen. Der Ernst ist mehr etwas, was mit dem Fühlen, dem Empfinden zu tun hat. Es ist eine Atmosphäre, die die Seele in sich entfaltet, eine Art Gesinnung. Der Mut ist *auch* etwas, was mit dem Fühlen zu tun hat – aber es ermöglicht als Gegenkraft und Schutz gegen die Angst das volle, ungehinderte Wirken des *Willens*.
Der Ernst ist sozusagen die Frage: Was ist mir wirklich wichtig – und wie wichtig ist es mir? und die Antwort darauf... Der Mut ist dann diejenige Seelenstimmung, mit der man dies, was einem ernst und wichtig ist, in Angriff nimmt, für es eintritt und tätig wird.
Und der Mut ist der lebendige Ausgleich für den Ernst, wenn der Ernst droht, auch von innen heraus die Flügel zu lähmen, weil vielleicht doch ein wenig das Lichte und Helle verlorengeht oder aber der Mut eben noch fehlt.
Vielleicht liebt jener Junge das verehrte Mädchen unendlich, aber es fehlt ihm gerade durch seine tiefe Verehrung der Mut, ihr auch nur einen Schritt näherzukommen... Oder vielleicht ist einem etwas sehr heilig, aber es fehlt einem völlig der Mut, in der Welt dafür einzutreten oder sich auch nur offen dazu zu bekennen.

Oder vielleicht haben wir uns in der Übung der Ehrfurcht und des Ernstes bereits ein wenig selbst überfordert und fühlen uns bereits *zu* selbstlos und auch seltsam leer. – Auch dann kann uns jetzt die Übung des Mutes helfen, uns *selbst* wiederzufinden, mit der ganzen Kraft, die ja gar nicht verlorengehen soll, im Gegenteil.

Niemals wollen wir unser Innerstes verlieren – aus dem heraus wir gerade auch *diese* ganze Entwicklung gesucht haben. Wir dürfen immer nur so weit gehen, wie es unser innerster Impuls uns selbst sagt. Und indem wir den Mut üben, stärken wir gerade diesen – jenes Wesen, das wir zutiefst selbst sind. Je mutiger wir werden, je mehr Mut-Kraft wir entfalten, desto mehr können wir auch wiederum die Bewegungen der Selbstlosigkeit vertiefen, ohne uns dabei zu verlieren.

Der mutige Ritter kann eine viel stärkere Ehrfurcht entfalten als der junge Knappe. Der Knappe hat vielleicht vor dem Ritter Ehrfurcht, aber wenn der *Ritter* sein Haupt neigt und vor etwas Ehrfurcht empfindet, dann ist dies etwas sehr Großes und sehr Tiefes...

Wir brauchen also den Mut, denn auch wir sollen ein Ritter werden, dessen Ehrfurcht dann *so viel* bedeuten wird...

Wie können wir aber eine solche Seelenkraft wie den Mut üben?

Auf unserem Weg geht es immer darum, die Kräfte zunächst ganz innerlich zu entfalten. Es nützt wenig, gleich in die Welt zu ziehen und zu versuchen, etwas zu wagen. Wir wollen ja lernen, die Kräfte, um die es uns geht, wirklich *in* der Seele hervorzubringen – ganz und gar bewusst. Wir müssen also im Gegenteil in unserer Seele Einkehr halten, ganz zurückgezogen, um innerlich ganz und gar *dabei zu sein*. Nur in der innersten Besinnung und Meditation können wir lernen, zu erleben, was jede innere Seelenbewegung für eine Bewegung

ist, wie sie entsteht, wie man sie hervorbringt, wie man sie willentlich entfaltet, hervorruft, erweckt. Das ist unser Ziel. Vertiefung bedeutet das voll bewusste Entfalten reiner, heiliger Seelenkräfte. Gerade dies wollen wir üben.
Der Schüler eines Malers beobachtet den Meister so genau wie möglich. Er beobachtet, wie dieser die Farben anmischt, wie er den Pinsel führt, wie er die Farben auf die Leinwand bringt; er versucht, zu verstehen, warum der Meister jetzt diese Farbe nimmt, jetzt diese Linienführung wählt, jetzt jenes tut. Er versucht zu verstehen und zu erleben, *wie* der Meister es macht.
Wir haben nur uns selbst – und kennen zugleich aber auch alle Seelenbewegungen, die wir vertiefen wollen. Wir brauchen sie nicht aus einem Nichts heraus zu lernen. Wir brauchen sie ‚nur' zu *vertiefen*. Und dazu müssen wir uns *selbst*, aber ganz und gar innerlich, ‚beobachten'. Wir müssen innerlich vollkommen dabei sein, wenn wir versuchen, der inneren Bewegung des Mutes nachzuspüren.
Wenn wir versuchen, nicht nur die Augen zu schließen, sondern die Außenwelt so weit wie möglich zu vergessen, um ganz und gar in einem rein innerlichen Bereich bewusst zu werden, dann können wir eintauchen in den Innenraum unserer Seele – nicht nur ein halb *vorgestellter* Innenraum, sondern ein wirklich *erlebtes* reines Innensein. Wir sind mit uns völlig allein...

Und nun verlangsamen wir alles, was wir tun. Wir wollen es so *sorgfältig* wie nur möglich machen – und wir wollen es so *genau* wie nur möglich beobachten und miterleben.

Wir fühlen also zunächst einen gewissermaßen leeren, auch seelisch leeren Innenraum. Es ist nicht unser Leibesinneres. Wir wollen das Leibeserleben gerade möglichst weitgehend vergessen. Wir fühlen sozusagen nur das reine *Ich* anwesend – jenes Ich, das jederzeit alles denken, fühlen und wollen

könnte, jetzt aber nur seine eigene Anwesenheit fühlt, gleichsam als reine Potenz, und die wartende Seele...
Und jetzt versuchen wir sehr genau und langsam zu fühlen, wie sich *Mut* anfühlen würde. Wir haben gar nichts, gegenüber dem wir Mut fühlen müssten oder bräuchten, aber wir wollen diese Kraft und ‚Bewegung' der Seele rein aus sich heraus hervorbringen. Das ist möglich – die Seele *kann* sich mit Mut füllen, mit reinem Mut, ohne Richtung, ohne äußeren Widerstand. Und in dieser Reinheit können wir die reale Bewegung des Mutes auch am reinsten erleben lernen. Nichts lenkt uns ab, nichts mischt sich hinein, wir sind noch immer allein – allein mit dem *Mut*, den wir jetzt entfalten.
Und nun spüren wir ganz deutlich, wie sich durch diese Bewegung, durch dieses ganz spezifisch gerichtete Aktivwerden der Seele diese Seele *weitet*, wie dies so weit geht, dass wir sehr wahrscheinlich sogar unseren Körper wieder mehr spüren, weil auch unser Atem plötzlich viel freier und tiefer in unsere Brust einströmt. *Alles* weitet sich. Es ist, wie wenn noch über unsere Leibesgrenze hinaus eine unsichtbare Hülle um uns sich weiten würde, geweitet von unserer Seele, die sich mutvoll mit einer unsichtbaren Kraft nach außen streckt, nach außen richtet, sich nicht vom Außen begrenzen lässt...

Und nun kann man versuchen, diese Kraftentfaltung, die ganz spezifisch *Mut* ist, zu halten. Und dieses Halten ist natürlich schwieriger – so, wie es immer schwierig ist, eine Kraftentfaltung aufrechtzuerhalten. Dafür braucht man *neue* Kraft, gesteigerte Kraft, fortwährend Kraft, ein Kraft-Kontinuum. Jetzt üben wir nicht die bloße Entfaltung, sondern die Aufrechterhaltung, die fortwährende Entfaltung. Wenn uns dies gelingt, können wir versuchen, wirklich aufmerksam zu *spüren, wie* wir dies machen. Was genau tun wir, damit dies gelingt und die Kraft erhalten bleibt, fortwährend in jedem Moment neu hervorgebracht wird? Was genau tun wir, *wenn wir Mut entfalten*?

Und wo genau ist der ‚Ort', wo diese Kraft entspringt? Woher genau holen wir sie? Wie können wir das? Immer bewusster können wir versuchen, das, was wir tun, ganz und gar zu begleiten. Wir durchdringen unsere Seelentätigkeit *mit Bewusstsein*. Das Bewusstsein, unser bewusstes Ich, durchleuchtet die Seele, ist als Licht in der Seele anwesend, bleibt nicht mehr außerhalb.
Unsere Seelentätigkeit ist aber jetzt gerade bewusst von dem Ich hervorgebracht. Die Kraft des Willens wird ganz von dem Ich geführt und auch innig mit Bewusstsein begleitet. Das Licht des Ich durchdringt den Willen. Und es durchdringt auch die damit verbundenen Empfindungen. Wir bringen den Mut bewusst *hervor* – und wir *empfinden* ihn bewusst, wir empfinden bewusst die Wirkung, die jene Seelenkraft hat, die ‚Mut' heißt.

Innere Vertiefung ist das bewusste Durchlichten und Durchtiefen der Seele durch das Ich, das den Willen in einer heiligen Weise führt...

Wenn wir genau wissen, was die Kraft des Mutes ist und wie wir sie hervorbringen, können wir die Schwierigkeit steigern. Wir können uns wiederum in unser seelisches ‚Innen' zurückziehen, in das reine Innen-Erleben. Dann aber holen wir die Außenwelt wieder in unsere Seele hinein, indem wir uns eine Situation vorstellen – aktiv und innerlich –, die für uns eine Herausforderung ist, in der also Angst-Impulse oder zumindest das Erleben des Gehemmtseins, der Willensschwächung in uns aufsteigen. Auch das ist ‚Angst', dieselbe Wirkung der Widersacher, selbst wenn wir es noch nicht so nennen würden. Überall, wo wir nicht mit vollem Vertrauen in unsere eigene innere Kraft und das Richtige unseres Tuns wirksam werden können, wirkt diese Gegenmacht – schon lange, bevor wir von Angst sprechen oder die Angst als Angst erkennen.

Wir stellen uns also eine solche Situation vor. Und wir bemühen uns, auch dies trotz allem sehr *aktiv* zu machen, unsere innere seelische Aktivität des Vorstellens auch zu spüren. Dies ist ein gewisser Schutz. Wann immer wir uns unserer Aktivität bewusst sind und bewusst bleiben können, entfalten wir etwas, was der Mut-Kraft eng verwandt ist. Mut ist reinste innere Aktivität, sozusagen Aktivität und nach außen gerichtete Entfaltung ohne allen Inhalt – sie gibt den *Raum* für allen nur denkbaren Inhalt, für jede nur denkbare inhaltsvolle Aktivität. Aber auch jede inhaltliche Aktivität, die das Ich seine eigene Aktivität erleben lässt, verringert die Schwächung des Ich durch die übrige Welt. Wenn wir uns also eine herausfordernde Situation mit bewusster innerer Aktivität, mit möglichst starker Entfaltung der inneren Willenstätigkeit vorstellen, verringern wir die Gefahr, uns schon durch das Vorstellen der furchtbesetzten Situation sehr weitgehend zu verlieren.

Und dann, wenn wir uns diese Situation vorstellen, gehen wir dazu über, wiederum, wie wir es vorher geübt haben, *dieselbe* innere Bewegung zu machen. Wiederum entfalten wir *Mut*. Und wir versuchen wiederum, sehr bewusst zu beobachten, wie wir dies machen. Was dann geschieht – wie der Mut tatsächlich entsteht, wie er da ist. Und was dann mit der Situation geschieht. Und auch jetzt versuchen wir, das wieder zu halten. Die Vorstellung der Situation, auch das Herausfordernde, aber eben auch den Mut – alles halten und spüren, wie das *ist*, dass tatsächlich fortwährend dieser Mut hervorgebracht wird...

All dies können wir immer wieder üben, mit verschiedenen Situationen. Wichtig ist, dass wir wirklich erleben können, dass wir unsere Seelenfähigkeiten bewusst in die Hand bekommen – und dass sich nicht nur die Bewusstheit verstärkt, sondern auch die Kraft selbst. Und das *wird* sie, wenn wir uns aufrichtig Mühe geben, mit vollem Ernst und vollem Einsatz unseres Willens.

Und dann können wir dazu übergehen, den Mut auch im äußeren Leben zur Entfaltung zu bringen. Aber selbst wenn wir dies zunächst gar nicht ausdrücklich versuchen, wird doch allein schon die allmählich wachsende Kraft unserer Seele dazu führen, dass sich auch die Situationen in unserem Leben anders gestalten werden. Wir verhalten uns in jeder Situation so, wie wir sind. Wenn wir aber innerlich ein anderer Mensch geworden sind, wird sich dies auch in allem Einzelnen offenbaren. Auch das Leben wird uns zeigen, ob wir uns verwandeln... Wenn wir den Mut auch in der äußeren Welt verstärkt üben wollen, können wir uns jederzeit aktiv Situationen suchen, an denen wir Mut beweisen können – und wenn wir nicht ganz so mutig sind oder aber dies nicht nötig finden, können wir warten, bis uns das Leben selbst die nächste Situation bringt... Und jede Situation, die uns in Bezug auf unseren eigenen Mut enttäuscht hat, ist ein erneuter Ansporn, wiederum nach innen zu gehen, um wirklich ganz innerlich den Ursprung dieser Seelenkraft zu suchen und noch stärker zu finden...

Und doch haben wir das Wesen des Mutes vor allem aus *einem* Grund gesucht: um ihn gerade in Bezug auf unsere innerste Sehnsucht nach Vertiefung entfalten zu können und gerade hier allen schwächenden Wirkungen der Widersacher entgegentreten zu können: der Scham, dem Zweifel, dem mangelnden Ernst... *Mutkraft* tritt all diesen Wirkungen entgegen und weitet die Seele. Im Mut findet die Seele immer wieder zu sich selbst und zu ihrer wahren Sehnsucht, der sie folgen will, mit allem, was sie hat...

Nehmen wir den Mut ernst. Es ist der *Mut*, der es uns ermöglichen wird, den *Ernst* vollkommen ernst zu nehmen – und

diesen immer größer zu machen. Der Ernst führt in die Tiefe. Der Ernst stellt das, was wir längst als das Wichtigste erahnen und ersehnen, auch immer mehr *real* in den Mittelpunkt unseres Lebens und Strebens. Der Ernst lässt uns in Bezug auf unsere innerste Sehnsucht durch und durch wahrhaftig werden – und mutig, denn er verlangt Mut, er braucht ihn.
Haben wir also Mut! Entfalten wir ihn, üben wir ihn. Stärken wir diesen treuen, notwendigen Begleiter, der uns unseren eigenen Weg erst vollkommen ernst nehmen zu lassen vermag. Nur durch ihn und den heiligen Ernst können wir die entscheidenden Siege über die Widersacherkräfte erringen...

Wir kehren zurück zum Anfang – auf einer neuen Stufe. Am Anfang haben wir versucht, die Ehrfurcht zu üben. Danach vertieften wir uns in den Ernst und den Mut. Noch vor der Ehrfurcht folgten wir der Sehnsucht...

Welche Gestalt diese Sehnsucht aber in Wirklichkeit bei jedem einzelnen Menschen hat oder zumindest zu Beginn hatte, ist gewiss auch verschieden. Deswegen kann es gut sein, dass manche Menschen auch zweifeln, ob dieser Weg ihrer Sehnsucht wirklich entspricht – oder dies eigentlich nicht finden.
An dieser Stelle kehren wir sogar *ganz* an den Anfang zurück. Wir müssen uns der Frage stellen, wie es jetzt, mittlerweile, nach dem bisherigen Weg, insofern wir ihn bis hier mitgegangen sind, in unserer Seele mit einem grundlegenden Verhältnis aussieht: mit dem Verhältnis zwischen Selbstlosigkeit und Selbstbezogenheit.
Wir haben diese Frage schon mehrfach berührt, und es ist deutlich, dass dieser Weg entscheidend mit dieser Frage zu tun hat.

Seine grundsätzliche Willensrichtung kann jeder Mensch nur selbst bestimmen. Seine innerste Sehnsucht kann jeder Mensch nur selbst empfinden. Sie ist sein innerstes Heiligtum. Ich persönlich bin tief davon überzeugt, dass im Innersten jedes Menschen eine Sehnsucht danach lebt, die zu starke Selbstbezogenheit, die unserem Menschentum durch das Wirken der Widersacher eingepflanzt ist, zu überwinden – und dass im Innersten jedes Menschen auch ein tiefes Wissen davon lebt, dass nur auf diesem Weg das Glück zu finden ist, das Wunder...
Aber jedes Herz hat *seinen* Zeitpunkt, wo diese Sehnsucht so stark erwacht, dass der damit eingeschlagene Weg unumkehrbar ist – und auch seinen Zeitpunkt, wo die wahre Richtung dieses Weges auch wirklich erkannt wird.

Dieses Buch ist vor allem für Menschen geschrieben, die wirklich eine Sehnsucht nach einem Weg der Vertiefung der Empfindungen und der ganzen Seele haben, auf dem diese Seele immer mehr fähig wird, eine tiefe Liebe in sich zu erwecken...

Es ist für Menschen geschrieben, die eine *Sehnsucht* danach haben; für Menschen, die sehr wohl wissen, dass sie eine solche tiefe Liebe noch nicht haben – und die sich auch nicht einbilden, eine solche zu haben. Auch deshalb beginnt dieser Weg mit der Ehrfurcht – und nicht mit der Liebe. Es gibt in unserer Zeit verschiedene spirituelle Strömungen, die scheinbar sehr schnell und unmittelbar zur Liebe führen wollen, und sehr viele Menschen, die meinen, sehr viel Liebe in sich zu haben. Wenn man aber eine solche spirituelle Strömung wie die Anthroposophie kennenlernt und lange Jahre mit ihr leben darf, dann empfindet man immer stärker und stärker den Unterschied – den Unterschied zwischen Strömungen, die scheinbar schnell und leicht zur Liebe führen, und der Anthroposophie, bei der man vor allem die Tiefe und den Ernst spürt, die tiefe Moralität... Nur bei ihr spüre ich diese erdenschwere, tiefe Liebe, die erst wahrhaft rein himmlisch ist, während andere Strömungen sofort ‚in den Himmel' wollen und sich damit nicht von dem Geist der Selbstliebe und Flüchtigkeit lösen können. Zumindest der westliche Mensch durchschaut zumeist nicht die tiefe Selbstbezogenheit und den *Mangel* an Nächstenliebe, der noch immer in allen Verästelungen der Seele lauert, selbst wenn man fortwährend von ‚Liebe' redet und auch das Gefühl hat, nichts anderes zu empfinden.

Ich will damit sagen: Die Liebe hat keine Grenze, auch in ihrer *Tiefe* nicht – und gerade diejenigen, die sie von allem Anfang an scheinbar in den Mittelpunkt stellen, machen sich oft keine Vorstellungen davon, was die Seele tun muss, um sich von den Wirkungen der Widersacher *wirklich* zu befreien und das wahre Wesen der Liebe kennenzulernen. Auch dieser Weg hat kein Ende. Wer aber die Widersacher und ihr Wirken in all seiner Differenziertheit gar nicht wirklich kennt, kann auch viele ihrer Wirkungen gar nicht durchschauen.

Keine Seele unterliegt gern den Widersachern. Schon im gewöhnlichen Leben flüchten wir uns oft in kleine oder größere Lügen, auch in solche, die wir selbst glauben. Der Seele ist zunächst *alles* recht, was das eigene Selbstbild verbessert. Und sie durchschaut diese Mechanismen kaum in aller Tiefe. Und ‚Liebe' kann ja nie schlecht sein. Wenn man also seine ‚Liebe' vergrößert, ist man immer auf dem richtigen Weg. So sieht man es dann... Und das stimmt auch. Aber man sieht nicht, wie weit dies gehen könnte. Wenn man die ‚Liebe' in sich bereits sehr verstärkt hat, könnte man glauben, man wäre durch und durch voller Liebe – und hätte einen wunderbaren Punkt, vielleicht sogar Endpunkt erreicht.

Aber gerade diese Ausweitung der ‚Liebe' macht blind dafür, dass sehr oft die *Selbstliebe* gar nicht abgenommen hat, dass man im Gegenteil jetzt sogar noch die eigene gewachsene ‚Liebe' liebt, also sich, der nun auf einmal ach so viel Liebe in sich hat. Das muss gar nicht sehr ausgeprägt sein, es kann auch sehr subtil sein. Dennoch gibt *jede* Selbstliebe der ‚Liebe', die man in sich trägt, einen schalen Beigeschmack. Es ist dann ihrem Wesen nach noch *immer* nicht jene Liebe, die gefunden werden kann, wenn alle Selbstliebe verwandelt werden kann in wahrhaft reine Liebe, die nichts mit den Widersachern zu tun hat, sondern wirklich ganz und gar die reine, heilende Gegenkraft ist. *Reinste* Liebe, frei, völlig frei von dem, was mit Selbstliebe zu tun hat, und sei sie noch so subtil...

Dieses Buch ist also für Menschen geschrieben, deren Sehnsucht so beschaffen ist, dass sie in ihr diesen leisen Ruf nach

einer wirklichen Heiligung der Seele wirklich empfinden – oder immer mehr empfinden können.
Die Widersachermächte wirken ja in uns allen. Entscheidend aber ist, wie stark die Sehnsucht danach ist, ihr Wirken zu überwinden – und das bedeutet zuallererst: das ganze Ausmaß ihres Wirkens immer tiefer zu erkennen. Sehr genau zu fühlen, *dass* diese Widersacher sehr stark wirken und dass es einen wirklichen Weg der Heilung braucht, der heiligen Sehnsucht, um sich von all diesen Wirkungen zu befreien. Und auch dies nicht, um ein ‚Heiliger' zu werden, sondern um heilige Seelenkräfte in sich entfalten zu können, um seine Seele zu einem Ort zu machen, an dem *reine* Seelenkräfte Wohnung finden...
Das ist der Unterschied: Ob man ein ‚Heiliger' werden will oder ob man eine tiefe Sehnsucht nach *Reinheit* hat, um der Reinheit willen, nicht um seiner selbst willen...

*

Wenn das Herz rein wird, dann wird das Fühlen tief...

Können wir die Sehnsucht nach einem reinen Herzen finden? Und können wir sie, wenn wir sie in uns schon finden, so verstärken, dass sie eine wirkliche, eine starke Sehnsucht in uns wird?
Die Hindernisse in Bezug darauf sind sehr groß. Selbst *wenn* wir diese Sehnsucht in unserer Seele schon sehr gut kennen, gibt es größte Hindernisse ... wirklich zu entscheidenden Schritten zu kommen. Man spürt die Sehnsucht – und bleibt doch der Alte, übt vielleicht ein wenig, aber nicht mit vollem Ernst. Und immer, immer liegt es daran, dass die Sehnsucht, die alles entscheidende Sehnsucht eine bestimmte Grenze noch nicht überschritten hat...

Selbst wenn wir zu üben beginnen, werden wir wieder zurückfallen, wenn diese Grenze nicht überschritten ist. Wir werden alles noch immer vor dem Hintergrund unseres ‚alten Seins' üben – und dieses alte Sein wird vorherrschend bleiben. Alles, unsere Seele, unser Herz, unser Fühlen, unser Denken, unser Wollen, wird im Geiste dieses *alten* Seins bleiben, auch wenn sich dies ein wenig wandeln mag.

Grundlegend kann sich unser bisheriges Sein nur wandeln, wenn wir eine wirklich existentielle Sehnsucht danach haben, dass sich dieses Sein wandelt. Wenn wir wirklich spüren, in welchem Zustand wir uns befinden – und welcher vollkommen andere Zustand für das Herz, für die Seele möglich ist. Wir müssen eine Sehnsucht kennenlernen, die unserer *tiefsten Liebe* gleicht.

Jener Junge, der dieses *eine* Mädchen verehrt – jenes Mädchen, das diesen einen Jungen innig liebt... Wenn wir uns an solche Momente unseres Lebens erinnern – Momente, in denen unsere Seele an nichts anderes denken konnte und auch gar nicht wollte ... dann wissen wir, welche innere Kraft eine Sehnsucht braucht, die das Leben der Seele *wirklich* verwandeln kann.

Wir dürfen nicht glauben, dass sich unser inneres Leben und Sein durch ein Bisschen von Sehnsucht ändern würde. Wir dürfen nicht glauben, dass ein *heiliges* Sein, ein reines Herz, ein so zutiefst anderes Sein, durch irgendeine schnelle Sehnsucht leicht erreichbar wäre. Es ist so *überhaupt* nicht erreichbar.

Wir fühlen unsere Sehnsucht – und oft mögen wir denken, dass wir dadurch ja schon sehr weit sind, unsere Seele sehnt sich ja bereits nach einer wirklichen Verwandlung! Aber wir sind noch kein bisschen weit. Wir leben noch immer in Selbstliebe und Selbstmitleid und Bequemlichkeit, glaubend, die Sehnsucht würde uns in ein wunderbares Reich gleichsam hinübertragen, sanft und allmählich, wie von selbst, wenn auch nach und nach. Das ist eine der mächtigsten Illusionen, die es auf diesem Gebiet gibt.

Unsere Sehnsucht wird uns an unserem jetzigen Sein immer leise leiden lassen, ja, das stimmt. Aber sie wird uns niemals in ein neues Sein hinübertragen. Wir können unsere Sehnsucht *genießen*, ist sie doch jenes in gewisser Weise schon heilige Auge, das einen leisen Blick in das ‚gelobte Land' werfen darf, weil wir durch *sie* ja ahnen, welchen Weg die Seele gehen könnte. Aber gerade dadurch kann diese Sehnsucht die Seele auch in einen sehr schönen Schlaf führen. *Wir* können uns in einem sehr schönen Schlaf mit dieser Sehnsucht begnügen, sie genießend – und niemals merkend, dass sie bis jetzt nur das leise Echo einer viel tiefer reichenden Stimme ist.

Es ist, wie wenn die schöne, gefangene Prinzessin im Kerker um Hilfe ruft – und wir hören nur aus der Ferne ihre wunderschöne Stimme ... und genießen sie. Zwar wissen wir, dass sie gerade bedeutet, dass etwas nicht so ist, wie es sein sollte – aber den Rest vergessen wir, gerade durch die Schönheit der Stimme...

Unser Leben ist nicht lang – und die Jahre werden schneller verfliegen, als wir denken. Und wir können unser halbes oder auch ganzes Leben lang eine Sehnsucht haben – und ihr doch niemals *wirklich* folgen. Und es auch niemals wirklich schaffen, sie mehr und mehr zu *empfinden*, uns mit ihr gleichsam immer mehr zu durchtränken. Es kann sehr, sehr leicht geschehen, dass wir sie ein Leben lang *verraten*. Wir denken, wir tun es nicht, weil wir sie ja fühlen – aber wir tun es, denn ... wir tun im wesentlichen *nichts*. Wir tun nichts für eine erschütternde Verwandlung unserer Seele, unseres Herzens, wir tun nichts für eine Verwandlung unseres ganzen Seins – und so bleiben wir, wer wir sind. Wir verraten unsere Sehnsucht.

Und es ist noch schlimmer. Denn wir dürfen nicht glauben, dass wir selbst nur der Alte bleiben. Wir werden *noch* älter, und das meine ich ganz innerlich. In jedem Alter glaubt man wieder, dass das innere Leben immer erhalten bliebe – und doch geht es Jahr für Jahr mehr verloren. Die Kinderseele ist noch von einem wahren Zauber durchzogen. Die Seele der Jugend kennt sehr oft einen tiefen Idealismus, kennt sehr oft das unendliche Wunder der ersten Liebe. Die Seele des folgenden Erwachsenseins ist noch sehr lebendig, kennt das volle Stehen im Beruf, kennt die Familiengründung, kennt neues Glück im Lebendürfen mit den Kindern... Aber Jahr für Jahr altert nicht nur der Leib, sondern auch die *Seele*. Jahr für Jahr vertrocknet die Seele, wird dumpfer, wird holziger, verliert ihre Schönheit, ihre tiefe, tiefe Schönheit, die ihr heiliges Leben wäre...

Die in dieser Weise alternde Seele wird irgendwann an einen Punkt kommen, wo sie *nichts* mehr empfinden wird – nichts mehr, was irgendeine Bedeutung hätte; nichts mehr, was über ihren gewöhnlichen Umkreis von Erlebnissen hinausginge, die aber auch immer fader werden. Der Mehltau des Nicht-mehr-Fühlen-Könnens wird sich immer mehr auf alles legen. Der Mehltau der verlorenen Jugend, der verlorenen *Jugend der Seele*.

Aber selbst die schrecklichste Voraussicht nützt wenig. Denn der heilige Schritt ist nur mit einem heiligen Impuls möglich. Man kann diesen Schritt nicht aufgrund einer *Flucht* machen. Man kann ihn nur machen, wenn man in seinem Herzen wirklich einen heiligen Impuls zu *spüren* beginnt. Der Blick auf das erschütternde Gegenbild kann nur helfen, die wahre Sehnsucht der Seele in ihrem ganzen Wesen wirklich zu erkennen. Aber da sein muss sie. Wenn sie nicht da ist, kann man nur so weiterleben, wie man es immer gemacht hat – und einfach hinnehmen, was dann geschehen wird.

Es gibt aber die Möglichkeit zu einem wirklich *heiligen Schritt* – und wenn man diesen Schritt machen kann, dann kehrt man diese ganze Entwicklung um. Dieser Schritt besteht gerade in dem heiligen *Willen*, diese Entwicklung umzukehren – und mit ihm geht man wirklich einem neuen, einem heiligen Land entgegen. Dem heiligen Reich der reinen Seele...

Wir müssen in unserem Leben an einen Punkt kommen, an *einen* Punkt, wo wir unumstößlich eine Entscheidung treffen. Die Entscheidung, die Sehnsucht in der Seele nicht nur zu fühlen, sondern ihr wirklich zu folgen, das bedeutet, jeden Tag voller Bewusstsein und *starker* Sehnsucht so zu leben, dass wir uns am Abend sagen können: Ja, heute habe ich für meine Sehnsucht gelebt; heute habe ich daran gearbeitet, eine reinere Seele und ein reineres Herz zu bekommen, als ich es bis dahin hatte. Ich habe wirklich daran gearbeitet, und ich spüre, dass ich auf dem Weg bin. Ich habe meine Sehnsucht heute nicht verraten...
Sich dies mit dem ganzen Glück der inneren Aufrichtigkeit sagen zu können – auch inmitten von Ohnmachtserlebnissen, aber mit dem Bewusstsein, wirklich tief für die wahre Sehnsucht und das wahre Streben aufgewacht zu sein –, das wird dann dasjenige sein, was die völlige Verwandlung unseres Lebens widerspiegelt, das Übertretenhaben jenes entscheidenden Punktes, den Beginn von etwas vollkommen Neuem...
Bisher haben wir das Schicksal unserer Seele trotz alles Fühlens einer Sehnsucht mehr als stiefmütterlich behandelt. Wir haben uns gleichsam, wenn wir es ernst nehmen, kaum darum geschert. Vielleicht haben wir spirituelle Inhalte gesucht und anderes mehr – aber wo haben wir wirklich nach einer *Verwandlung* unseres ganzen Denkens, Empfindens und Wollens gestrebt? Trotz aller angenehmer Aufnahme von Inhalten, die auch unsere Seele bereichert haben, haben wir doch trotz al-

lem das ganze Schicksal unserer Seele so behandelt, als würden wir ein Waisenkind in einen dunklen Keller stoßen, wo es dann zusehen kann, wie es allein zurechtkommt. Wir haben uns um das Sein unserer Seele nicht wirklich gekümmert. Wie sehr sind wir stattdessen im Alltag aufgegangen! Im Berufsleben, im Privatleben. Wann haben wir uns um unsere *Seele* gekümmert? Wieviel Zeit unseres Lebens haben wir uns *ihrem* Schicksal zugewendet?
Was auch immer wir vielleicht ‚auch' für die Seele getan haben – es war sicherlich nicht nichts –, jetzt wollen wir den Blick ganz darauf richten, wie sehr wir sie *vernachlässigt* haben, und auch dafür drastische Bilder finden und ertragen. Nur so können wir uns ganz und gar mit dem Bewusstsein durchdringen, was wir bisher versäumt haben. Denn nun spüren, erleben und wissen wir zugleich immer mehr, was wir hätten tun können, schon seit langem, und was wir *jetzt* tun können.

Es geht an diesem Punkt in keinster Weise um ein Vergehen und Versinken in Schuld oder Scham – alles, was wir jetzt empfinden und als Erlebnis suchen, richtet sich im Gegenteil nur auf einen *einzigen* Brennpunkt: auf den Punkt in der Seele, wo ihr ganzer Wille zusammenströmt, um in einem heiligen Moment der völligen Freiheit jenen einen Entschluss zu fassen, der von da an ihr gesamtes Leben verwandeln wird.
Alles, was wir an Überlegungen und Empfindungen in unserer Seele lebendig machen können, richtet sich nur auf diese *eine* Möglichkeit: den heiligen Entschluss zu fassen, den Weg gehen zu wollen, der zu einem *reinen Herzen*, zu einer *heiligen Seele* führen möge...
Diesen Entschluss in einer heiligen Sehnsucht und Ehrfurcht zu fassen, in Demut, ohne jede Selbstliebe...

Ein heiliges Ziel ... ein heiliger Entschluss... Können wir diesen fassen? Spüren wir *diese* Sehnsucht...?

Der heilige Entschluss ... die Sehnsucht nach einem Weg zu einem reinen Herzen.

Der Entschluss ist nicht alles. Er ist erst der *Beginn* des Weges – des neuen Weges. Und wiederum beginnt der Weg nun eigentlich erst. Die Sehnsucht bezeichnet das Ziel, aber der Weg muss gegangen werden. Das Neue ist, dass dies gerade der tiefste Wille der Seele geworden ist – aber das nimmt ihr den Weg ja nicht ab, sondern es *ermöglicht* ihn überhaupt erst.
Um diesen Weg kräftig und mit feurigem Willen und heiliger Sehnsucht wirklich gehen zu können, braucht die Seele Kraft, Nahrung für ihre Sehnsucht.
Antoine de Saint-Exupéry schrieb einmal: ‚Wenn du ein Schiff bauen willst, beginne nicht damit, Holz zu sammeln, die Planken zu schneiden und Arbeit zu verteilen, sondern wecke im Herzen der Menschen die Sehnsucht nach dem großen, weiten Meer.' Das gilt auch für die eigene Seele, die mit ihrem Vorhaben alleine ist. Auch sie muss immer wieder die Quellen ihrer Sehnsucht erneuern und zu ihnen finden...
Wecken wir also unsere heilige Sehnsucht, immer wieder, tauchen wir sie in das heilige Feuer der Begeisterung!

Und wieder können wir dazu unsere Seele in *Bilder* versenken, die die Seele in eine Realität hineinführen, in ein reales Erleben, das viel tiefer geht als bloße Überlegungen und Besinnungen, die die Seele allzu leicht nicht in ihren Tiefen berühren.
Tauchen wir einmal mehr ein in das *Märchenreich*... Das Reich der Märchen ist nur scheinbar ein nicht-reales Reich. In Wirklichkeit ist es realer als vieles andere. Es liegt aber an unserer Seele, dies zu erkennen – und in gewisser Weise auch, es zu einer realen Welt zu *machen*. Je tiefer wir in die Bilder der Märchen eintauchen können, unsere Seele von

ihnen berühren und verwandeln lassen können, desto mehr machen wir dieses Reich zu einer Wirklichkeit. Eine Nicht-Wirklichkeit kann nicht verwandelnd in die Wirklichkeit eingreifen. Wenn wir uns Bildern der Märchenwelt hingeben können und diese dann eine im besten Sinne verwandelnde Macht auf die Seele haben, dann beweisen wir durch das Sein unser eigenen Seele, dass in den Märchenbildern eine verborgene Wirklichkeit schlummert, eine geheime Kraftpotenz, eine wundersame Wirklichkeit, die abstrakte Gedanken niemals haben.

Es ist gerade so, dass uns das abstrakte Denken vor der Wirksamkeit dieser Märchenbilder ‚schützt'. Für das abstrakte Denken sind diese Bilder einfach nur noch ‚Märchen' – etwas, womit das abstrakte Denken nicht mehr das Geringste anfangen kann und anfängt. Doch diejenige Seele, die Wege der Heilung sucht, kann sehr viel mit diesen Bildern anfangen, und wenn sie es auch tatsächlich *tut* und sich voller Hingebung in diese Bilder versenkt, dann kann sie erleben lernen, welche *Gnade* das Geschenk dieses Märchenreiches an die menschliche Seele ist. Die Märchenwelt ist nichts anderes als die *in die Erdenwelt hineinreichende Himmelswelt* – geheimnisvoll verwandelt in eine Gestalt, die zu jeder Seele sprechen kann, wenn sie sich ihr nur hingebungsvoll genug öffnet...

Betreten wir also mit einer heiligen Empfindung diese Märchenwelt, machen wir unsere Seele so offen und so sanft, wie wir können ... und geben wir uns dem Märchen von den *Sterntalern* hin...

*

Wenn wir es wirklich irgendwo aufsuchen, vielleicht in einem Hausbuch der Brüder Grimm, das wir möglicherweise noch haben, oder im Internet, werden wir wahrscheinlich staunen, wie *kurz* dieses Märchen äußerlich ist. Wir haben es sicher wohl etwas länger in Erinnerung. Aber es sind nur etwa zwölf Sätze. Zwölf Sätze! Aber in ihnen liegt eine ganze Welt! Würden wir nur diese zwölf Sätze verwirklichen ... wir wären selbst das Sterntaler-Mädchen, uns selbst würde sich der ganze, heilige Himmel schenken. Das ist die Macht der Märchen, das ist die Gnaden-Welt dieses Reiches. Zwölf Sätze...

Dieses Märchen stellt in einer erschütternden Schlichtheit das ganze Geheimnis des *reinen Herzens* vor unsere Seele hin.

Im Grunde könnte die Seele bereits hier die erste tiefe Scham empfinden: allein schon in der Tatsache, daran vorbeigelebt zu haben. Dieses Märchen gehört zum Schatz der von den Brüdern Grimm gesammelten Märchen, es ist jedem bekannt, es steht in vielen Büchern und Bücherregalen, jeder *weiß* von ihm – und doch lebt jeder daran vorbei. Unendlich viele Trivialitäten erscheinen der Seele tagtäglich, Woche für Woche und sogar Jahr für Jahr, ja, ein ganzes Leben lang wichtiger und wesentlicher, als einmal dieses Märchen zu lesen, geschweige denn, es auf seine Seele wirken zu lassen.
Verweilen wir einmal bei diesem Gedanken, bei dieser *Erkenntnis*, bei dem wirklichen Empfinden dieser Erkenntnis. Und rufen wir zum wirklichen Empfinden dieser Erkenntnis und ihrer Tragweite Henry Thoreau zu Hilfe. Thoreau schrieb vor etwas mehr als hundertfünfzig Jahren in seinem Essay ‚Leben ohne Prinzipien' das Folgende:

‚Nicht ohne ein leichtes Schaudern vor der Gefahr bemerke ich oft, daß ich nahe daran war, die Details irgendeiner kleinlichen Affäre in meinen Geist einzulassen – Nachrichten von der Straße; und ich bin erstaunt zu sehen, wie gerne die Menschen sich mit solchem Unrat belasten – müßige Gerüchte und Vorkommnisse der unbedeutendsten Art in ein Gebiet eindringen zu lassen, das ein Heiligtum des Gedankens sein sollte. Soll der Geist ein öffentlicher

Schauplatz sein, wo vornehmlich die Angelegenheiten der Straße und der Teetische erörtert werden? Oder soll er ein Bezirk des Himmels sein, ein offener Tempel, dem Dienst an den Göttern geweiht? [...] Aus den innersten Bezirken des Geistes eine Kneipe machen, als ob der Staub der Straße uns so lange beschäftigt hätte – ja die Straße selbst mit ihrem Verkehr, Gehaste, Dreck über den Altar der Gedanken hinweggegangen wäre! [...]
Ich glaube, der Geist kann endgültig entwürdigt werden durch die Gewohnheit, sich um triviale Sachen zu kümmern, so daß alle unsere Gedanken von Gewöhnlichkeit durchtränkt werden. Sogar unser Intellekt soll gewissermaßen noch zum Straßenschotter, sein Fundament soll in Stücke gebrochen werden, damit Räder darüberrollen können; und wenn du wissen willst, was die härtesten Pflaster ergibt – härter noch als Rollkies, Fichtenklötze, Asphalt –, dann brauchst du bloß einmal in einige der Köpfe zu schauen, die lange genug dieser Behandlung unterzogen worden sind.
Wenn wir uns so entwürdigt haben – und wer hat es noch nicht? –, dann wird Heilung nur aus der Hingabe und dem Willen kommen, diese Würde wiederherzustellen und wieder einen Tempel für unseren Geist aus uns zu machen. Diesen unseren Geist, also uns selbst, sollten wir behandeln wie unschuldige und phantasievolle Kinder, die wir ja auch behüten, und wir sollten aufpassen, welche Gegenstände und welche Gedanken wir ihnen anempfehlen. Lies nicht die ‚Times' (‚Zeit'). Lies die Ewigkeit.'

Wenn wir diese tiefen Gedanken Thoreaus mit dem vollen Ernst aufnehmen könnten, mit dem sie auch geschrieben wurden, dann bräuchten wir keine Sekunde mehr überlegen, welchem Ziel wir für immer und mit aller Kraft nachstreben wollen. Und wir bräuchten auch keine Sekunde mehr zu überlegen, welchen Sinn es hat, sich in die Welt der Märchen zu versenken und sich ihr hinzugeben – und nicht der vollkommen anderen Welt der Bildschirmmedien. Lies nicht den Staub der Straße, lass deine Seele nicht in Trivialitäten ersticken, gib dich dem lebendigen Leben der Ewigkeit hin!
Wenn unsere Seele wieder ein Bezirk des Himmels werden soll, ein heiliger Tempel, dann müssen wir sie, unsere Seele,

dem Wirken des Himmels hingeben, das sie allein wieder reinigen und heiligen kann. Die Bilder der Märchen kommen aus dem Reich der Ewigkeit – und sie lassen dieses Reich in unserer Seele wieder aufleben. Alles, was wir brauchen, ist *Hingabe*, aufrichtige Hingabe. Die Hingabe ist die heilige Aktivität der Seele, ist jene Aktivität der Seele, die diese heiligt.

In unserer Zeit brauchen wir aber eine *aktive* Hingabe. Es reicht nicht, etwas in irgendeiner Weise auf die Seele ‚wirken' zu lassen und dabei im Grunde *nichts* zu tun. Durch Passivität kann die Seele in unserer Zeit nicht mehr geheiligt werden, auch nicht von der heiligen Bilderwelt der Märchen. Wir müssen durch einen dichten Sumpf hindurch. Unendliche Schichten von Trivialität haben sich in unserer Seele abgelagert. Und unendliche Schichten von Selbstbezogenheit und Selbstliebe haben sich dazwischengelagert. All dies können wir nicht durch Passivität überwinden, verwandeln oder läutern. Es ist nur durch größtmögliche Aktivität möglich.

Die tiefste Hingabe in tiefster *Aktivität* verwirklichen – das ist es, was notwendig ist. Das ist es, was erst die wahre Selbstlosigkeit und die wahre Heiligung und Heilung der Seele wachsen lässt. Wir müssen diese Selbstlosigkeit und diese selbstlose Hingabe aus tiefster Seele *wollen*. Hier liegt das Paradox der modernen Heiligung der Seele. Die Heiligung ist nur da möglich, wo der Wille selbst heilig wird. Dafür aber muss er sich mit voller Kraft *entfalten*. Der passive Wille kann nie das Tor sein, durch das die heiligende Kraft in die Seele dringt. Der zutiefst aktive Wille muss das Heilige in sich aufnehmen lernen – indem er seine ganze Kraft darauf richtet, in die Richtung und auf dem Weg der Heiligung, das heißt der Läuterung, zu gehen.

Die Seele muss sich selbst wieder zu einem Tempel *machen*. Und sie tut es durch aktivste Arbeit an sich selbst und aktivste Hingabe an das Heilige.

Wenn wir Thoreaus Gedanken und Empfindungen aus tiefstem Herzen folgen können, weil wir sie lange und tief genug besonnen haben, darin zuletzt ganz und gar unsere eigene Sehnsucht ausgesprochen fühlend, können wir – beschämt über die notwendig gewordene Abweichung, durch die wir aber erst den tiefsten Ernst aufnehmen konnten –, zu dem heiligen Himmelreich der Märchen zurückkehren. Jetzt können wir wahrhaft in das Märchen der *Sterntaler* eintauchen...

Es war einmal ein kleines Mädchen, dem war Vater und Mutter gestorben...

Man liest über solche Sätze hinweg, denn viele Märchen beginnen so oder so ähnlich. Aber der Weg der Vertiefung der Seele besteht darin, immer wieder alles so tief wie möglich auf sich *wirken* zu lassen. Im Grunde beginnt unser Eintritt in das Himmelreich bereits hier – denn schon diese erste Hälfte des allerersten Satzes könnte unser Herz bis in alle Tiefen *berühren*. Lesen wir ihn nur einmal! Lassen wir ihn doch nur auf unser Herz wirken! Lesen wir ihn, wie wir noch nie einen Satz gelesen haben... Erleben wir, was hier eigentlich gesagt wird – und spüren wir, wie unser Herz *mitleben* will, mitleben mit diesem kleinen Mädchen, um es nicht allein zu lassen...

...und es war so arm, daß es kein Kämmerchen mehr hatte, darin zu wohnen, und kein Bettchen mehr hatte, darin zu schlafen...

Lassen wir alles fallen, was wir von diesem Märchen ‚kennen', wir kennen gar nichts – und wir wollen es aufnehmen, wie wenn es eine unmittelbare Realität wäre, die uns zutiefst angeht und berührt. Es sind keine Worte, es sind *Realitäten*. Das kleine Mädchen hatte kein Kämmerchen mehr und auch nicht einmal mehr ein Bettchen, darin zu schlafen...

...und endlich gar nichts mehr als die Kleider auf dem Leib und ein Stückchen Brot in der Hand, das ihm ein mitleidiges Herz geschenkt hatte.

Fühlen wir, wie hier mit einem einzigen Wort („endlich') eine Entwicklung lebendig gemacht wird; fühlen wir auch diese Entwicklung! Das kleine Mädchen verliert nach und nach alles, was ein so kleines Mädchen braucht – es hat nur noch die Kleider auf seinem Leib. Fühlen wir das! Wie es so einsam und arm da steht. Und dann in der Hand ein Stückchen Brot – auf einmal steht es wie unmittelbar vor uns!
Das ist keine Zustandsbeschreibung mehr, jetzt steht das kleine Mädchen wirklich da, ausgestoßen von der Welt, mitten auf der Straße – wo mag es sein? –, mit nichts als einem Stückchen Brot in der Hand, und die weite Welt umgibt es in seinem Ausgestoßensein...
Wir müssen von den Worten zu einem unmittelbaren *Fühlen* übergehen. Wir lesen kein Buch mehr, wir stehen vor diesem armen, kleinen Mädchen. Und dieses kleine Mädchen hat nur noch dieses Stückchen Brot in der Hand, sonst nichts mehr...

Es war aber gut und fromm.

Es war aber gut und fromm! Bei diesem einen schlichten Satz müsste uns das Herz brechen vor tiefer Rührung. Dieses kleine Mädchen steht da, es hat alles verloren, nach und nach, seine Eltern, dann auch alles andere. Jetzt hat es nur noch ein Stücken Brot, von irgendjemandem bekommen. *Es war aber gut und fromm.*
Können wir für einen Moment fühlen, was die Realität im Herzen dieses kleinen Mädchens ist? Wir wollen es uns nicht einfach vorstellen, wir wollen es fühlen – so sehr und so innig, als könnten wir für einen einzigen, ewigen, heiligen Moment selbst mitten in dem Herzen dieses kleinen Mädchens sein. *Es war aber gut und fromm.*

Könnten wir nicht einen ganzen Tag lang versuchen, ohne Unterlass, uns in das Herz *dieses* kleinen Mädchens zu versetzen? Uns davon erschüttern zu lassen? Von dem, was da zuvor gesagt wurde – und von dem, was dann in diesen so unendlich schlichten Worten gesagt wird?
Lies nicht die ‚Zeit', lies die Ewigkeit... Wieviel tun wir jeden Tag, womit vergeuden wir die Zeit unserer Seele in jeder Minute? Können wir einen Tag lang versuchen, zu fühlen, was diese sechs kleinen Worte ausdrücken? Sie sprechen von der Seele eines kleinen Mädchens, das nur noch ein Stück Brot in der Hand hat...

Wir haben ein Buch in der Hand – aber wir sollten es längst weglegen, um zu *fühlen*, nur noch zu fühlen. Zu fühlen, was für unsere Seele mehr Wert hat als alles andere – was wirklich Ewigkeitswert hat. Hier kann unsere Seele etwas fühlen, was sie mit der *Ewigkeit* verbindet. Das heiligste Geheimnis, das auf Erden und in den Himmeln existiert. *Es war aber gut und fromm...* Heilige Tränen der tiefsten Rührung und Erschütterung über das Erkennen dieser Seele müssten dieses Mädchen begleiten...

Und weil es so von aller Welt verlassen war, ging es im Vertrauen auf den lieben Gott hinaus ins Feld.

Wissen wir noch, was wirkliches *Vertrauen* ist? Wir wissen es nicht mehr. Von diesem kleinen Mädchen können wir es wieder lernen – was Vertrauen ist, wenn es vollkommen rein ist und wenn es die ganze Seele ausfüllt...
Ach, wir müssten langsamer lesen, als je etwas gelesen wurde – und wir müssten die einzelnen Worte unmittelbar in unsere Seele eindringen lassen können, schutzlos, ohne Abwehr. *Verwunden* lassen müssten wir uns von der vollen, heiligen Bedeutung der Worte – und der Schmerz dieses Verwundens wäre dann der Schmerz unserer eigenen Seele darüber, dass

wir uns *so lange nicht* haben berühren lassen von dieser Realität! Dass unsere Seele erst jetzt dazu kommt, das Heilige zu empfinden – all das Heilige, das auch in ihr selbst Wirklichkeit werden möchte...
Und wieder würde sich die Seele in fast ungläubigem Staunen und heiliger Berührung dem kleinen Mädchen zuwenden, ihm auf seinem Weg weiter mit allertiefster Empfindung folgen, kaum wagend, auch nur zu atmen...

Da begegnete ihm ein armer Mann, der sprach: ‚Ach, gib mir etwas zu essen, ich bin so hungrig.' Es reichte ihm das ganze Stückchen Brot und sagte: ‚Gott segne dir's', und ging weiter.

Dieses kleine Mädchen mit dem unendlich großen Herzen braucht nicht einen Moment lang zu überlegen. Es hört und empfindet die Bitte des armen Mannes, es sieht das Brot in der eigenen Hand – und es reicht es ihm, verbunden mit einem Segenswunsch. Güte, Gottesliebe und Gottesvertrauen, dies alles ist im Herzen des kleinen Mädchens untrennbar eins. *Es war aber gut und fromm.* Im Herzen dieses Mädchens sind das nicht zwei getrennte Dinge. Das eine ist eine Realität, weil das andere eine ist. Es ist ein und dasselbe. Es ist *ein* einziges Wunder, das sich auf zweierlei Weise offenbart. Das tiefste Gute des Herzens ist immer schon fromm – und die wahre Frommheit des Herzens durchdringt dieses immer mit Güte. Und im Herzen dieses kleinen Mädchens ist beides so weltenweit, dass es nicht einmal überlegen muss...
Es denkt nicht an seine eigene Armut, seinen eigenen Hunger, der sicher bald kommen wird oder schon da ist – es sieht nur die Not des armen Mannes *vor* ihm.

Da kam ein Kind, das jammerte und sprach: ‚Es friert mich so an meinem Kopfe, schenk mir etwas, womit ich ihn bedecken kann.' Da tat es seine Mütze ab und gab sie ihm.

Unsere Seele wundert sich nicht mehr – oder vielmehr, sie schaut schon die ganze Zeit in ungläubiger Ehrfurcht, was geschieht ... und versucht, dies zu fühlen. Was hier geschieht, ist zu groß für das Verstehen der Seele. Alles, was sie tun kann, ist, auch in sich jenen ‚Ort' zu ahnen, wo *dies* möglich ist – dies alles, und sogar ohne Überlegen. Die Seele versucht, zu fühlen, was das ist, reinste, tiefste, unendliche Güte des Herzens, *nur* das Gute, ohne jede Abschattung... Sie fühlt es ja die ganze Zeit, aber sie versucht, das zusammenzubringen, mit etwas auch in ihr, denn sie wird ja berührt, so tief...

Und als es noch eine Weile gegangen war, kam wieder ein Kind und hatte kein Leibchen an und fror: da gab es ihm seins; und noch weiter, da bat eins um ein Röcklein, das gab es auch von sich hin.

Es ist für dieses kleine Mädchen *nie* die Frage, ob es etwas geben kann oder sollte. Jede Bitte an dieses kleine Mädchen ist wie unmittelbar zu seinem Herzen gesprochen – und sein Herz antwortet ganz ebenso unmittelbar. Die Not des Anderen ist diesem Herzen immer Grund genug, an sich selbst denkt es gar nicht...

Endlich gelangte es in einen Wald, und es war schon dunkel geworden, da kam noch eins und bat um ein Hemdlein, und das fromme Mädchen dachte: ‚Es ist dunkle Nacht, da sieht dich niemand, du kannst wohl dein Hemd weggeben', und zog das Hemd ab und gab es auch noch hin.

‚Sein letztes Hemd weggeben' – das ist nur ein Sprichwort. Niemand tut das. Und doch tut es ein kleines Mädchen, weil sein Herz nie ‚nein' sagen würde. Und nur die fromme Scham lässt es hier zum ersten Mal nachdenken – und wiederum die Antwort finden. Und es denkt nicht an morgen... Und nun hat es *alles* hingegeben... Es hat nichts mehr, es ist allein mit sich, mit seiner Armut, mit seinem großen, großen Herzen und mit Gott...

Und wie es so stand und gar nichts mehr hatte, fielen auf einmal die Sterne vom Himmel, und waren lauter blanke Taler; und ob es gleich sein Hemdlein weggegeben, so hatte es ein neues an, und das war vom allerfeinsten Linnen.

Dieses Bild ist wahrhaft zu groß für unsere Seele. Wir denken wahrlich zu klein, unendlich viel zu klein davon, wenn wir uns mit einem grob materialistischen Bild zufriedengeben, das die Geschichte als gleichsam surreale Wunderstory enden lässt. Unsere Seele hätte wahrlich nichts gelernt oder aber das ganze erschütternde Märchen nicht wirklich mitempfunden und mitgelitten, wenn sie jetzt in dieser Weise aus der heiligen Ehrfurcht herausfallen würde – und sei es auch nur in der leisesten Unbefriedigtheit über dieses ‚profane' oder ‚sentimentale' oder ‚grob wundermäßige' Ende.

Das ganze Märchen ist eine Überforderung unserer Seele – aber gerade die scheinbare Überforderung kann unsere Seele aus dem gewöhnlichen Erleben herausreißen. Immer und in jeder Sekunde ist unsere Seele an ihr gewöhnliches Selbsterleben gekettet. Das hingegebene Eintauchen in die vollkommen *andere* Wirklichkeit des Herzens dieses kleinen Mädchens kann unser eigenes Herz für diese eine kleine Ewigkeit davon losreißen – und uns fühlen lassen, was im tiefsten Inneren auch unseres Herzens lebt, in voller Realität.
Aber die heiligen Kräfte unseres Empfindens, unserer staunenden Ehrfurcht, müssen wir bis zum Ende aufrechterhalten, denn das Ende ist das Herz des Märchens selbst. Dieses müssen wir wirklich auch noch in seiner ganzen Tiefe erleben können – und auch wir: ohne Überlegen, ohne Nachdenken.

Es war aber gut und fromm. Das war das Herz und die Seele des kleinen Mädchens. Aus diesem Sein heraus hat es immer unmittelbar geantwortet – auf die Not, auf die Bitte dessen, der ihm begegnete. Das Herz fühlte die Not – und es antwortete ohne Überlegung. Das Herz *braucht* nicht zu überlegen... Und dann, in dem Moment, als das kleine Mädchen *nichts* mehr hatte, als es alles, alles gegeben hatte – da *gab sich der Himmel selbst,* auch ohne Überlegen. Der Himmel gab sich selbst ... und die Sterne fielen vom Himmel, für das kleine Mädchen... Und der Himmel selbst überkleidete das Mädchen mit einem neuen weißen Kleid, Hemdlein, das war vom allerfeinsten Linnen.
Das Herz braucht nicht zu überlegen. Auch unser Herz nicht. Dies, dieses Ende, ist das Herz des ganzen Märchens. Es ist ein allergrößtes Bild – sinnlich-übersinnlich. Der Himmel schenkt sich selbst. Das ist nicht zum Überlegen, es ist zum Fühlen. Es ist Nahrung für die *Seele*, nicht für den Kopf. Und die Seele, wenn sie fühlt, wird geführt. Dieses Märchen führt die Seele zum innersten Herzen ihrer eigenen Sehnsucht...

Da sammelte es sich die Taler hinein und war reich für sein Lebtag.

Es ist kein profanes Ende, was dieser schlichte, wunderschöne Satz gibt, sondern es ist ganz und gar Bild für die wahre Wirklichkeit. Wir können einerseits das ganze Märchen sinnlich verstehen – dann stand dieses arme, fromme und gute Mädchen am Ende in einem heiligen Regen, der es reich machte, für sein ganzes Leben. Und der schlichte Satz deutet an, dass sein gutes, frommes Herz auch von dem sternenhaften Reichtum der blanken Taler nicht einen Moment lang in falscher Weise angerührt wurde. In staunender Demut und frommer Dankbarkeit sammelte es sich die Taler in sein Hemdchen und konnte weiter leben ... und weiter geben...

Aber wir können unser Herz auch gleichsam ein wenig von dem sinnlichen Bild wegbewegen – und dann noch ganz anders das zarte Ganze sehen. Sinnliche und übersinnliche Welt durchdringen einander dann – sie durchdringen einander vollkommen. Nicht um blanke Taler geht es, sondern um *Sternengold*, um Himmelssegen – aber dies, diese Wirklichkeit, können wir nur *fühlen*. Öffnen wir unser Herz für *diese* Wirklichkeit, für dieses Verständnis des Märchens...!
Das Sterntaler-Mädchen ist dasjenige Mädchen, das uns das unfassliche Wunder des menschlichen Herzens fühlen lässt, mitfühlen, mitspüren, miterleben lässt, wenn wir mit ihm mitgehen, innerlich... Das unfassliche Wunder des menschlichen Herzens, das an dem Ort real ist, wo dies real ist: *Es war aber gut und fromm.* In jedem Herzen gibt es diesen Ort...
Und das Ende dieses Märchens lässt uns das unfassliche Wunder fühlen, das im Fühlen eine Antwort auf die Frage gibt, *warum* es im menschlichen Herzen diesen Ort gibt...

Das Märchen von den Sterntalern ist keine Antwort auf das Leid und die Ungerechtigkeit in der Welt. Es ist auch kein Trost und Versprechen, dass jede Güte immer vom Himmel belohnt würde. Mit einem solchen Nähren von subtilem Egoismus oder aber Zweifel hat dieses Märchen gar nicht zu tun. Sondern das eigentliche Herz des Märchens ist die geheimnisvolle Antwort auf die Frage, *warum* es im Herzen des Menschen das Gute gibt...

*H*ätten wir das Herz des kleinen Mädchens, dann wäre unser Weg hier zu Ende. Unser weiterer Weg würde dann darin bestehen, die *Liebe* so sehr mit vollen Händen zu geben, wie es das kleine Mädchen tat.
Das Fühlen kann sich so sehr vertiefen, dass es irgendwann in die Tiefe einbricht und dort gleichsam eine unendliche Quelle findet, die aber gleichsam der Himmel selbst ist – der Himmel auf Erden, die Himmelswelt im menschlichen Herzen...

Der innere Weg, den wir hier versuchen zu gehen, besteht in einem mühsamen Heiligen der Seele – einem immer weitergehenden Sich-Befreien von jenen Kräften, die die Seele von der Selbstlosigkeit, dem reinen Empfinden und der reinen *Liebe* abhalten wollen.
Die Selbstlosigkeit ist nicht das Verlieren des Ich. Es gibt einen unendlich wichtigen Unterschied zwischen dem einzigartigen, individuellen Wesen des Menschen, das man wahrhaft das Ich nennen kann, und jenem Selbstbezug, der dazu führt, dass der Mensch ein sehr gewöhnlicher Mensch wird, mit Begierden, mit Antipathien, mit Ärger, mit Verstrickung der Seele in die Materie und einen sehr differenzierten Egoismus. Selbstbezug in jeder Hinsicht...
Bewusstseinsgeschichtlich musste der Mensch durch diesen starken Selbstbezug hindurchgehen, um sich selbst immer stärker zu finden, mit voll wachem Bewusstsein. Wenn er erwachsen ist, hat der Mensch ein viel klareres Bewusstsein als das Kind. Aber er ist auch durch den Egoismus hindurchgegangen, hat ihn aufgenommen... Das ist nicht nur eine individuelle Entwicklung, sondern auch eine menschheitliche.
Aber das Ich, das eigentliche Wesen des Menschen, ist nun so weit, dass es sich von seiner Anlage her ganz in einem klaren Bewusstsein aufrechterhalten könnte. Es braucht keinen Egoismus, um da zu sein. Es ist das *Daseiende als solches*.

Das Ich kann durchdrungen von starkem Selbstbezug da sein – es kann aber auch in jedem *anderen* Zustand da sein. Und es ist in wahrer Gestalt immer da, wenn es innerlich *aktiv* ist, denn nur dann ist es voll bewusst da. Das Ich kann sich ganz bewusst von der *Liebe* durchdringen lassen und *diese* in sich tragend anwesend sein.

Im gewöhnlichen Zustand des Ich ist der Selbstbezug einfach anwesend – und durch diesen fortwährenden Selbstbezug und den Körper haben wir unser Ich-Gefühl. Aber das Ich-Gefühl ist nicht das wirkliche Ich. Das wirkliche Ich ist das *wirkende* Ich, ist reine innere Aktivität, inneres tätiges Anwesendsein, das dann auch äußerlich tätig werden kann, aber aus einem vollkommen klaren Bewusstsein heraus – aus innerlich fortwährend entfalteter Bewusstseinskraft heraus.

Indem das Ich nicht passiv denkt und fühlt und handelt – wodurch eigentlich völlig unklar bleibt, wer oder was in einem dann Gedanken, Gefühle und Willensimpulse hat und wovon und wohin man sich dann mitreißen lässt –, sondern indem es *aktiv* und *innerlich tätig* denkt, empfindet und handelt, ist es real und als reales Sein anwesend. Das Ich bringt sich durch inneres Da-Sein eigentlich in jedem Moment neu in die Existenz. Das bewusste Ich ist dann eigentlich erst anwesend.

Dieses bewusste Ich aber *braucht* nicht mehr den Selbstbezug, um sich selbst zu fühlen. Es hat ja bereits sein fortwährendes innerliches Tätigsein, das ihm die volle Bewusstheit gibt, die durch das Selbstgefühl gar nicht mehr steigerbar ist, sondern höchstens wieder geschwächt werden kann. Das wirkliche Bewusstsein des Ich liegt in tätigem *Anwesendsein*, liegt buchstäblich in Geistes-Gegenwart.

Dieses Ich, das sich wirklich befreit hat von der Notwendigkeit, in das Selbstgefühl einzutauchen, um sich fühlen zu können, kann sich nun wahrhaft der ganzen übrigen Welt zuwenden. Es verliert sich nicht, weil es in seiner bewussten Willensentfaltung immer anwesend ist. Aber das tiefe Sich-

Durchdringen mit der Liebe und das bewusste Entfalten von Liebe ist *auch* Willensentfaltung. Und in dieser Bewegung ist dann ein viel klareres Bewusstsein möglich als in jedem Selbstbezug. Das Ich erlebt hier zum ersten Mal, was es wirklich ist: eine tätige Essenz, die *keine* Selbstbezogenheit braucht, um zu sein, was sie ist...
Das Ich kann seinen Willen in jeder Richtung entfalten. Es kann seinen Willen zu einem heiligen Träger der reinen Liebe machen – und ist noch immer ein Ich, nun sogar reiner und leuchtender als jemals zuvor...

*

Und doch können wir diesen Zustand bisher vielleicht noch immer erst *ahnen*. Etwas davon können wir empfinden, seit langem haben wir eine Sehnsucht nach innerer Entwicklung und Vertiefung der Seele, und das Märchen von den Sterntalern hat uns vielleicht tatsächlich für heilige Momente zutiefst erschüttert und dasjenige berührt, was auch in unserem Herzen an einem heiligen Ort lebt... Und doch ist unser Herz noch immer nicht nur dieser heilige Ort – ist dieser Ort vielleicht sogar noch immer sehr, sehr verborgen. Und was vorherrscht, ist dann noch immer das gewöhnliche Selbstgefühl, das uns einfach nicht loslässt und das auch wir noch nicht loslassen können...

Es hat niemand behauptet, dass der innere Weg ein einfacher ist. Der *heilige* Weg ist nie ein einfacher – er ist nur für die Heiligen einfach. Wäre er für alle einfach, würden ihn auch fast alle gehen. Die meisten gehen ihn aber nicht, weil er eben nicht einfach ist, sondern anstrengend, weil er Willenskraft und aufrichtige Sehnsucht erfordert – und beides haben viele Menschen heute nicht mehr. Vielleicht etwas Sehnsucht, aber dann keine Willenskraft. Oder vielleicht Willenskraft, aber dann keine Sehnsucht...

Und es gibt offenbar zunächst nur wenige Seelen, die eine so starke Sehnsucht haben, dass sie zumindest *so* stark ist, dass man von ihr fortwährend umgetrieben wird. Dass man mit den eigenen Ohnmachtserlebnissen unglücklich ist, dass sie einem keine Ruhe lassen. Dass man seine Schwäche, sein Verstricktsein immer mehr erkennt und empfindet... Und dann wächst die Sehnsucht weiter...
Und immer tiefer erlebt man, wie sehr alles an dem Mysterium des Willens hängt – des zunächst schwachen Willens. Immer mehr durchschaut man seine eigene Schwachheit, seine eigene Faulheit, seinen eigenen *mangelnden* Willen. Man hat schon eine solche Sehnsucht – und trotz allem hat man noch immer einen mangelnden Willen. Trotz allem nimmt man dies alles noch immer nicht ernst genug. Man ist von dem Hinblick auf etwas Heiliges sehr berührt, man ist von dem Herzen des kleinen Mädchens zutiefst berührt. *Denn es war gut und fromm...* Und doch hält einen immer wieder die eigene Faulheit, der eigene Nicht-Wille, fehlende Wille, die eigene Willens-Ohnmacht, -Schwäche, -Leere davon ab ... wirklich etwas zu tun. Etwas Ernsthaftes zu tun. Nicht nur einmal zu üben, sondern mehrmals. Kontinuierlich. *Ernsthaft.* Nicht nur mit Sehnsucht, sondern mit unendlicher Sehnsucht, existentieller Sehnsucht.

Wann wird die Sehnsucht existentiell? Und woher kommt das Feuer der Sehnsucht? Warum ist der Wille so schwach? Warum tut man nichts, obwohl man diese Sehnsucht hat? Wie kann man es schaffen, den heiligen Weg der Verwandlung der Seele wirklich zu *ergreifen*?
Wie kann man es schaffen, dass einem das, was einem doch schon eine heilige Sehnsucht ist, *wirklich* wichtiger wird als alles andere? Warum ist einem so vieles andere *doch* immer wieder wichtiger – oder vielleicht nicht einmal wichtiger, aber man stellt es ja doch immer voran und kommt doch im-

mer wieder nicht zu einem wirklichen inneren Tätigsein und Üben für den heiligen Weg...

Was kann man tun...?

*

Ein Weg, um seine Sehnsucht immer stärker zu machen, ist, sein Herz immer wieder berühren zu lassen. Wodurch aber kann das Herz so berührt werden?

Es gibt *Filme*, die das Herz so sehr berühren können, dass sie jene innere Sehnsucht sehr stark werden lassen. Ich möchte versuchen, diese Möglichkeit zu beschreiben – und möchte dazu drei Filme auswählen, die ich auf ihre Art für tief besonders halte:

>Die kleine Prinzessin Sara
>Winn Dixie – mein zotteliger Freund
>Brücke nach Terabithia

Die kleine Prinzessin Sara

Dies ist eine Zeichentrick-Serie aus dem berühmten japanischen Anime-Studio ‚Nippon Animation', dessen Erfolg 1974 mit ‚Heidi' begann und das danach über zwanzig Jahre lang jährlich eine Serie produzierte. ‚Die kleine Prinzessin Sara' ist einer der wunderbaren Höhepunkte dieser ganzen Reihe.

Es ist eine Art Aschenputtel-Geschichte, versetzt in das London des Jahres 1885. Die kleine Sara Crewe ist die Tochter eines reichen Geschäftsmannes, der in Indien seinen Geschäften nachgeht. Als dieser stirbt und seine Diamantenminen schließlich doch nur Schulden hinterlassen, wird Sara zum

Opfer der Internatleiterin Miss Minchin und der missgünstigen Musterschülerin Lavinia und ihrer Freundinnen.

Ich möchte hier gar nicht viel über den Inhalt der einzelnen Folgen und der weiteren Story erzählen. Aber wer einen Eindruck von dieser besonderen Serie bekommen möchte, kann im Internet einmal nach Folge 21 suchen, ‚Bittere Tränen'. Die Qualität ist mit der DVD natürlich nicht vergleichbar, und einfach so in eine Serie hineinzuspringen, gibt auch überhaupt nicht dasjenige tiefe Erleben, das nur da sein kann, wenn man sich mit einer solchen Geschichte innig verbindet. Und doch wird man einen wirklichen Eindruck bekommen können. Dann sollte man aber zu dem Original übergehen – es kostet nicht mehr als ein gutes Buch, kann der Seele aber so unendlich viel schenken...

Sara ist ein Mädchen, dessen Warmherzigkeit seinesgleichen sucht. Und das ist das tief Berührende an dieser Serie – das Herz und die Seele dieses besonderen Mädchens, das so viel leiden muss und doch nie seine Wärme verliert, vielleicht sogar die Hoffnung, aber nie diese Wärme...

Diese frühen japanischen Serien sind ein Geschenk an die ganze Menschheit. Damals bestimmte noch nicht der Kommerz alles bis ins Letzte. Diese Serien kommen noch ohne Tempo und ‚Action' aus. Sie brauchen noch nicht den Humor und das Unterhaltende, sie können sich noch wirklich an die Seele des Zuschauers wenden. – Hierzu gehören dann auch die Filme des legendären Studio Ghibli, das von den beiden ‚Heidi'-Regisseuren Takahata und Miyazaki gegründet wurde und ebenfalls über zwanzig Filme drehte, darunter ‚Das Schloss im Himmel', ‚Prinzessin Mononoke' und zuletzt ‚Erinnerungen an Marnie'. Dieser wunderbare Film über die geheimnisvolle Freundschaft zweier Mädchen, der Ende 2015 in den Kinos lief, ist möglicherweise der letzte ‚Ghibli'-Film überhaupt gewesen. Es wäre das Ende einer Ära...

Um so wertvoller ist es, dass es diese Filme gibt. Und mit einer Serie wie ‚Kleine Prinzessin Sara' hat die Seele mehr als mit Dutzenden moderneren Filmen, die die Seele von ihrem eigenen Wesen *wegführen*. Dieses tiefe Wesen der Seele sucht nicht Unterhaltung, es sucht Besinnung ... und es sucht ein Werden und Wachsen dessen, was es im Innersten wahrhaft *ist* und werden will.

Aber damit dieses wahre Sein unserer Seele, das mit unseren tiefsten Empfindungen, Gedanken und Willensimpulsen zu tun hat, wachsen und werden kann, muss unsere Seele *berührt* werden. Das ist es, was sie an ihr tiefstes Sein erinnert – und was dieses erweckt ... und dann werden und wachsen lässt.

Lassen wir uns also von dem Mädchen Sara und von *seinem* Wesen berühren. Es *wird* uns berühren – wenn wir ihm nur unsere Seele öffnen...

Winn Dixie – mein zotteliger Freund

Dies ist ein 2005 entstandener Film von Wayne Wang. Die zehnjährige Opal kommt mit ihrem Vater, einem mittelmäßigen Prediger, in eine amerikanische Kleinstadt. Ihr erster Freund wird ein Hund, der ihr eher unfreiwillig begegnet – und um den sie dann wirklich kämpfen muss, weil weder ihr Vater noch dessen Vermieter ihn haben wollen. Doch gemeinsam finden sie nicht nur weitere Freunde, sondern bewirken letztlich ein wahres Wunder in der Kleinstadt, indem durch sie immer mehr auch andere Menschen zueinander finden.

Wikipedia zitiert eine Kritik der Kino-Webseite ‚Cinema', in der es unter anderem heißt: ‚[...] pädagogisch zweifelsohne wertvoll und für Kinder trotz mancher Längen nett anzuschauen. Erwachsene könnten vom Gutmensch-Holzhammer allerdings leichte Kopfschmerzen kriegen.'

An solchen Formulierungen kann man tief empfinden, wo die heutige Welt des aufgeklärten Kino-Konsumenten steht. Sie steht völlig abseits von jenem Weg, den wir hier zu gehen versuchen. Wenn man mit der Seele in eine Geschichte eintauchen kann, gibt es überhaupt keine ‚Längen'. Solche gibt es nur, wenn man es sich im Sessel bequem macht und unterhalten werden will – mit einer ausgeprägten Erwartungshaltung. Hier dringt das ‚Shareholder-Value'-Denken bis in die Seele ein...

Auch den ‚Gutmensch-Holzhammer' gibt es nur für den, der die Verwandlung der Seele gar nicht sucht. Unterhaltung, nicht Beseelung und Vertiefung... Ja, dann bekommt man vielleicht Kopfschmerzen, wenn ein Film noch wirkliche Seele hat...

Es ist erschütternd, wie Menschen so unbeteiligt über einen solchen Film urteilen können. Auch dies müsste man so stark wie möglich empfinden – als ein wirkliches Leiden.

Wiederum ist es das Mädchen Opal, das das Herz tief berührt und für sich einnimmt, durch sein ganzes Wesen. Auch hier möchte ich gar nicht mehr über den Inhalt erzählen. Der Film ist für wenige Euro erhältlich, man sollte auch ihn einfach selbst sehen...

Das Einzige, was wir brauchen, ist die Offenheit des Herzens, die Fähigkeit, in einen Film wirklich einzutauchen – nicht mehr Zuschauer zu sein, sondern ganz mitlebend. In diesem Film wird einem neben der Story auch die großartige Musik von Rachel Portman dabei helfen. Auch Musik kann das Herz schließlich tief berühren – und ihm helfen, dieses tiefe Mitempfinden und Miterleben zu finden, auf das es so sehr ankommt.

Und nun noch der dritte Film.

Brücke nach Terabithia

Die Hauptperson in diesem Film ist zunächst der zwölfjährige Junge Jess, der in armen Verhältnissen lebt und auch in der Schule ein Außenseiter ist. Dann aber kommt in seine Klasse ein neues Mädchen, Leslie – auch sie eine Außenseiterin.
Die Handlung entfaltet sich in gewisser Weise aus der Sicht von Jess – aber sie, Leslie, ist im Grunde die heimliche Hauptperson des ganzen Films. Ihre ganze Art ist es wiederum, die den Zauber des Films ausmacht – ihre Positivität, ihre überschäumende Phantasie, ihr leuchtendes Wesen.

Auch zu diesem Film möchte ich eigentlich gar nicht mehr sehr viel Weiteres verraten – auch er ist für nur wenige Euro zu haben, um ihn selbst zu sehen. Und auch in diesem Film ist über die Handlung hinaus die Musik von Aaron Zigman einzigartig.

Was ich aber doch noch sagen will, ist, dass natürlich eine Freundschaft zwischen Jess und Leslie entsteht – eine Freundschaft der ganz besonderen Art, so leicht und leuchtend, so zart und unschuldig, dass auch dies seinesgleichen sucht. Dies alles ist nur Leslie zu verdanken – ihrer ganz besonderen Seele, die es doch selbst nicht leicht hat... Aber es gibt bei weitem nicht nur Harmonie in diesem Film, und ob er ein Happy-End hat, das hängt ebenfalls von der Betrachtungsweise ab. In jedem Fall kann er das Herz zutiefst berühren – vom Anfang bis zum Ende.

*

Was haben wir nun?

Ich will in gewisser Weise davon ausgehen, dass der Leser diese Filme nun gesehen hat – auch wenn er vielleicht weiterlesen wird, ohne sie bisher gesehen zu haben. Vielleicht wird er dann später das Folgende noch einmal lesen – oder sich daran erinnern...

Diese Filme dienen nicht einfach unserer Unterhaltung. Sie sind Seelennahrung. Sie berühren unser Herz, und sie nähren unsere Sehnsucht, unser eigenstes, tiefstes Wollen.
Und so muss man sie auch anschauen. Wenn man sie anders anschaut oder angeschaut hat, dann kann es noch immer sein, dass jener große Teil der Seele die Oberhand behalten hat, der *ebenfalls* geprägt ist von den immer mehr aufkommenden ‚Seh-Gewohnheiten' und Erwartungen. Dieser Teil *empfindet* dann gar nichts Besonderes. Dieser Teil sagt dann: ‚Na ja, ein ganz netter Film, aber was soll ich damit nun...'
Hinzu kommt, dass dies alles nach offizieller Lesart im wesentlichen Kinderfilme sind. Wir aber müssen dahin kommen, dass uns dies nicht nur egal ist, sondern dass wir sogar lernen, zu entdecken, dass gerade solche Filme das Herz viel tiefer rühren können. Sie können dies aus zwei Gründen. Erstens sind solche Filme noch frei von der Herrschaft des Unterhaltungszwanges und der Action-Dominanz. Und zweitens haben Kinder und Jugendliche noch so unendlich viel in sich, was in der Erwachsenenwelt nicht mehr da ist.

Wir suchen das reale Märchenreich der *reinen Seele*. Jeder Mensch wird mit diesem Reich geboren, trägt es bei der Geburt ganz in sich. Und es gibt Kinder, in denen dies lange, lange erhalten bleibt. Der Zauber ihres Wesens ist es, der unser Herz berühren kann, weil er dieses an seinen *eigenen* Zauber erinnern kann, der auch in ihm tief verborgen lebt, noch immer... Man kann auch sagen: weil jener Zauber uns an das erinnert, was wir verloren haben. Aber wir *haben* es nicht völlig verloren. Es ist nur verschüttet worden...

Der Zauber einer *jungen* reinen Seele besteht auch darin, dass sie noch so vollkommen ist. Sie ist in ihrem Wesen noch so bedingungslos.
Eine erwachsene Seele hat eine solche Bewusstheit erreicht, dass sie jederzeit in verschiedene Richtungen handeln kann. Eine junge Seele, die ein solches besonderes Wesen hat, kann dies noch nicht. Sie ist sozusagen mit einer Art ‚Urgewalt' und wunderbaren Leidenschaft so, wie sie ist. Ein junger Mensch ist ur-lebendig – gerade das ist sein Zauber. Und wenn seine Seele so rein und leuchtend ist wie die jener drei Mädchen, denen wir in diesen drei Filmen begegnen, dann ist dieser Zauber so stark, dass er unsere Seele mit unbändiger Kraft an ihre eigene Sehnsucht erinnern kann.
Es ist das Geheimnis der *Unschuld*, vor dem wir dann stehen. Es gibt Seelen, deren Wesen so gut und so schön ist, dass wir an ihnen erleben, wozu die Seele imstande ist – wie sie sein kann... Dazu gehört auch eine erschütternde Positivität, ein tiefes Vertrauen in das Gute im Menschen, immer wieder. Nie wieder aber ist dies alles so vorbehaltlos und so ‚von Natur' aus da wie in der Jugend – *wenn* es da ist.

Dies ist der unglaubliche Zauber, von dem wir uns anrühren lassen können. Es ist der Zauber der Unschuld, der Reinheit, der wahren Güte und Schönheit der Seele. Es ist der Zauber dessen, dass die tiefste Sehnsucht unserer Seele gleichsam an einzelnen Menschen geradezu sichtbar in Erscheinung tritt – in ihrer Verwirklichung...
Das tiefste Geheimnis unserer Seele *ist* reinste Jugend, reinste Schönheit, reinste Liebe zum Guten...

*

Dieses Geheimnis lebt auch in meinen Büchern. Jedes meiner zwanzig Bücher (dieses ist nun das einundzwanzigste) hat ein anderes Thema, auch jeder Roman. Und doch geht es immer um das Ur-Thema der Begegnung. Die menschliche Begegnung ist ein Mysterium – und es kann Schicksalsbegegnungen geben, die das Leben tief verwandeln. Solche Begegnungen bilden die Mittelpunkte meiner Romane.

Man kann ihnen einen Idealismus vorwerfen, aber Idealismus ist etwas zumeist tief Missverstandenes. Idealismus ist nicht Wirklichkeitsferne, Idealismus ist Durchdringung der Wirklichkeit mit mehr ... als sie von Natur aus (und vom ‚Realismus' aus) hätte. *Jede* Liebe ist idealistisch. Wäre sie es nicht, bestünde sie nur aus Vernunft, bloßer Anziehung und Instinkt. Dann aber wäre es keine Liebe, man könnte dies nur eine gewisse Zeit mit Liebe verwechseln...
Anziehung ohne Idealismus geht den Weg alles Irdischen – sie geht verloren, weil sie vergänglich ist. Idealismus ist das übersinnliche Element, in dem die Seele leben kann, weil sie selbst etwas Übersinnliches ist. Im Idealismus bindet sich die Seele nicht an den Leib, sondern sie erhebt sich zum Geist, zu jener Welt, aus der das Ewige immerfort in das Vergängliche hineinragen kann. Gerade deswegen kann es das, was sonst vergänglich wäre, immerfort beleben und verwandeln.
Idealismus ist der Lebensquell der Seele, ist ihre Verbindung zum Lebensquell des Seelischen. Die Seele, die nicht dieses lebendige, begeisterte Sich-Erheben zum Geist kennt, geht den Weg alles Irdischen – sie wird alt und stirbt, immer mehr, noch im Leben. *Leben* findet die Seele nur in der Befruchtung mit dem Geistigen.

Das ist nicht sogleich ersichtlich. Aber was ist Liebe? Liebe, die nur auf Anziehung beruht – was ist das? Ein Mensch, der nur die Anziehung kennt, dessen Seele wird mit dem Alter immer mehr in das bloß Leibliche gezogen. Ein solcher Mensch sucht vielleicht noch ‚Abenteuer', wird immer wieder in das Spiel von Sex und ‚Eroberung' hineingezogen, aber auch dies wird immer schaler und schaler werden, denn es wiederholt sich alles bloß, immer leiblicher und leiblicher, immer egoistischer und egoistischer. Nicht mehr die Seele wird befriedigt, sondern nur noch der Leib – und die Seele nur in ihrer Sucht nach Reizen, Machtkitzel und eigener Bedeutung, also auf falschen Wegen, die sie immer mehr sich selbst entfremden.

Der junge Mensch kennt gar nicht nur die Anziehung – auch wenn diese gerade in der Jugend sehr stark sein kann. Aber auch das Andere ist sehr stark: die idealisierende Kraft der Seele. Das Sich-Sagen: *dies* ist der Mensch, den ich gesucht habe. Dies ist der Mensch, den ich liebe und lieben will, wegen *allem*.

Wenn man liebt, sieht man nicht die Fehler und Schwächen des Anderen, und wo man sie sieht, übergeht man sie mit Leichtigkeit – und man ist auch tief bereit, an seinen eigenen Fehlern zu arbeiten. Das alles ist Liebe, und das alles ist Idealismus. Man lebt mit einem Ideal von dem anderen Menschen, und auch mit einem Ideal von dem, der man selbst sein kann. Nicht die nüchterne Realität hat Gültigkeit, sondern die idealisierte Realität. Und dies ist keine Träumerei, sondern es ist eine *realitätsverwandelnde Macht*.

Der Vorwurf des Idealismus ist also ein seltsamer. Er kann nur von jenen Seelen gemacht werden, die nicht die Sehnsucht oder die Kraft haben, die Realität immer wieder zu verwandeln – Seelen ohne Hoffnung, ohne Phantasie und eben ... ohne Idealismus, auch ohne Romantik, denn auch Romantik ist reinster Idealismus...

Und ich wiederhole es noch einmal: Idealismus ist nicht Realitätsferne, es ist *Durchdringung* der (gewöhnlichen) Realität mit etwas, was sie unendlich übersteigt, aber ebenfalls etwas Reales ist – und so die bisherige Realität völlig verwandeln kann. Idealismus ist das Hereinholen – oder man kann auch sagen: das Hereinbrechen – einer Wirklichkeit, die *mehr* ist als die nüchterne äußere Wirklichkeit.

Die idealistische Seele macht sich zu einem ‚Durchlass' für diese Wirklichkeit. Sie kann und will nicht leben, ohne diese Wirklichkeit in das Leben hineinzunehmen und hineinzulassen. Idealismus ist die wahre Leidenschaft des Seelischen. Es ist die *Verwandlung der Wirklichkeit*.

Diese Art von Wirklichkeit ist also tief das Thema aller meiner Bücher. Für mich haben Romane keinen Sinn, die nur in ‚realistischer' Weise die allzu nüchterne Wirklichkeit abbilden. Dann kann man lieber in der eigenen Wirklichkeit leben und diese ‚lesen'. Dennoch sind meine Romane keineswegs ‚illusionär' in dem Sinne, dass immer alles ganz leicht wäre, immer alles gut wäre, dass es kein Ringen gäbe, dass nicht auch die nüchterne Wirklichkeit da wäre und so weiter. Aber es gibt dann eben auch dieses andere Element – diesen *Einbruch des Zaubers* in die Wirklichkeit. Und dieser Zauber beruht dann auf besonderen Begegnungen – auf Schicksalsbegegnungen und Begegnungen mit besonderen Menschen. Immer wieder geht es um das Mysterium der tiefen Berührung – in einem solchen Roman selbst und auch in der Seele desjenigen Menschen, der in das Geschehen eintauchen kann.

Es geht um das Geheimnis des seelenverwandelnden Zaubers und der die Seele verwandelnden Berührung... Die Personen in meinen Romanen *werden* berührt, der Leser *kann* sich berühren lassen, wenn er mit dem Geschehen tief mitzuleben vermag.

*

Die Menschen, die das Herz eines anderen Menschen in meinen Romanen tief berühren, die also die ‚heimlichen Hauptpersonen' sind, sind Mädchen oder junge Frauen – und sie berühren Jungen oder eben Männer verschiedenen Alters.

Auch dies kann man als ein Klischee empfinden – aber dann empfindet man es wiederum nicht richtig. Es ist kein Klischee, sondern die Wirklichkeit. Vielleicht müssten Romane, in denen ein Junge ein Mädchen oder ein Mann eine Frau berührt, von Frauen geschrieben werden... Und doch werden in meinen Romanen auch die Mädchen und Frauen berührt – von der Berührung der Jungen und Männer...

Es ist die Wirklichkeit, dass ein Mann in einer Frau das Geheimnis der Sanftheit lieben kann – bis hin zu einer stillen, tiefen Verehrung. Dann ist es dieses Geheimnis der Frau, das auch die Seele des Mannes sanft macht, denn auch Verehrung ist etwas sehr Sanftes. Dennoch würde der Mann die Frau nicht verehren und innig lieben, wenn er in *ihr* das Geheimnis der Sanftheit nicht viel *stärker* empfinden würde. Das gerade ist der Zauber des Weiblichen.
Der Mann liebt in der Frau gerade das, was er weniger hat: die Sanftheit, das Zarte, die Unschuld, die Anmut...

Natürlich gibt es heute Beziehungen und Partnerschaften aller Art, die auf Anziehungen aller Art beruhen. Und Menschen finden zueinander, weil sie vielleicht schon sehr, sehr lange, durch viele Erdenleben hindurch, miteinander verbunden sind. Es ist auch sehr stark das Wesen des Menschen, das einen anderen Menschen anzieht – und das über männlich oder weiblich hinausgeht. Insofern es aber *überhaupt* einen Unterschied gibt, also sehr wohl diese Trennung in männlich und weiblich, so beruht die Anziehung der Frau für den Mann *darauf* – also auf dem, was leiblich weiblich ist, und dem, was *seelisch* weiblich ist...

Keine Frau ist verpflichtet, besonders sanft oder unschuldig oder anmutig zu sein – dennoch wird es immer so sein, dass ein Mann sich davon angezogen fühlen wird.

Aber jetzt gehen wir noch einen Schritt weiter, und dann wird es deutlich, dass es hier nicht um Klischees und ‚Geschlechterzuschreibungen', sondern um Urbilder geht.

In Wirklichkeit sind diese Eigenschaften eine Ur-Sehnsucht der Seele überhaupt, also der männlichen und weiblichen gleichermaßen. Es ist eine ur-*menschliche* Sehnsucht.

Was folgt daraus?

Das bedeutet, dass die Frauen eine Art Gnade besitzen, diese Ur-Sehnsucht des Menschlichen auf eine ‚natürliche Art' gleichsam tendenziell stärker verwirklichen zu können als der Mann, einfach weil sie Frauen sind, inkarniert in einen weiblichen Leib und einschließend alles, was dann zu dem Geheimnis der weiblichen Seele gehört.[1]

Victor Hugo schrieb einmal: ‚Der Mann steht, wo die Erde endet, die Frau, wo der Himmel beginnt.' Und er schrieb auch: ‚Der Mann ist ein Genie, die Frau ist ein Engel.'

So etwas kann nur ein Mann schreiben – es drückt unmittelbar die tiefe Ehrfurcht und Liebe des Mannes für die Frau aus – die auf einer *Wahrnehmung* beruht. Der Mann nimmt dies nicht an allen Frauen wahr, aber an einigen. Und deshalb kann er es verallgemeinern, weil das, was er an einigen wahrnimmt, urbildlich das Geheimnis aller Frauen ist. Einige Frauen machen dieses Geheimnis gleichsam so stark wahr, dass sie es in erschütternder Weise offenbaren – so stark, dass der Mann davon sprechen kann, dass die Frau ein Engel sei...

Vielleicht würden die Frauen dann sagen können, dass auch manche Männer wie Engel sind, aber dann könnten die Männer sagen: Mag sein, dass sich manche von uns durch innere Anstrengung dazu machen können, aber manche von euch sind es von Natur aus... Das Wunder bleibt einfach bestehen.

---

[1] Es mag deutlich sein, dass die Ur-Sehnsucht sehr wohl auch mehr ‚männliche' Aspekte umfasst, die wir etwa im Mut ebenfalls schon berührt haben. Dennoch hat die Vertiefung des *Fühlens* tief mit dem Geheimnis des Weiblichen zu tun.

Der Mann verehrt das Zarte, das Unschuldige, die Anmut, und das ist doch wohl sehr verständlich. Es ist gerade das, was er *nicht hat*. Es ist kein Klischee, es ist auch keine Sehnsucht nach ‚jungem Blut', es geht weit, weit darüber hinaus. Es ist ein tiefes Berührtsein von dem Heiligen der Frauen und ganz ausgeprägt von dem Heiligen des Mädchens...

Aber dies ist eine Ur-Sehnsucht der menschlichen Seele überhaupt. Nicht nur die männliche Seele sucht diesen Zauber, diesen *verwandelnden* Zauber, sondern die menschliche Seele an sich.

Und jetzt kommen wir zu einer Schwierigkeit, die dazu führt, dass dies nicht so leicht verstanden wird. Denn der Mann oder der Junge hat gewissermaßen die *Gnade*, ein Mann oder ein Junge zu sein und daher das Mädchen ganz natürlich lieben und verehren zu können und zu dürfen. Was ist demgegenüber die Situation der Frau oder des anderen Mädchens – das nicht ein Gleichnis des Urbildes zu sein scheint? Sie hat nur die Wahl, das unschuldige Mädchen, das eine reine Seele hat, ebenfalls zu lieben und zu verehren – oder aber in ihr eine Konkurrentin zu sehen.

Hier liegt die Schwierigkeit: Der Mann oder der Junge kann das unschuldige Mädchen, das eine wunderschöne Seele hat, aus einem Ur-Impuls heraus tief lieben – und alle werden darin übereinstimmen, dass dies auch seine ‚Natur' ist. Die Frau oder das andere Mädchen dagegen steht vor der Frage, ob sie auch ‚so sein muss', also ein ‚Klischee' erfüllen muss, oder ob sie auch weniger unschuldig, weniger rein und so weiter sein darf.

Natürlich darf sie das sein. Sie wird dann nur weniger geliebt werden – von männlichen Seelen, aber auch menschlich überhaupt. Jede Seele darf ja *immer* so sein, wie sie ist oder sein will – aber geliebt werden werden immer diejenigen Seelen, die die anderen Seelen tief berühren, und das werden immer die schönen Seelen sein. Und sowohl die Seelen von Frauen als auch von Männern können schön sein – aber die Frauen haben es leichter. Sie müssen eigentlich viel mehr nur so bleiben, wie sie sind, und *daran* ansetzen...

Das Ur-Schöne der Seele ist die Sanftheit und die Anmut. *Deswegen* ist die Seele in allen Sprachen weiblich – und deswegen ist das Mädchen das Ur-Bild für die Seele überhaupt.
Die Männer geraten mit ihrer Seele gleichsam immer ein bisschen zu weit ins Leibliche – die Frauen bleiben in gewisser Weise in ihrer Seele mehr reine Seele als die Männer. Und auch kulturgeschichtlich war es immer der Mann, der zu Härte und Brutalität gedrängt wurde – oder sich selbst davon überwältigen ließ, auch selbst danach strebte und so weiter.
Es ist wohl deutlich, dass dies das Gegenteil von dem repräsentiert, wonach der reine Teil der Seele eine tiefe Sehnsucht hat und was er im Grunde auch *ist*. Der reine Teil der Seele *ist* sanft und von tiefer Anmut – und er sucht dies.
Der Mann *findet* dies bei den Frauen, und er verehrt und liebt dies zutiefst. Die Frau könnte dies ebenso tun und tut es vielleicht auch. Nur hat sie zugleich das Problem der Konkurrenz. Der Mann braucht das, was er nicht ist, nur zu *lieben* – die Frau muss es *werden*, oder sie wird selbst nicht geliebt...

Das ist natürlich verkürzt gesagt. Denn auch die sanften Frauen werden den Mann, der überhaupt nicht sanft ist, nicht lieben. Und auch die Frau, deren Seele zunächst nicht so sanft ist, braucht nicht unbedingt eine Konkurrenz zu empfinden. Auch sie kann still und heimlich das Geheimnis und den Zauber der Sanftheit lieben und sich nach ihm sehnen, sich auch nach dessen Verwirklichung in ihrer eigenen Seele sehnen – oder aber ihn nur bei anderen Frauen bewundern und trotzdem so bleiben wollen, wie sie ist. Die *Gefahr* der Konkurrenz ergibt sich bei der Frau stärker, aber sie muss dieser keineswegs erliegen.

Bei den Männern wiederum ergibt sich ebenso stark eine andere Gefahr der Konkurrenz – nämlich die der Konkurrenz um die sanften Frauen. Aber auch die Männer könnten zu der Erkenntnis kommen, dass es nicht nur darum geht, um die sanften Frauen zu kämpfen – so wie es für die übrigen Frauen nicht nur darum geht, diese zu beneiden –, sondern dass die Hauptsehnsucht und auch -aufgabe der menschlichen Seele diejenige ist, *selbst sanft zu werden.*

Hier liegt dann das Haupthindernis auf der Seite der Männer. Denn sie könnten allzu leicht denken, dass sie für immer nur die schöne Aufgabe hätten, die sanften Frauen zu verehren und zu lieben, ohne jemals auch nur annähernd so zu werden wie diese. Die Frauen, die eine Konkurrenz empfinden, fühlen zumindest noch den Stachel, auch so werden zu sollen – die Männer fühlen allzu leicht überhaupt nichts, außer der Anziehung der sanften Frauen...
Aber die Sehnsucht der menschlichen Seele ist, wieder so unschuldig zu werden wie das Mädchen, als Ur-Bild. Die Männer müssen das Männer-Klischee überwinden, die Frauen das Konkurrenzdenken und den Neid auf diejenigen Frauen, die ihnen in seelischer Schönheit voraus sind...

Kein Mensch hat eine Verpflichtung. Das wäre nur bei wirklichen Klischees der Fall. Wir sprechen aber nicht von Klischees, sondern von einer oft tief verborgenen, immer aber *realen* Sehnsucht der menschlichen Seele.
Die menschliche Sehnsucht ist es, in der Seele so schön zu werden, wie es das urbildlich unschuldig-reine Mädchen schon – und noch – *ist*. Kein Mensch hat irgendeine Verpflichtung, dieser Sehnsucht zu folgen. Aber es ist eine Gnade, diese Sehnsucht zu empfinden – und es ist eine weitere Gnade, ihr folgen zu dürfen und zu können...
Der Mann muss, wenn er dieser Sehnsucht folgt, seine Scham über das Verlassen der männlichen Rollenmuster überwin-

den, die Frau den Neid gegenüber denjenigen, die ihr voraus sind. Aber wie wir inzwischen längst wissen, sind Scham und Neid Wirkungen der Widersacher – sie gehören nicht zu den Empfindungen, die der *reine* Teil der Seele hat... Dieser reine Teil kennt das Ur-Geheimnis der menschlichen Seele; er hat eine *Sehnsucht* danach – und er *ist* auch bereits so rein, wie es diesem Ur-Geheimnis entspricht. Aber er sehnt sich danach, dass auch die ganze übrige Seele so zu werden vermag...

Ich hoffe, dass der Leser, der mit diesen Gedanken tief mitgegangen ist, bisherige Vorurteile über Klischees oder Nicht-Klischees hierdurch wirklich überwinden konnte und auch jetzt wieder erleben kann, was die reale Sehnsucht der menschlichen Seele ist – egal, ob der Mensch sich in diesem Leben in einem weiblichen oder in einem männlichen Leib inkarniert hat.

Meinem letzten Roman, der drei Monate vor diesem Buch erschienen ist, ‚Sonnenmädchen', habe ich das erste Zitat von Victor Hugo als ein Motto vorangestellt: ‚Der Mann steht, wo die Erde endet, die Frau, wo der Himmel beginnt.' – Ich hoffe, dass man es jetzt in seiner Tiefe erleben kann. Auch hierüber kann man einmal lange und intensiv meditieren...

Das ‚Sonnenmädchen' ist ein Mädchen, das die Liebe zum Guten wie eine wunderbare Gabe in sich trägt – so stark, dass sie in allem, was es tut, in berührender Weise sichtbar wird. Es offenbart etwas, das jede Seele tief in sich trägt – als Sehnsucht, aber auch als Veranlagung.
Das ganze Geheimnis, um das es in diesem Buch geht, lebt in dem Roman ‚Sonnenmädchen' als *Handlung* – und als Gestalt des Sonnenmädchens selbst. Und umgekehrt wollte ich mit diesem Buch nun in Worte fassen, was im ‚Sonnenmädchen' in ganz anderer Form lebt – in Romanform, aber als

dasselbe Geheimnis, als unmittelbar berührende Handlung und Gestalt...
Wenn man also sein Herz tief berühren lassen will, um die eigene tiefste Sehnsucht stark und stärker werden zu lassen, kann man sich auch einmal dem Sonnenmädchen hingeben...

Hingabe ... ist immer das Geheimnis und das Tor der inneren Verwandlung. Immer wieder scheint Hingabe etwas Passives zu sein – es ist aber gerade eine der größten *Taten* der Seele, nämlich das Verlassen, das Hinter-sich-Lassen des Selbstbezuges und das tiefe Sich-Öffnen, eben das Sich-Hingeben an etwas Anderes – in diesem Fall an das Wesen des Sonnenmädchens.
Und es ist nur ein kleiner Schritt bis zu dem Erleben, dass die Berührung durch dessen Wesen gerade deshalb so tief ist, weil die Hingabe des Sonnenmädchens noch immer ungleich größer ist als die eigene...

Das gerade ist dann auch die urbildliche Liebe des Mannes zum Mädchen, die *seine* ganze Hingabe ermöglicht: dass er in ihm, dem Mädchen, das Wesen der Hingabe überhaupt liebt. Es ist leicht, sich hinzugeben, wenn man sich der Hingabe selbst hingibt... Der Mann liebt mit Hingabe das Mädchen. Das Mädchen aber gibt sich fortwährend *allem* hin – gerade das liebt der Mann, dieses hingebungsvolle Wesen des Mädchens...

Und ich hoffe, dass es längst deutlich ist, dass diese *Hingabe* eine jener tiefen Fähigkeiten ist, die wir auf unserem Weg der heiligen Vertiefung der Seele überhaupt suchen. Hingabe ist es, was die Seele mit der Welt verbindet. Das Mädchen mit der reinen Seele *hat* diese Verbindung schon, wir übrigen müssen sie suchen, ob Mann oder Frau. Wir suchen die Hingabe – und wir suchen sie, indem wir sie immer mehr üben, immer mehr verwirklichen wollen.

Hingabe ist es, was die Seele fähig macht, *berührt* zu werden, von allem, was sie umgibt...

Es kann so erscheinen, als hätten wir einen Rückschritt gemacht, indem wir von einem Urbild zu so konkreten Gestalten übergegangen sind. Und vielleicht haben wir uns in eine dieser Gestalten sogar in leiser Weise verliebt.
Nehmen wir an, eine dieser Gestalten *hätte* uns so berührt, dass ihr Wesen uns nicht einfach nur tief berührt hätte, sondern dass es uns so sehr berührt hätte ... dass wir uns verlieben. Wir können uns eine solche Gestalt vorstellen – genau so vorstellen, *dass* wir uns verlieben würden, aufgrund der tiefen Schönheit ihrer Seele...
Gerade in diese Bewegung wollen wir uns nun vertiefen: sich verlieben...

Die Liebe ist *niemals* ein Rückschritt, sie ist immer ein sich vertiefendes Finden der Seele, ein Finden ihres wahren Heiligtums. Das Finden der Liebe ist immer der wahre Weg zu diesem Heiligtum.
Es mag so scheinen, als wären wir mit dem Märchen von den Sterntalern schon weiter gewesen. Aber das wäre nur wahr gewesen, wenn wir an diesem Punkt das Buch wirklich beiseite hätten legen können, um ... wie das Sterntaler-Mädchen selbst den Weg allein weitergehen zu können, erfüllt von den Kräften des Himmels selbst...
Wenn wir dies noch nicht konnten, mussten und müssen wir den Weg weitergehen – weiter in die konkreten Tiefen, in denen wir wirklich die Liebe finden, so sehr, dass sie *bei uns* bleibt, dass wir sie wirklich spüren.

In dem Märchen von den Sterntalern konnte uns die erschüttende Liebe *selbst* so sehr berühren, dass unsere tiefe Sehnsucht danach stark erweckt wurde. Das kleine Mädchen ist nur das kleine Mädchen, es wird nicht weiter beschrieben, die Liebe kann sich ganz auf das Mysterium seines Herzens richten – dieses berührt uns, in all seiner Reinheit.

In allen anderen Fällen berührt uns eine konkrete Gestalt, ein ganz bestimmter einzelner Mensch, ein konkretes Mädchen ... und wir können uns unter Umständen sehr konkret verlieben. Jedes Berührtwerden ist auch eine Art von Sich-Verlieben, aber dies kann, wenn es tiefer geht, auch eine solche Gestalt annehmen, dass wir uns mehr danach sehnen, einem solchen Mädchen einmal zu begegnen oder ein solches Mädchen kennen zu dürfen, als dass wir uns durch sein Wesen *so* berühren lassen, dass unsere *eigene* Sehnsucht nach einem solchen Wesen stärker wird.

Mit anderen Worten: Die Liebe kann sich sehr konkret auf das Mädchen *selbst* richten und immer mehr eine Sehnsucht nach *ihm* werden, zumindest aber eine Bewunderung seines Wesens. Etwas, was aber gleichsam wieder zum Stillstand der eigenen Seele führt.
Und doch kann dies ein notwendiger Schritt sein.
Die Pflanze, wenn sie wächst, entfaltet auch Blatt auf Blatt, immer weiter, immer kräftiger. Doch irgendwann wird das weniger, irgendwann hört sie damit auf, die Blätter werden kleiner – und man denkt vielleicht, jetzt ist sie ihrem Ende nah, sie hat aufgehört zu streben... Und die neuen Blätter werden immer noch kleiner und verschwinden irgendwann ganz ... aber dann ist auf einmal, über Nacht, eine *Blüte* da!
In Wirklichkeit war die Entwicklung nie abgebrochen, in Wirklichkeit war dies das notwendige Durchgangsstadium, *um* zu dieser wirklichen Blüte zu kommen...

Unsere Seele ist meistens sehr schwach, und die Frage ist: An welchem Punkt und von wem oder was wird sie *so sehr* berührt, dass sie wirklich zu einer eigenen Entwicklung kommt, unumkehrbar; dass ihre Sehnsucht so stark wird, dass es eine Realität wird ... dass also der reale Wille zu wirken beginnt, in die Wirklichkeit tritt, und zwar *mit* Stärke, nicht nur irgendwie und ein bisschen...

Das Sich-Verlieben in eine wunderschöne Seele kann ein solcher Punkt sein. Ein solches Sich-Verlieben ist, in welcher Gestalt auch immer, eine reale Kraft, denn die *Liebe* ist eine sehr reale Kraft. Und es ist gleichsam unwesentlich, an welchem Punkt sie auftritt – es ist aber sehr wesentlich, *dass* sie auftritt.
Wenn wir uns also, als Mann oder als Junge, aber ebenso auch als Frau oder als Mädchen, in ein Mädchen mit einer wunderschönen Seele verlieben, so ist dies *selbst* etwas Wunderbares. Und wenn sich ein Mädchen oder eine Frau in die wunderschöne Seele eines Jungen oder eines Mannes verliebt, so ist dies ganz ebenso auch selbst etwas Wunderbares.

Noch einmal sei es gesagt, dass *jedes* Berührtwerden eine Art von Sich-Verlieben ist. Wir lieben auch das Reh innig, vor dem wir in zarter Ehrfurcht verharren, nachdem es sich uns plötzlich und unverhofft offenbart hat und vor uns steht... Wir lieben *alles* Schöne, und das Zarte und Anmutige lieben wir in einer besonderen Weise. Auch dieses Geheimnis könnten wir einmal lange meditieren...
Die Liebe zu einem Mädchen mit einer wunderschönen, einer reinen Seele kann selbst etwas sehr Reines sein. Und wenn es wirklich *Liebe* ist, *ist* sie etwas sehr Reines. Und es ist das Mädchen selbst, das diese Reinheit erweckt. Das Reine erweckt das Reine, das Schöne erweckt das Schöne, das Zarte erweckt das Zarte...
Jede Berührung ist ein Sich-Verlieben, und jede Berührung erweckt in der Seele dasjenige, was es selbst ist...

Wenn wir uns also verlieben, brauchen wir uns gegen diese Regung unserer Seele nicht zu wehren, auch dies ist der Weg in die Tiefe. Die Seele *soll* sich von der Schönheit und der Reinheit angezogen fühlen, auch sehr stark, auch sehr konkret, auch in sehr konkreter Gestalt und Offenbarung durch ein Mädchen, durch einen Jungen, eine Frau, einen Mann...

Ein Sich-Verlieben ist immer existentiell. In der Begegnung mit dem Reh ist dieser existentielle Moment bald wieder vorbei. Wenn das Reh wieder scheu fortspringt, bleibt die Berührung uns noch für Momente erhalten, klingt noch nach, vielleicht sogar noch den ganzen Tag – und in gewisser Weise auch noch länger –, aber sie verschwindet doch wiederum. Meistens haben wir diese Begegnung schon sehr bald wieder größtenteils vergessen. Das Existentielle ist scheinbar ganz wieder verschwunden...
Doch wir streben gerade nach einer solchen Vertiefung des Fühlens, dass das Existentielle *nicht* wieder verschwindet.

Vielleicht erkennen wir jetzt die Bedeutung eines so elementaren Geschehens wie das des Sich-Verliebens. Im Sich-Verlieben wird die Seele tiefer berührt, als sie es je zuvor wurde und als sie es je wieder werden wird ... es sei denn, sie verliebt sich wiederum ... oder sie findet zu der Quelle der darin wirkenden Kraft, um sie nie wieder zu *verlieren*. Aber im Moment des Sich-Verliebens *hat* sie sie gefunden. In diesem Moment befindet sie sich in einem geheimnisvollen Mittelpunkt jener Kraft, um die es geht, in allem...

Die Bewegung der Seele, die sie macht, wenn sie sich *verliebt*, ist eine heilige Bewegung. Die wahre Natur dieser Bewegung *erkennen*, heißt, das Mysterium der Liebe gleichsam anzuschauen, in einem heiligen Moment. Wir sind auf der Suche nach diesem Mysterium, immer mehr, immer tiefer. Dieser Weg ist nie zu Ende, aber er kennt Momente des ehrfürchtigsten Erschauerns, des tiefsten Erlebens und Erkennens. Es sind Stufen, die *bleiben* sollen – und die einen von da an *tragen* sollen, wie mit Engelsflügeln, weiter, immer weiter in das Mysterium und das Heiligtum hinein...

*

Viele Menschen haben Angst vor dieser inneren Bewegung der Seele, vor dem wirklichen Sich-Verlieben. Sie machen Halt, bevor es geschieht – sie wehren dieses Sich-Verlieren, diese Hingabe, dieses Entflammen der Seele ab, aus welcher Angst auch immer. Sie verlieben sich nicht, obwohl sie es *könnten*.
Es ist in gewisser Weise auch nicht sanktioniert, sich in ein Mädchen zu verlieben, das eine wunderschöne Seele offenbart; sich einfach so zu verlieben... Und auch die Seele selbst kann eine Angst haben, nicht wissen, wohin das führt... Sie kann verschiedene Gründe haben, etwas nicht zu tun, was vielleicht ein existentiell wichtiger Schritt der Seele sein könnte. Sie kann in der Lage sein, ihn einfach aus Angst nicht zu tun...
Das ist auch etwas, was wir tief besinnen können. Welche Angst haben wir eigentlich, vielleicht, uns zu *verlieben*? Welche Angst haben wir vor diesem Zustand, in dem die Seele elementar beginnt, sich *hinzugeben*, auch beginnt, sich zu sehnen, mit aller Hingabe? Sehnsucht *ist* Hingabe, zu einem ganz wesentlichen Teil, und Hingabe führt zu Sehnsucht, ist der geheime Ursprung der Sehnsucht.

Das Sich-Verlieben in eine schöne Seele und in die Trägerin – oder den Träger – einer schönen Seele ist verbunden mit einer tiefen Hingabe an diese schöne Seele, und in dieser Hingabe lebt die tiefe Sehnsucht danach, auch selbst zu einer so schönen Seele zu werden. Man würde sich gar nicht verlieben, wenn dieser Prozess nicht immer mitspielen würde. Das Sich-Verlieben ist *immer* auch die Sehnsucht nach dem, was man nicht hat, nicht ist – aber im tiefsten Inneren real: als Sehnsucht, dies *auch* zu verwirklichen.
Meistens kommt es nicht zu einem Bewusstwerden dieser tiefsten Sehnsucht – und dann bleibt die Seele dabei stehen, nur den Zauber des Verliebtseins *selbst* zu empfinden, dieses Glück, das ja bereits schon für sich so begnadend ist. Aber

unser ganzer Weg will ja immer weiter in die Tiefe vordringen. Wir wollen nicht bei dem Glück des Verliebtseins stehenbleiben, wir wollen empfinden und begreifen und zu dem vordringen, was da eigentlich *geschieht* – was das Sich-Verlieben seinem innersten Wesen nach *ist*, was es bedeutet, seinem wirklich tiefsten Wesen nach.

Das wirkliche Sich-Verlieben ist in seiner Tiefe ein Einswerden-Wollen, eine existentielle Sehnsucht nach vollkommener Vereinigung.
Im Sich-Verlieben berührt einen etwas an dem anderen Wesen – oder das andere Wesen in seiner Ganzheit – so sehr, dass die Seele und das eigene Wesen mit diesem anderen Wesen eins werden möchte, wirklich eins. Auch diese radikale ‚Bewegung' der Seele wird als solche kaum einmal ganz bewusst, meistens wird sie es nur in der Form, dass sich die Seele elementar zu dem anderen Wesen hingezogen fühlt. Aber gerade dies ist nichts anderes. Wenn sie es könnte, wenn es möglich wäre, dann würde die Seele mit dem anderen Wesen eins werden wollen, die tiefste Vereinigung eingehen wollen.
An dieser Stelle können wir uns wirklich einmal auf diesen Punkt besinnen: auf die Frage, was Sehnsucht in ihrem Wesen in Wirklichkeit *ist*. Nicht nur irgendeine Sehnsucht, nicht nur sentimentale oder romantische Sehnsucht, sondern Sehnsucht ihrem *Wesen* nach, existentiell, bis ins Innerste...

*

Das Sich-Verlieben ist *nie* eine falsche Regung der Seele, es ist immer eine aufrichtige, heilige Regung. Und die Seele kann lernen, diese Regung immer mehr auch zu einer vollkommen aufrichtigen und heiligen zu *machen*.

Das scheint wieder ein Widerspruch zu sein. Aber gerade hier liegt der Punkt für die weitere Entwicklung und Vertiefung, Der innerste Quell dessen, was das Sich-Verlieben ist, ist ein durch und durch heiliger. Aber nicht alles, was dann auf diese Ur-Bewegung der Seele folgt, ist ebenso heilig. Das Sich-Verlieben ist ein existentieller Prozess, der die *ganze* Seele ergreift. Aber die ganze Seele umfasst alles, vom Heiligsten bis zum Unheiligsten. Also kann nun auch das Unheiligste in das Geschehen des Sich-Verliebens und des Verliebtseins eindringen... Das Sich-Verlieben wird dann auch durchdrungen von einem Besitzenwollen, von Begierde, von der Sehnsucht des Leibes, von allem, was nicht nur heilige Hingabe und heiliges Versinken der Seele ist.
Und doch liegt jedem Sich-Verlieben etwas ganz und gar Heiliges zugrunde – und gerade dies kann der Punkt sein, an dem die Seele in sich selbst beginnt, die Unterschiede zu empfinden, den heiligen Teil von dem weniger heiligen sondern zu können, erkennend und empfindend unterscheiden zu können... Und wenn dies begonnen hat, dieses Vermögen der Unterscheidung, dieses Vermögen, immer mehr den heiligen *Punkt* empfinden zu können – dann kann auch die bewusste Bewegung der Seele einsetzen, die die *Läuterung* ist: das Vertiefen des Heiligen, das Verwandeln des noch nicht Heiligen...

Auch das ‚Besitzenwollen' ist nur die Kehrseite derselben Sehnsucht, die einen heiligen Ursprung hat. Das Besitzenwollen ist eine irregeleitete Bewegung der Seele, die noch nicht in heiliger Reinheit empfinden – oder aber diese heilige Erkenntnis noch nicht verwirklichen – kann, dass man niemals ein anderes Wesen besitzen kann.
Doch auch der unreine Teil der Seele, der von einer zu unreinen Sehnsucht erfasst wird, von einem Begehren, einem Habenwollen, einer Art Gier, und sei sie noch so zart, kann allmählich von dem reineren Teil der Seele verwandelt werden

– von jenem Teil, der das andere Wesen so zart lieben kann, dass er sogar auf alles verzichten kann; dass sein Glück bereits das ist, jenes Wesen anzuschauen, zu erleben, in jedem einzelnen Moment, wie bei dem Reh... Selbstlose Ehrfurcht, selbstlose Andacht, selbstlose Hingabe, selbstloses Berührtsein, Sich-Berühren-Lassen – das ist die Bewegung des reinen Teiles der Seele. Der heilige Teil der Seele fühlt den heiligen Teil des anderen Wesens, der viel größer ist als der eigene – und dies entzündet eine *Sehnsucht*...

Das ist das wirkliche, das ist das wahre Geheimnis des Sich-Verliebens, das ist das eigentliche Wunder und der eigentliche Zauber dieses existentiellen Geschehens. Die Seele wird verzaubert von einem Wesen, das dasjenige offenbart, was auch ihre eigenste tiefste Sehnsucht ist. Von dem anderen Wesen wird diese *erweckt*, wirklich erweckt...

Darum ist beides wahr: Die Bewegung des Sich-Verliebens ist eine heilige – und sie kann immer mehr eine heilige *werden*. Jener Teil der Seele, in dem diese heilige Bewegung beginnt, kann gerade *in* dem Wundergeschehen des Sich-Verliebens seine heiligende Kraft in die übrigen Teile der Seele fließen lassen. Das Sich-Verlieben ist gleichsam der Beginn eines heiligen Sonnenstromes, der sich in alle Verästelungen der Seele ergießen kann, auch in die dunkelsten noch...

Entscheidend ist, wie groß dann die verwandelnde, die heiligende Macht dieser Lichtkraft ist. Auch das Licht kann wieder verdunkelt werden, hineingenommen werden in das Dunkle, das, was nicht Licht ist. Die *ganze* Entwicklung der Seele besteht aus diesem Ringen, dieser Polarität, diesem Kampf zwischen dem Heiligen und den Kräften und Mächten, die das Heilige *geringer* machen wollen, als es seinem Wesen nach ist.

Die Ur-Bewegung jedes Sich-Verliebens ist eine heilige, und wir können lernen, gerade diesen Punkt, dieses Ur-Heilige in jedem Sich-Verlieben zu suchen, empfindend zu suchen.

Dann verlieren wir uns nicht mehr im Glück und im Glücksstrom des Verliebtseins an sich, sondern wir suchen in aufrichtigem Bemühen den *Quell* dieses Stroms, seinen *Ursprung*... Dann suchen wir jene Kraft, die gar nicht unheilig sein kann, weil sie der Ursprung ist – und weil alle Verunreinigung erst jenseits der heiligen Quelle einsetzen kann...

Wir brauchen also keine Angst vor dem Sich-Verlieben zu haben. Wir müssen nur Angst davor haben, dass wir dann stehenbleiben, in einem Zustand, in dem sich die Sehnsucht nicht mehr weiter *fortsetzt* – und in einem Zustand, in dem wir also auch dem, in das wir uns verliebt haben, gar nicht gerecht werden würden.
Nehmen wir an, wir hätten uns wirklich in ein Mädchen verliebt, das eine wunderschöne Seele offenbart. Würden wir ihm und seiner Seele gerecht werden, wenn wir nun darin verharren? Werden nicht unzählige Menschen sich ganz gleichermaßen in ein solches Mädchen verlieben? Was hat es davon – und kann es dies überhaupt ertragen?
Wir brauchen nur wenige Überlegungen in diese Richtungen zu beginnen, um sofort zu empfinden, was die Seele wirklich empfinden muss ... nämlich, dass ein solches Sich-Verlieben etwas sehr, sehr Heiliges sein oder werden muss, um dem Wunderschönen, Heiligen, in das man sich verliebt hat, wirklich gerecht werden zu können.

Dies ist auch der Ur-Impuls jeder romantischen Verliebtheit. Man möchte sich dem Wesen, in das man verliebt ist, *würdig* machen – in allem sucht man, das Beste in sich zu erwecken, um jenem anderen, gleichsam heiligen Wesen würdig zu sein, um einigermaßen gleichwertig zu sein. Der romantische Idealismus erhebt das andere Wesen in einem Himmel, aus dem es auch wirklich zu kommen scheint – und man versucht, sich selbst ebenfalls zu erheben, in seiner ganzen Seele schöner und reiner zu werden, als man es jemals zuvor war...

Das ist der unendliche Zauber wahrer Verliebtheit – und er taucht wirklich ein in eine Realität. Denn er findet zu einem Quell, der sonst, im übrigen Leben, niemals gefunden wird. Er findet zu einem verwandelnden *Wunderquell*, der eine absolute Realität ist, keine Illusion. Eine solche wirft man den Verliebten allzuoft vor, und auch das ist nicht ohne Wahrheit, aber die wesentlichste Wahrheit ist, dass der *Urquell* aller Verliebtheit nichts mit der Illusion zu tun hat, sondern mit der Wahrheit – und mit jener Kraft, die auch das noch nicht Wahre immer mehr bewahrheiten kann, zur Wahrheit machen kann. Wahr werden kann aber immer nur das, was im Keim bereits wahr *ist*. Die Liebenden bewegen sich in einem Reich, in dem die Wahrheit urständet – in dem das Ur-Wesen der Wahrheit überhaupt lebt. Und gerade dieses Reich suchen auch wir...

Die Ur-Illusion liegt darin, dass man meint, stehenbleiben zu können, auch wenn man das Reich der Wahrheit und des Heiligen berührt hat. Man *kann* nicht stehenbleiben. Wenn man stehenbleibt, wird man früher oder später aus diesem Reich herausfallen, und dieses Herausfallen beginnt schon in dem ersten Moment, in dem man stehenbleibt.
Im Moment des Sich-Verliebens bleibt man nicht stehen, die Seele beginnt gerade eine größte Bewegung, die sie sonst nie macht. Aber schon auf den nächsten Stufen kann dann das Stehenbleiben einsetzen. Hier liegt der entscheidende Punkt: Aus den Ur-Tiefen eines heiligen Reiches entspringt das *Sich-Verlieben*. Aber schon im nächsten Moment erfasst diese Bewegung die ganze Seele – und die ganze Seele wirkt zurück auf diese Bewegung, und dann entscheidet sich das weitere Schicksal dieser Seelenbewegung... Wird das Heilige die übrige Seele lichter machen – oder wird die übrige Seele das Heilige hinabziehen...? Es geschieht immer beides, aber die Frage ist, ob die Seele daran immer mehr *aufwacht*.

Die Frage ist, ob der heiligere Teil ein immer stärkeres Bewusstsein gewinnen kann – jener Teil, der die Quelle aller Entwicklung und Vertiefung ist, von dem die Entwicklung und Vertiefung der ganzen übrigen Seele ausgeht. Ob *dieser* Teil bewusst werden kann, das ist die entscheidende Frage.
In dem Geschehen des Sich-Verliebens ist die ganze Seele in ein existentielles Geschehen hineingenommen. Wenn inmitten dieses Geschehens der reinste Teil der Seele seiner selbst bewusst wird – oder wenn es von Anfang an dieser reinste Teil ist und bleibt, der sich verliebt –, dann ist etwas sehr Wesentliches gewonnen. Dann kann nämlich die Hingabe der Seele eine sehr reine Bewegung werden – und dann wird das heilige *Licht*, das in dieser Bewegung lebt, auch die übrige Seele sehr stark durchdringen.
Durchdringung der ganzen Seele mit der Kraft einer reinen Hingabe und einer reinen Sehnsucht ... das wird dann dieses Geschehen immer mehr.

Wir sind auf dem Weg einer immer weitergehenden Vertiefung des Empfindens. Wenn wir uns wirklich immer mehr von allem berühren lassen wollen – wie könnten wir nicht gerade von einer wunderschönen Seele tief berührt werden? Und wenn diese Berührung aufrichtig ist, ist sie *immer* ein Sich-Verlieben, ich kann es nur wiederholen...

Das Berührtwerden der Seele ist immer ein Prozess, auf den sie mit unmittelbarer Liebe antwortet. Je mehr die Seele sich dazu fähig macht, berührt werden zu können, desto mehr macht sie sich zur Liebe selbst fähig. Eine lieblose Seele kann nicht berührt werden – und sie sieht auch gar keinen Sinn darin, sich dazu bereit zu machen, sich einem solchen Berührtwerden und Berührtwerden-können hinzugeben. In der Hingabe liegt aber gerade das Geheimnis der Liebe. Hingabe ist Liebe. Das Sich-hingeben-Können ist lieben können. Nur die Hingabe aber macht die Seele fähig, berührt zu werden. Und *was* die Seele dann berührt, das kann diese Seele auch unmittelbar lieben, denn in der Hingabe, in dem Sich-bereit-machen, berührt werden zu können, *liegt* bereits die Liebe. Sie tut nichts anderes, als auf das zu antworten, was ihr dann begegnet...

*

Wir wollen uns fähig machen, von *allem* immer mehr berührt zu werden, alles immer tiefer empfinden zu können. Aber was geschieht dann? Man wird auf alles immer mehr mit Liebe antworten können. Die Kraft der Liebe wird in einem wachsen, denn sie wächst in dem Moment, wo man sich mehr und mehr berührbar macht.
Die Seele, die mehr und mehr berührt werden kann, wächst in der Liebe... Die Liebe ist es, die dies bewirkt: dass die Seele mehr als vorher berührt werden kann. Die Liebe ist die einzige Kraft, die die Seele mit der übrigen Welt zusammenwachsen lässt, die die Brücke schlagen kann und schlägt, immer mehr...
Deshalb darf man keine Angst vor der Liebe haben. Sie trägt die Kraft der Heilung in sich selbst. Eine Seele, die liebt, wird den Weg der Heilung *durch die Liebe selbst* immer mehr finden – wenn sie sich der Liebe wirklich hinzugeben vermag, nicht den Kräften, die die Liebe herabziehen wollen.

Im Lukasevangelium sagt Christus über Maria Magdalena, die ja als eine Sünderin galt: ‚Ihr sind viele Sünden vergeben, denn sie hat viel geliebt.' Die Liebe führt nicht in die Sünde, sie *erlöst* aus der Sünde, sie führt die Seele aus ihr heraus, in ein heiliges Reich hinein, immer mehr.
Die Liebe ist die reinste und heiligste Bewegung, von der die Seele ergriffen werden kann und mit der sie sich erfüllen kann. Der Urquell dieser Bewegung ist immer heilig – egal, in welcher Gestalt die Liebe dann zunächst auftritt. Sie kann

noch in der größten Entfremdung auftreten, ihr *Ursprung* ist ein vollkommen heiliger. Unheilig kann ihre Gestalt nur durch den übrigen Teil der Seele werden – dieser kann sie allerdings in eine völlige Verzerrung bringen, in etwas sehr, sehr Unheiliges.

Denken wir an eine Misshandlung, ja, eine Vergewaltigung. Niemand wird hier von Liebe sprechen. Und doch ist die Frage, was einen Mann zu einer solchen Tat treibt. Es ist vielleicht neben dem Trieb, den er auch allein befriedigen könnte, der Machtkitzel, die Unterwerfung, das Erleben eines wehrlosen Opfers. Der Mann *sucht* wirklich etwas, er hat eine Sehnsucht – nur ist er sich ihrer überhaupt nicht bewusst. Vielleicht hat er selbst nie wirkliche Liebe erfahren, vielleicht ist auch er gar nicht fähig, wirklich zu lieben – und doch sucht er gerade dies, was er durch seine Tat aber gerade zerstört, in das absolute Gegenteil pervertiert.

Selbst der Gewalttäter sucht das Schwache, das Zarte, selbst er sucht das Geheimnis der Liebe – das er nicht kennt, nie kennengelernt hat und mit jeder seiner Handlungen tötet und vernichtet. Und doch sucht er es... Er überfällt das Schwache, er vergeht sich an ihm, und dies ist der einzige Weg, den er kennt, um für Momente die *Nähe des Schwachen, des Wehrlosen* zu erleben. Er wird noch einen langen, langen Weg brauchen, um diese Nähe auf andere Weise viel, viel inniger erleben zu können. Dennoch sucht er dies...

Wir gehen einen Weg, auf dem wir selbst *unsere* Seele immer mehr schwach und wehrlos machen. Das gerade ist der Weg der Vertiefung des Fühlens. Das bewusste Wehrlos-machen der Seele – das ist gerade das Geheimnis der Hingabe und der Liebe. Die Hingabe ist die Gegenbewegung zur Abwehr, die Hingabe bricht alle Abwehr ab, sie reißt die Mauern der Abwehr nieder, sie hört auf, Widerstand zu leisten, sie tut das Gegenteil...

Das ist das Geheimnis des Weges, auf dem die Liebe immer mehr zunimmt. Der Gewalttäter unterwirft das schwache und wehrlose Opfer. Er kennt die Liebe nicht, obwohl er sie sucht. Wir wollen unsere eigene Seele immer mehr zu einem ‚Opfer' machen – zu einem Opfer all dessen, was in der Außenwelt da ist, um sie berühren zu können. Wir wollen uns dieser Außenwelt nicht mehr gegenüberstellen, um von ihr unberührt zu bleiben, sondern wir wollen uns *bewusst* wehrlos machen wie ein Lamm, um zu *erleiden*, was die Wirklichkeit ist.

Erleiden bedeutet hier ein hingegebenes Empfinden. Wirkliche Hingabe ist immer ein Erleiden, ein Aufnehmen, ein Hinnehmen, ein Sich-Erfüllen, ein Sich-Berühren-Lassen. Erleiden ist hier gemeint als Ausdruck der Passivität, des Nur-erwarten-Könnens, im besten Sinne. Wir wissen bereits, dass dieser Zustand sehr aktiv verwirklicht werden muss, dass es etwas unendlich anderes ist, als bequem auf etwas zu ‚warten'. Es ist *Hingabe*.

Wir machen unsere Seele fähig zur Empfängnis – zum Empfangen wirklicher Eindrücke, in immer größerer Tiefe.

Das ist der Weg der Vertiefung des Fühlens. Das Fühlen ist jener Teil der Seele, der sich entweder vor allem im *Sich*-Fühlen auslebt – oder der sein Wesen in der Hingabe und Empfänglichkeit für das, was die Seele umgibt, entfalten kann. Wir haben schon gesehen, dass die Seele sich darin gerade nicht verliert – sondern vielmehr hier ihr wahres Wesen findet. Wenn sie sich aber im *Selbst*gefühl verliert, verliert sie gerade das Fühlen selbst ... und dies gerade ist das Leiden des modernen Menschen. Aus *diesem* Leiden befreien wir uns, indem wir lernen, bewusst wirklich zu ‚(er-)leiden', das heißt, im Fühlen immer mehr empfänglich zu werden.

Wir können die Grenze zur Welt nicht aufheben, wenn wir uns *selbst* fühlen. Wenn wir aber die Welt in all ihren Eindrücken und einzelnen Schönheiten und Wirklichkeiten empfinden und uns von ihnen berühren und erfüllen lassen können, *ist* die Grenze bereits aufgehoben.

*

Das innige Berührtwerden von einer wahrhaft schönen Seele ist ein Geschehen, das die Seele an ihre eigene Sehnsucht erinnert. Es erinnert sie sogar an ihre eigene Schönheit – auch wenn diese noch darauf wartet, entfaltet zu werden.
Wir werden nicht *deshalb* tief berührt, um so zu bleiben, wie wir sind ... sondern um uns zu erinnern, wie wir sein könnten. Warum sonst würde uns die Begegnung mit tiefer Schönheit immer wieder *so* berühren?
Schönheit löst immer eine Sehnsucht aus. Aber im tiefsten Kern ist es eine Sehnsucht, auch in seinem eigenen Wesen *so* schön zu werden, ein *so* schönes Wesen zu entfalten. Und diese tiefe Sehnsucht hat nichts mit Neid oder Eitelkeit zu tun, sie ist das wahre Gegenteil davon. Es ist eine reine, heilige Sehnsucht nach Reinheit, nach Läuterung, nach einer tiefen Entwicklung, Wandlung...
Wir sind wie eine Raupe, die einen wunderschönen Schmetterling sieht – und eine tiefe Sehnsucht steigt in ihr auf...

Die Seele müsste mit ihrer unbestimmten Sehnsucht allein und hilflos bleiben, wenn ihr nicht etwas begegnen würde, das ihre Sehnsucht vertieft, zu einem Feuer werden lässt, zu einer Kraft – und zu etwas, was dann auch seinem Wesen nach immer bewusster werden kann.
Die Begegnung mit einer schönen Seele ist ein solches Ereignis – eine Begegnung, die die eigene Seele so berührt, dass ein elementares Sich-Verlieben eintritt. Sonst nimmt man die Schönheit einfach hin, bewundert sie ein wenig in sentimentaler Weise – und lebt weiter. Es geht aber um die Frage: Was kann die Seele so aus ihrem Leben herausreißen, dass in ihr als elementare, reale Kraft die Sehnsucht nach innerer Ver-

wandlung erwacht? Und auch eine elementare Kraft der Hingabe, die bereits die entscheidende Notwendigkeit für eine solche innere Verwandlung ist? Was kann die Seele von sich selbst losreißen?

Es gibt nicht viel anderes, was dies vermag, als die existentiell berührende Begegnung mit einer solchen schönen Seele. Dabei muss diese schöne Seele nicht einmal einem realen Menschen angehören, nicht einmal in einem Film. Man kann auch von einer schönen Seele in einem Roman so sehr berührt werden, dass es ein Sich-Verlieben ist.

Wenn die Berührung wirklich so tief ist, dann verwandelt sich ein mehr oder weniger großer Teil des gewöhnlichen Selbstgefühls in Hingabe und Sehnsucht – und die Seele spürt den realen Impuls, ihre Empfindungen, ihre Gedanken, ihre Willensregungen immer mehr auch *so* schön werden zu lassen wie jene Seele, die sie so tief berührt.

Im Grunde haben wir hier dasjenige vor uns, was Goethe ‚das Ewig-Weibliche' nannte, das ‚uns hinanzieht'.

In jeder schönen Seele leuchtet das Ewige, wenn auch in individueller Gestalt, darum aber nicht weniger ewig. Das, was an einer Seele wahrhaft schön ist, das ist auch ewig an ihr, ist Teil der ewigen Individualität. Selbst wenn es sich in dieser Inkarnation in weiblicher Gestalt offenbart, in einer nächsten aber wiederum in einer männlichen. Immer ist es Offenbarung einer ewigen Wesenheit.

Eine schöne Seele in weiblicher Gestalt wird die Schönheit ihres Wesens mit der Schönheit des Wesens des Weiblichen vereinen. Die Schönheit der individuellen Seele wird dazu führen, dass sich auch das heilige Wesen des Weiblichen einzigartig offenbaren kann. Dieses Wesen aber umfasst das, was wir immer wieder berühren: das heilige Geheimnis der Hingabe, der Sanftheit, der Anmut... Dies ist das übersinnliche *Wesen des Weiblichen* – das Ewig-Weibliche, in Goethes Worten. Eine schöne Seele, gerade in weiblicher Gestalt, wird dieses Geheimnis in tiefer Weise offenbaren können, denn sie wird sich dieses Geheimnisses nicht schämen, sondern auf dem Weg dieses heiligen Geheimnisses gerade weit vorangegangen sein. Und gerade deshalb ist diese Seele schön und berührt sie uns so tief.

Das übersinnlich-ewige Wesen des Weiblichen ist sanfte Hingabe, hingebungsvolle Anmut, anmutige Sanftheit...
Und warum zieht dies die Seele hinan? Weil sein Wesen so unendlich schön ist, dass es unmittelbar die Liebe und die zarteste Verehrung in der eigenen Seele hervorruft. Dies aber sind gerade jene Bewegungen der Seele, die sie ganz von sich selbst wegführen, die aus den Niederungen der Selbstliebe und Selbstverhaftung erlösen und hinausführen, in das Licht, in die heilige Schönheit des übersinnlichen Geheimnisses des Weiblichen und letztlich in das Übersinnliche überhaupt. So ist das Weibliche in Gestalt einer schönen Seele und zusammen mit dieser schönen Seele eine mächtige Zauberin – die auch in der *eigenen* Seele das schlafende Dornröschen erlöst. Denn auch diese eigene Seele will so schön werden wie dieses Ewig-Weibliche, das sie berührt hat...

*

Das Geheimnis dieses Kapitels liegt also gerade darin, sich gegen die Berührung dieses Zaubers nicht zu wehren, sondern sie voll und ganz zuzulassen.
Bleiben wir bei dem Urbild des Mädchens, können wir sagen: Es geht darum, sich von der Empfindungsfähigkeit und der reinen, leuchtenden Seele eines solchen Mädchens so tief berühren zu lassen, *dass* man sich verliebt – gerade weil die eigene Seele längst auch eine tiefe, tiefe Sehnsucht nach einer *solchen* Reinheit hat.
Es geht darum, sich wirklich zu verlieben – da, wo mit einer leuchtenden Schönheit nach außen tritt, was das tiefste Ge-

heimnis der Seele ist. Und es geht darum, dann auch zu spüren und zu erkennen, wie sehr dieses Sich-Verlieben mit der Sehnsucht der eigenen Seele zu tun hat, wie sehr es aus *dieser* Sehnsucht heraus möglich ist.

Das Sich-Verlieben ist eine Bewegung tiefer Hingabe der Seele. Es kann sehnsuchtsvolles Begehren sein, es kann aber auch eine *reine* Sehnsucht sein – gewoben aus zarter, berührter Bewunderung und Verehrung der unbeschreiblichen Schönheit dieser einen anderen Seele. Das Sich-Verlieben ist im Grunde nur ein Sich-Eingestehen der eigenen Seele, wie *tief* diese Schönheit sie berührt – es ist ein Aufgeben des Widerstandes gegen diese Berührung, es ist ein vollkommenes, bis in das Tiefste reichende Sich-Berühren-*Lassen* von dieser Schönheit. Das Sich-Verlieben ist eigentlich nur die *Folge* der tiefen Hingabe der eigenen Seele, auch wenn es andersherum erscheinen mag. Dennoch steht am Beginn eine verborgene Bewegung reiner Hingabe der eigenen Seele – und ihre Folge ist, dass sie sich verliebt...
Sie verliebt sich in eine reine Schönheit – und im Grunde ist dies ihr tiefes Eingeständnis (nicht immer schon im Erkennen, aber im Geschehen selbst, in der Bewegung der Seele), dass sie sich nach nichts anderem sehnt; dass ihre eigene tiefste Sehnsucht gerade diese Seelenschönheit ist.

Jedes wirkliche, reine, aufrichtige Sich-Verlieben ist die tiefe Sehnsucht der Seele nach dem, was ihre Liebe so sehr zu erwecken vermochte. Es ist aber zugleich eine innere Hingabe an dieses – und damit zugleich die Bewegung einer *Verwandlung* in dieses. Jedes reine, aufrichtige Sich-Verlieben, wie es hier gemeint ist, ist der zarte Beginn eines wirklichen Prozesses, in dem die Seele selbst dasjenige entfaltet, in das sie sich verliebt hat.

In dem realen, tiefen Sich-Verlieben der Seele in eine reine, wunderschöne andere Seele taucht die Seele ein in eine tiefe Bewegung der Liebe und der Läuterung. Sie taucht ein in die Ur-Bewegung der Hingabe – und sie wird von dem Wesen, in das sie sich verliebt hat, geläutert, verwandelt, geheiligt, sanft und allmählich...

Die Umkehr des Selbstgefühls in eine Bewegung der Hingabe verwirklicht man nicht an einem Tag – und einer tief schönen Seele gleich wird man nicht in einem Monat.
Dennoch geschieht diese Umkehr in dem existentiellen Geschehen des Sich-Verliebens sehr wohl gewissermaßen sogar in einem Moment. Aber was *danach* geschieht, ist das weiter Entscheidende. Wenn die Seele die Bewegung der Hingabe verwirklichen will ... wie macht sie das?
Zum einen wird sie sich in ihren Gedanken und Empfindungen jenem Wesen hingeben, dem ihre zarte Verehrung gilt – aber wenn sie dieses Wesen gerade deshalb verehrt, weil dessen Hingabe noch viel größer ist und im Grunde alles in der Welt umfasst, muss – das heißt: will – sie dies ja selbst auch wahrmachen... Was aber heißt Hingabe?
Die Seele, die ein Wesen verehrt, das eine viel größere Hingabe besitzt als sie selbst, weiß sehr genau, was Hingabe ist. Sie weiß auch sehr genau, wie sie jenem Wesen gleich werden kann, das sie verehrt – und sie weiß, dass sie dies niemals schaffen wird, dass sie es aber aufrichtig versuchen will...

Hingabe heißt Zuhören – aber mit jeder Faser seines Herzens. Hingabe heißt Freude an der Schönheit der Welt, an allem Einzelnen, mit einem unvergleichlichen Leuchten in den Augen...
Die Seele weiß, wie schwer, ja unmöglich das ist. Man kann nicht danach streben, sich zu freuen, wenn man es vorher nicht gekonnt hat. Erst recht nicht kann man bewusst ein Leuchten in den Augen erwecken, wenn dies gerade die tiefe Offenbarung einer heiligen Selbstvergessenheit ist...
Was also kann die Seele, was kann das Ich dann tun? Heißt es hier schon auf einer ersten Stufe, zu erkennen, dass man notwendig scheitern muss? Heißt dies, zu erkennen – und sich der Erkenntnis hinzugeben –, dass man die eigene Selbstverhaftetheit niemals ablegen können wird?

Kehren wir noch einmal zurück zu dem Mädchen aus dem Märchen von den Sterntalern. Indem wir uns *wirklich* in das Geschehen versenkten, indem wir es ganz langsam und tief zu erleben versuchten, wahrhaft zu erleben versuchten, war es uns und unserer Seele möglich, uns davon *tief* berühren zu lassen. Und das Gleiche gilt für alles andere, was wir in dieser Weise tief mitzuerleben vermochten, das Gleiche gilt für die kleine Sara Crewe, das Gleiche gilt für die kleine Opal, das Gleiche gilt für das Mädchen Leslie in ‚Brücke nach Terabithia'.

Immer wieder ist das tiefe *Berührtsein* das Tor, durch das wir hindurchtreten müssen. Die Berührung der Seele ist ihre Verwandlung. Sie ist aber nur so lange verwandelt, wie sie berührt ist – oder wie sie die Frucht dieser Berührung in sich trägt. Wir müssen lernen, uns wirklich so berühren zu lassen, dass diese Berührung in uns eine Art Samen hervorbringt – etwas, was bei uns bleibt, was wir nicht wieder verlieren, eine neue Fähigkeit.
Das Berührtsein von einem solchen Mädchen wie Leslie nützt gar nichts, wenn wir trotzdem der Alte bleiben. Wenn wir trotzdem der Alte bleiben, in einer nächsten konkreten Situation, haben wir diese Berührung schon wieder *vergessen*. Wir dürfen sie aber nicht vergessen. Wir müssen sie, gleichsam *als* Berührung, mit uns tragen, sie muss etwas sein, was auch uns von Grund auf verwandelt.
Wir müssen in einer nächsten Situation wirklich *jene* Hingabe verwirklichen können, die dasjenige Wesen verwirklicht, das wir ganz real zart bewundert und verehrt haben – *wegen* der so berührenden Schönheit seiner Seele.

Nehmen wir an, sie war es, die uns so berührt hat – ihre leuchtende Lebensfreude, ihre unglaubliche Positivität und Wärme und vertrauensvolle Offenheit. Von dem Wesen dieses Mädchens geht ein solches Leuchten aus, dass die Seele

gerade *davon* tief berührt werden kann. Aber alle Berührung wäre nicht *ernsthaft*, wenn wir sie nicht auch wirklich ernst nähmen – und ihrem innersten Wesen auf den Grund gehen würden.
Jede innere Berührung ist nur *wahr*, wenn die Seele es zulässt, von dieser Berührung wirklich verwandelt zu werden – wenn sie sich verwandeln lässt und auch selbst verwandelt. Gegenüber diesem Mädchen gibt es zwei Möglichkeiten: Entweder man überlässt sich einem sentimentalen Berührtwerden und empfindet in ihrem Wesen etwas, was man eben gar nicht hat, nie hatte oder jedenfalls nie mehr haben wird – oder man dringt *im Berührtwerden* vor bis zu der Erkenntnis, dass dieses Mädchen etwas verwirklicht, was zu dem Ur-Schönen der Seele überhaupt gehört und wonach auch die eigene Seele eine tiefe Sehnsucht hat.
In Wirklichkeit steht gerade dieses zweifache Erleben der Seele unbewusst hinter jedem Berührtwerden dieser Art.

Aber werden wir den Mut fassen, uns einmal so *berühren zu lassen – und unser Berührtsein und unsere eigene Seele dann* so *ernst zu nehmen?*

Ein wirkliches Sich-Verlieben würde der Seele diesen Ernst schenken. Denn erst in einem solchen Sich-Verlieben nimmt man das Wesen der anderen Seele *so* ernst und auch so heilig, wie es wirklich ist. Und man fühlt in aller Stärke den Wunsch der eigenen Seele, diese innere Schönheit *auch* verwirklichen zu können – allein schon, um der in aller Zartheit verehrten anderen Seele näher zu sein. Und man verliert alle Scham in diesem Wollen, man schämt sich nicht vor der Außenwelt für dieses Wollen. Man strebt nach einem tiefen Ur-Menschlichen, und man schämt sich dafür nicht. Die geliebte andere Seele ist gleichsam der Schutzgeist und Genius, der alle Scham von einem nimmt. Man würde sich vielmehr schämen, *nicht* danach zu streben...

Wenn man sich nicht schämt, kann man wirklich jede Art von Hingabe verwirklichen. Es muss nicht sofort gelingen, das behauptet auch niemand – aber zu empfinden, was innerlich geschehen muss, damit es immer *mehr* gelingt, das kann jeder Mensch. Jeder Mensch weiß zutiefst, was Hingabe ist – und jeder Mensch kann seine Seele der Seele eines anderen geliebten Wesens innig ähnlich machen. Am meisten braucht es dazu vor allem nur den Mut, aber warum sollte man diesen nicht haben, wenn jenes Wesen einen doch so berührt hat... Hätte man diesen Mut nicht, würde man es doch gleichsam verraten – und seine eigene Sehnsucht nach Verwandlung der eigenen Seele gleich mit.

Wir brauchen anfangs *Mut* zur Hingabe – aber haben wir diesen ruhig! Wir wollen unser eigenes Wesen nicht verraten – und auch nicht jenes Wesen, das uns so sehr berührt. Haben wir Mut, uns gegen die Widersachermächte zu wehren, die über die Scham herrschen...
Und haben wir diesen Mut erst einmal gehabt, wird es beim nächsten Mal bereits wesentlich leichter werden – und beim übernächsten Mal noch leichter. Sanft und zart beginnt eine neue Gewohnheit zu wachsen. Immer mehr wird es für uns eine Fähigkeit, uns selbst ein Stück weit – und immer mehr Stücke – vergessen zu können und *mit leuchtender Seele* etwa in die Schönheit der Blumen auf einer Wiese zu versinken ... und auch allem anderen gegenüber diese Hingabe immer wieder und immer tiefer entfalten zu können.

Das mag ein längerer Weg sein – aber wir können *alles* verwirklichen, zu dem wir nur den Mut aufbringen. Im Grunde braucht man für die Hingabe nicht einmal Mut, man muss nur die Scham vergessen... Aber wenn man versucht, sich selbst zu vergessen, vergisst man die Scham gleich mit.

*

Es ist nicht beides möglich: das Erreichen eines tiefen Fühlens, eines tiefen Berührt-werden-Könnens und auch Berührt-Werdens – und das Beibehalten unseres gewöhnlichen, nüchternen Selbstbewusstseins, das uns Sicherheit gibt ... gerade dadurch, dass wir *nicht* berührt werden, dass wir nicht von dem, was uns umgibt, in unserem Herzen berührt werden, dass wir also *unberührt* bleiben.
Diese Art von Sicherheit müssen wir aufgeben, wenn wir wirklich das Fühlen wiederfinden wollen...
Wir müssen stattdessen lernen, inmitten einer neuen Unschuld eine Sicherheit zu finden – und das können wir, denn wir sind es selbst, die diese neue Art, zu empfinden, willentlich verwirklichen. Sicherheit inmitten der ‚Unsicherheit', der Verletzlichkeit, der Berührbarkeit und des wirklichen Berührtwerdens...
Wir werden sehr bald bemerken, dass wir, wenn dies wirklich etwas ist, dem unsere Sehnsucht gilt, gar keine Sicherheit mehr *brauchen*. Wir brauchen nur den Mut, diese Sicherheit, die gerade in der Einsamkeit, dem Nicht-Fühlen, dem Nichtberührt-Werden liegt, aufzugeben, um zu einem ganz neuen Zusammenleben mit dem, was uns umgibt, zu kommen.
Wir *sehen* doch, wie die kleine Sara Crewe durch die Welt geht, oder das Mädchen Leslie, oder das kleine Mädchen, das nichts mehr hatte als nur noch die Kleider, die es auf dem Leib trug... Wir sehen doch, wie es möglich ist, jene Sicherheit zu haben, die eine Sicherheit des Herzens ist, die nichts braucht, um sich festzuhalten, die so verletzlich ist und doch nie sich selbst verliert, nie dieses innere Leuchten... Das ist die neue ‚Sicherheit', keine äußere Sicherheit mehr, sondern eine solche, die nur noch im Herzen selbst liegt, in dem warmen Strom des inneren *Fühlens*...

Wenn wir unserer Sehnsucht nach einer solchen inneren Verwandlung folgen, dann wird uns immer mehr diese einzige Sicherheit tragen: dass wir es selbst sind, die als ein fühlen-

des, empfindendes Wesen da sind. Es ist unser Wille, uns der Welt zu öffnen, uns verletzlich zu machen, ja, vielleicht auch verletzt zu werden ... und es ist noch immer unser Wille, auch das... Wir suchen nicht mehr den perfekten Schutz, die Sicherheit, das Nicht-Fühlen, wir suchen gerade das Fühlen – und auch, wenn wir verletzt werden, bleibt unsere Seele in dieser Bewegung, in diesem Sich-Öffnen, unschuldig, auch Verletzungen ertragend.
Es wird eine ganz andere Art von Sicherheit. Es wird die Sicherheit, dass niemand uns davon abhalten kann, ein tief fühlender Mensch zu werden und zu bleiben, außer wir selbst.

Gerade in dem Sich-verletzlich-Machen wird das tiefe Fühlen wieder gefunden – in dem Sich-verletzlich-Machen und in dem wirklichen Ertragen von Verletzungen, von Kälte, von dem, was andere Menschen, die diesen Mut, wahrhaft sie selbst zu sein, noch nicht aufbringen, sagen und tun.
Haben wir diese Kraft gefunden, Verletzungen wirklich zu ertragen und sie wahrhaft zu erleiden, ohne uns wieder in die Gefühllosigkeit oder die Verhärtung zurückzuflüchten, dann hat unsere Seele auch wahrhaft begonnen, die Bewegung der *Hingabe* zu verwirklichen.
Und die Seele wächst hinein in einen neuen Zustand, in den Zustand der Schönheit und der Unschuld...

Allmählich begreift die Seele, dass in der Schwäche gerade das Geheimnis wahrer Stärke liegt. Schwach sind diejenigen Seelen, die sich in das *Nicht*-Fühlen zurückziehen, in die Gefühlshärte und die Gefühlsarmut. Wir aber suchen den Weg, dies nicht zu tun. Dies ist auch ein Weg des Opfers. Wir sind bereit, von Moment zu Moment, immer wieder, unsere alte Persönlichkeit zu opfern, unseren Stolz, unsere Sucht nach Unverletzlichkeit, nach ausschließlich positiven Gefühlen. Wir sind bereit, auch zu *leiden*. Es macht uns nichts mehr aus zu leiden. Wir nehmen alles hin, auch Verletzung, auch Un-

gerechtigkeit, auch Spott – weil wir wissen, dass uns *eines* kostbarer ist als alles andere: das wirkliche, das tiefe, das reine Fühlen. Dieses würden wir wieder verlieren, wenn wir, wie die anderen Menschen, zurückflüchten würden in den Selbstschutz, in das Nicht-Fühlen, in die Kälte und Unbeteiligtheit.
Wir machen das wirkliche *Fühlen* wahr – und dies ist: volle Offenheit, keine Gegenwehr, Hinnehmen alles dessen, was kommt. Wir können auch Opfer sein. Auch dies nimmt uns nicht die Selbstachtung, nicht das Fühlen. Niemand kann uns mehr unsere Seele rauben, und niemand kann sie mehr vertreiben. Sie kehrt nicht mehr zurück in ihr Verlies, sie bleibt in all ihrer Sanftheit für alle sichtbar – selbst da, wo sie verspottet wird...

An diesem Punkt können wir die volle Wahrheit so manches Christus-Wortes aus dem Evangelium verstehen – zum ersten Mal wirklich, weil wir es zum ersten Mal wirklich *empfinden*. Es wird immer mehr zum Lebenszustand und Lebenselement unserer eigenen Seele.

Richtet nicht, auf dass ihr nicht gerichtet werdet.

Ich aber sage euch: Widersteht nicht dem Bösen, sondern wenn jemand dich auf deine rechte Backe schlagen wird, dem biete auch die andere dar. ... Und wenn jemand dich zwingen wird, eine Meile zu gehen, mit dem geh zwei!
Denn wenn ihr liebt, die euch lieben, was werdet ihr für Lohn haben? Tun nicht dasselbe auch die Zöllner? Und wenn ihr nur zu euren Brüdern freundlich seid, was tut ihr Besonderes? Tun nicht dasselbe auch die Heiden?

Wir dürfen solche Worte nicht mehr mit dem äußerlichen Ohr hören, nicht mehr mit dem unbeteiligten Verstand, ohne dass unsere Seele fühlt. Wir sind längst auf einem inneren Weg,

auf dem wir diese Worte *verwirklichen* – und auf dem wir erleben, was sie bedeuten. Sie beschreiben den Zustand jener Seele, die sich nicht mehr verhärtet, die *immer* offen bleibt, verletzlich, wahrhaftig, unschuldig...
Und nun wissen wir, dass dies gerade der Weg ist, das tiefe Fühlen wiederzufinden. Die Seele schließt sich nicht mehr von der Welt ab. Sie braucht es nicht mehr. Sie hat ihre wahre Stärke gefunden – jene Stärke, die alles erleiden kann und erleiden *will*, weil sie nur eines *nicht* mehr will: ihr Fühlen wiederum zu verlieren...

Das höchste Ziel und die tiefste Sehnsucht der Seele ist nicht mehr, nicht verletzt zu werden, sondern es ist: fortwährend verletzbar zu bleiben. Denn nur dadurch bleibt sie *berührbar*, und nichts anderes will sie...
Das höchste Glück der Seele ist von nun an die Berührung, sie vermeidet sie nicht mehr, sie erleidet sie gern, auch da, wo sie wehtut. Leid ist nicht mehr länger Gegensatz zu Glück, es ist Teil des Glückes, es ist nicht weniger Glück, das Glück liegt im Fühlenkönnen, im Nicht-länger-fliehen-Müssen, in der unschuldigen Hingabe an alles, was ist...

Es gibt ein wunderschönes Kindergebet von Rudolf Steiner. Es endet mit folgenden Worten:

...gibt Furcht mir nichts,
nur Liebe zu allem, was um mich ist.

Dies wird immer mehr das wunderschöne Geheimnis der Seele, wenn sie das Fühlen wiederfindet: Nichts gibt ihr Furcht, sie fürchtet nichts mehr – selbst wenn sie sich noch fürchtet, aber sie läuft nicht mehr weg –, sondern alles, was um sie ist, gibt ihr nur noch die Liebe. Sie *antwortet* auf alles mit Liebe. Nichts kann ihre Antwort mehr in Kälte, in Gefühllosigkeit, in Abwendung verwandeln. Ihre Antwort ist von nun an immer mehr nur noch *die Liebe*.

Sie wird der Zustand jener Seele, die nicht mehr verurteilt, die nicht mehr richtet, die sich nicht mehr abwendet, die nicht mehr in die eigene Kälte flüchtet. Eine Seele, die dem *Fühlen* treu bleibt, wird immer die Liebe finden. Denn die Liebe ist das, was aus wahrer Hingabe hervorgeht – und diese Bewegung wird immer mehr die wahre Heimat der Seele...

Und dann verstehen wir auch aus einer sanft wachsenden, heiligen eigenen Erfahrung diese wunderschönen Worte, die einmal über die Liebe gesprochen wurden:

Die Liebe ist langmütig und freundlich, die Liebe eifert nicht, die Liebe treibt nicht Mutwillen, sie bläht sich nicht auf, sie verhält sich nicht ungehörig, sie sucht nicht das Ihre, sie lässt sich nicht erbittern, sie rechnet das Böse nicht zu, sie freut sich nicht über die Ungerechtigkeit, sie freut sich aber an der Wahrheit; sie erträgt alles, sie glaubt alles, sie hofft alles, sie duldet alles.

Manche dieser Worte aus dem ersten Korintherbrief sind alte Worte – aber wir können nun in jedem dieser Worte das *eine* Geheimnis erleben. Die Liebe denkt nicht an *sich* – sie fühlt das Andere und den Anderen... Die Liebe ist das Mysterium der Hingabe und seine Erfüllung.
In der Liebe hat das Nicht-mehr-Flüchten seine höchste Stufe erreicht: es ist ein vollkommenes Auf-das-Andere-*Zugehen*. Es ist die *Liebe*...

Die Liebe gibt alles, sie schenkt alles – und sie *fühlt* alles...

Die Liebe erträgt alles, sie glaubt alles, sie hofft alles, sie duldet alles.

Und das ist ihr Geheimnis – das Geheimnis ihrer Sanftheit. Die Liebe *verwandelt* alles.

Es gibt nur eines, was der Liebe widerstehen kann: die Kälte. Aber wie lange? Wie lange, wenn sie der *wahren* Liebe gegenübersteht? Die Kälte kann nur bleiben, solange die Liebe zu schwach ist.
Die Kälte hat die Liebe selbst ans Kreuz geschlagen. Aber die Liebe war bereit, zu sterben. Aber die Liebe kann nicht sterben. Und sie wird nie wieder sterben. Auch wir können eine Liebe in unser Herz aufnehmen, die die Seele mit einem heiligen Strom von *Ewigkeit* durchdringen wird. Das wahre Wesen der Liebe *ist* ewiges Leben, ob wir dies jetzt verstehen oder nicht. Fühlen können wir es, ahnen können wir es...
Kälte kann nur Kälte bleiben, wenn sie sich immer wieder verhärtet, immer wieder. Liebe bleibt Liebe, wenn sie sich immer wieder verletzlich macht, immer wieder. Aber was bleibt dann, wenn sich Kälte und Liebe begegnen, immer wieder? Die Kälte wird schließlich völlig besiegt werden von der Wärme und der Sanftheit... Kein Mensch trägt die Kälte im Innersten seines Herzens, es ist immer nur die Mauer, die sich um den heißen, verletzlichen Kern gelegt hat, wie stark und mächtig auch immer. Der Kern ist nicht kalt, kann nicht kalt sein, sonst wäre es nicht die *Seele*...

Und so gibt es noch einen Weg zu dieser tiefen Verbundenheit mit der Welt.
Dieser Weg ist sehr einfach und sehr schwierig zugleich. Denn er besteht darin, einfach zu springen...

Wir haben die Verbindung zur Welt während einer langen Zeit verloren. Jahr für Jahr, Monat für Monat, Tag für Tag. Aber zugleich haben wir die Verbindung zu uns selbst verloren. Denn wir sind nicht dieser kalte, gleichgültige, gefühlsarme Mensch, nicht die Mauer um unser lebendig schlagendes Herz, wir sind *das Herz selbst*.
Und wir sind nicht das selbstsüchtige Herz, denn das wahre Herz kann gar nicht selbstsüchtig sein, das wahre Herz *besteht* aus reiner Hingabe, aus reiner Liebe.
Der sehr einfache und sehr schwierige Weg ist, einfach zu springen, mitten in unser Herz, so als ob es nie eine Mauer gegeben hätte. In dem Moment, wo wir springen, wird sie verschwinden...

Die Vorbereitung auf den Sprung besteht darin, eine ernste Einkehr in sich selbst zu halten und zu fühlen, was in Wahrheit die *tiefste Sehnsucht* der Seele ist – die tiefste Sehnsucht und auch ihre tiefste Fähigkeit.

Besinnung darauf, Hingabe daran, tiefstes Erleben dessen...

*

Und das tiefe *Fühlen* dieser wahren Sehnsucht, das vollkommene Ernstnehmen dessen, was man in diesem Moment fühlen kann ... *ist* im Grunde bereits der Sprung, das Sich-Abstoßen, das Springen – man muss nur den Mut haben, es zuzulassen...

Es hilft nichts, weiterzulesen, wenn man nicht ganz in sein Fühlen eintaucht. Es ist etwas, was man *erleben* muss – wie wenn ein Märchenerzähler ein Märchen erzählt und man auf einmal *mittendrin* ist, real *in* der Wirklichkeit des Märchens... Die Theorie ist sinnlos, das bloße Märchen, wie es in Wort und Text erstirbt, ist sinnlos – wir müssen eintauchen in die *Wirklichkeit*. Die Seele, die zu einem lebendigen Erleben findet, *ist* in dieser Wirklichkeit. Sie bricht aus der Unwirklichkeit heraus und in die Wirklichkeit hinein. Die Seele findet zu einem realen Erleben – und dieses Erleben ist *eins* mit der Wirklichkeit.

Die Wirklichkeit ist uns nur so lange verschlossen, wir sind nur so lange von der Wirklichkeit getrennt, bis wir in sie eintauchen. Um dieses Einswerden mit der Wirklichkeit geht es. Es ist das Getrenntsein, das die Wirklichkeit zu einer toten Unwirklichkeit macht, und es ist das Töten der Wirklichkeit zu einer toten Unwirklichkeit, das uns aus ihr herauswirft und uns von ihr trennt.

Das erlebende Eintauchen macht die unwirkliche Wirklichkeit wieder *lebendig* und *vereint* uns zugleich mit ihr.

Jetzt aber geht es um einen inneren Sprung unserer selbst, durch den wir uns mit den Tiefen unserer Seele, unseres eigentlichen Herzens vereinigen – wodurch wir zum ersten Mal bewusst in deren *Realität* eintauchen und uns mit dieser vereinen.

Wir vergessen alles, wirklich alles, und wir springen ... und tauchen ein in die Realität unserer Seele, ihres reinsten Teiles, jenes Teiles, der eins ist mit unserem tiefsten Herzen und unserer tiefsten Sehnsucht.

Und wir finden und fühlen: grenzenloses *Wohlwollen*. Grenzenlose Bereitschaft, das *Gute* zu tun. Grenzenlose *Liebe* zum Guten, Sehnsucht nach dem Guten.

Wir finden und fühlen, wie das Gute, wie die Liebe zum Guten die eigentliche Heimat der Seele ist – und mehr noch: wie dies das *Wesen* der Seele ist, die Seele selbst. Wir fühlen, dass, wenn wir alles, alles andere einmal beiseitelassen können, vergessen, hinter uns lassen – dies gerade ist der Sprung –, nur noch eines übrig bleibt: das *Wesen* der Seele. Das grenzenlose *Gute*...

Mut, dieses Erleben zuzulassen; Mut, darin zu verweilen; Mut, sich nicht sofort wieder von dem überwältigen zu lassen, was *weniger* ist als dies, oder was diesem entgegensteht, es auflösen will – Mut, ganz und gar in diesem tiefsten Wesen zu verharren, in dem es noch nichts anderes gibt, überhaupt nichts anderes, nur dieses eine, unendliche *Wohlwollen*, die Liebe, unendliche Wärme ... den *Urzustand* der Seele...

Spüren wir die *eine* Ur-Regung der Seele – die Ur-Regung, die da war und da ist und da sein wird, wann immer noch nichts anderes da ist, wann immer sie noch unbeeinträchtigt da sein darf, als allererste *Ur*-Regung, die noch ganz das Wesen der Seele offenbart. Spüren wir diese – und erkennen daran das Wesen der Seele, erkennen wir es bewusst, staunend, erlebend, begreifend...
Nichts anderes ist das Wesen und der Urzustand der Seele; *dies* ist es...

*

Es gibt zwei Möglichkeiten: Entweder gelingt dieser Sprung, oder er gelingt nicht. Und dann gibt es das Dazwischen: er gelingt nur teilweise, man kommt erlebend zu einer leisen Ahnung, aber diese verschwindet sofort wieder, wird wiederum überlagert von Gedanken, vom Alltagsempfinden, von anderen Gefühlen, die wiederum zu sehr an das *gewöhnliche* Selbst gebunden sind.

Aber hier liegt der entscheidende Punkt. Wenn der Sprung nicht gelang, dann springen wir *noch* einmal. Und versuchen es noch einmal ... und noch einmal ... und noch einmal, mit Ernst, mit Sehnsucht, mit aufrichtigem Bemühen, alles andere zu vergessen, wirklich alles ... um nur noch dieses eine Einzige zu haben, erlebend darin einzutauchen: *die Ur-Regung der Seele...*

Dies ist das Wesen der Seele. Dies ist die Seele, *bevor* sie zu selbstbezogen wird, zu selbst-bewusst auch; bevor sie in den gewöhnlichen Erlebenszustand geworfen wird, den wir alle sehr, sehr gut kennen, weil er unser ganzes Leben bestimmt. Dieser gewöhnliche Erlebenszustand ist nicht unsere Seele, er ist das Ergebnis einer langen, langen *Entfremdung* von ihr. Es ist dasjenige, was aus dem größten Teil der Seele geworden ist, nachdem er sich immer mehr von ihrem Kern und ihrem eigentlichen Wesen entfernt hat...
Unser gewöhnlicher Erlebenszustand ist das Ergebnis einer Entfremdung.

Unser gewöhnlicher Zustand des seelischen Erlebens ist distanzierte Wahrnehmung der Welt, mehr oder weniger nüchterne Wahrnehmung, Beurteilung, distanzierte Einteilung von Freundlichkeiten, Dosierung dieser. Unser gewöhnlicher Zustand ist: Kontrolle, Selbstkontrolle, gerade durch die Distanziertheit, das Getrenntsein. Er ist: Gewohnheit, Gewöhnlichkeit. Er ist: Routine, Konvention, Regeln, Anpassung an diese, Gewöhnung an diese – auch an die Konventionen des eigenen Seelischen. Trennung, Getrenntheit, dosierte Verteilung von Freundlichkeiten, Kontrolle, bewusste Distanz, hier ich, da die Welt... Das ist das Gewöhnliche, das Gewohnte, das fast immer einzig Bekannte...

Aber es ist nicht das Wesen der Seele. Dieses Wesen ist längst der Entfremdung zum Opfer gefallen. Es ist getrennt von der Wirklichkeit – auch von *unserer* Erlebenswirklichkeit – verborgen hinter einer undurchdringlichen Mauer, verurteilt zu einem Nicht-Erleben, verurteilt zu einem Abgetrenntsein, einem Nichtwirksamsein(-dürfen), einem Todeszustand, einem Nicht-Sein. Das Wesen unserer Seele ruht unerkannt und unverwirklicht hinter einer undurchdringlichen Mauer, es hat keinen Anteil an unserem gewohnten, gewöhnlichen Erleben, es ist das Gegenteil davon, das lebendige Gegenteil, aber *abgeschnitten* von uns ... die wir das gewöhnliche Erleben geworden sind...

Und doch, wenn wir diesen Sprung machen können, alles andere vergessend, dann können wir diese Mauer durchdringen, als wäre sie nicht da – dann können wir das wahre Wesen der Seele finden, wiederfinden. Denn als Kind hatten wir es noch, waren wir noch eins damit – als kleines Kind.

Das wahre Wesen der Seele ist *Vertrauen* – es ist nicht Misstrauen. Die Ur-Regung der Seele ist Vertrauen, und wir *wollen* vertrauen, wir wollen nicht misstrauen, die tiefste Sehnsucht in uns ist, vertrauen zu können, vertrauen zu dürfen.

Das wahre Wesen der Seele ist *Aufrichtigkeit* – es ist nicht Verstellung, es ist nicht Distanziertheit. Die Ur-Regung der Seele ist Aufrichtigkeit. Und wiederum *wollen* wir aufrichtig sein, sein dürfen – auch dies ist die tiefste Sehnsucht der Seele.

Und das wahre Wesen der Seele ist *Wohlwollen*, ist Verständnis und ist Liebe... Auch dies ist ihre Ur-Regung. Und die Seele will überhaupt nicht kalt und abwehrend, verständnislos und lieblos sein, sie will es nicht, es ist nicht ihr Wesen, es ist dessen Gegenteil...

*

Der Sprung in das wahre Ur-Wesen der Seele ist fast unmöglich in unserer heutigen Zeit – und doch ist noch immer nichts leichter als das. Das Einzige, was notwendig ist, ist eine *Ahnung* davon, dass dieser Sprung möglich ist – und in welche Richtung er geführt werden muss. Das einzige Notwendige ist, dieses Ur-Wesen der Seele überhaupt nur leise zu ahnen – und dann für einen einzigen Moment wieder zu *hören*, zu spüren, zu empfinden...
Einen einzigen Moment – einen winzigen, kleinen Moment lang diese Realität zu erleben: die Realität dessen, was die Seele in Wirklichkeit ist, *bevor* etwas anderes ist... Das ist es. Dann ist auch der Sprung wirklich dagewesen.
Es hat zunächst keinerlei Bedeutung, wie lange er währen durfte, wie lange dieser Moment oder dieses Erleben dauern durfte. Wesentlich ist nur, *dass* er da war, dieser Moment, dieser Sprung, und sei es nur einen einzigen Augenblick lang. Nur auf diesen einen Augenblick kommt es an: er war es, in dem wir in der Wirklichkeit standen, der wahren Wirklichkeit unserer Seele... Dieser eine Moment der Wirklichkeit wird uns nun nicht mehr loslassen. Was wir als Sehnsucht empfinden, ist eigentlich die leise Stimme dieser Wirklichkeit...

Die Seele ist ihrem wahren Wesen entfremdet. Nun haben wir es nicht mehr nur gefühlt, nun *kennen* wir es. Das wahre, das unendlich schöne Wesen unserer Seele liegt noch immer verborgen in einem Schlaf. Aber für einen Moment haben wir es geschaut, und für einen Moment war es *wach*, hatte die Augen geöffnet – und wir die unseren.

Der erste Weg, den wir gegangen sind, war ein langer. Der zweite Weg war ein Sprung...
Und doch ist man am Ende der beiden Wege nur dort, wo man dann wiederum steht. Und dies hängt wiederum nur von der Tiefe des Ernstes, der Tiefe der Sehnsucht und der Stärke des Wirkens der Gegenmächte ab...
Mit anderen Worten: So tiefgreifend beide Wege auch gewirkt haben mochten, man wird am Ende noch immer nicht eins mit dem wahren Wesen der eigenen Seele sein. Noch immer hat der Weg erst begonnen, und nun könnte man sagen: der dritte Weg, der weitere Weg des weiteren Lebens.

Die beiden ersten Wege sind zwei völlig verschiedene. Der Versuch, das Ur-Wesen der Seele durch einen radikalen Sprung für zumindest einen einzigen Moment zu erleben – er kann für den ersten, langen Weg unendlich fruchtbar und unendlich wichtig sein. Das, was man zunächst nur wie eine unbestimmte Sehnsucht fühlt, wird hier, in jenem Sprung, in einer tiefen, tief realen Wirklichkeit erlebt. Und doch kann es sein, dass auch dieser Sprung überhaupt erst möglich wird, nachdem die Seele jenen langen Weg gegangen ist.
Beides ergänzt und befruchtet sich fortwährend gegenseitig: ein langsames, schrittweises Streben – und der radikale Sprung. Ich kann nur in voller Stärke streben, wenn ich in voller Realität das Ziel erlebt habe. Und ich kann auch den Sprung in diese Realität nur in voller Stärke machen, wenn ich meine Seele durch ein sie verwandelndes Streben dazu bereit gemacht habe.
Letztlich zielt alles Streben dahin, besser springen zu können – und schließlich, einst, gar nicht mehr springen zu müssen, weil man angekommen ist. Und letztlich zielt alles Springen dahin, besser streben zu können – und schließlich, einst, überhaupt nicht mehr streben zu müssen, weil man angekommen ist...

Aber zunächst können wir den Sprung gar nicht dauerhaft machen, die Gegenkräfte stoßen uns mehr oder weniger schnell und stark wieder zurück in *ihr* Reich – in das Reich der Getrenntheit von dem, womit wir *für Momente* vereint waren. Aber sobald diese wenigen Augenblicke vorbei sind, sind wir wieder vereint mit unserem gewöhnlichen Fühlen und Erleben, mit nüchterner Bewusstheit, mit Distanziertheit, mit dosierter Freundlichkeit, mit allem, was uns Sicherheit gibt – aber nicht mehr mit dem Ur-Wesen der Seele...

Und doch können wir uns an den Sprung *erinnern*. Und wir können ihn jederzeit wiederum zu machen versuchen. Und zudem können wir von nun an voller Bewusstheit versuchen, den kontinuierlichen Weg zu gehen ... um Schritt für Schritt die *Distanz* zu verringern, Tag für Tag, Jahr für Jahr...
Das, was wir auf diesem Weg tun, ausgehend von unserem gewöhnlichen Bewusstsein, verringert unmerklich und doch sehr merklich die Distanz, die wir in jedem Sprung überbrücken müssen. Und jeder Sprung wird unsere Sehnsucht und das Ur-Wesen der Seele selbst stärker und bewusster in unser Tages-Erleben hineintragen, unser Streben vertiefend, ihm mehr und mehr Realität gebend. Es ist ein Weg der Vereinigung – der Vereinigung von Alltagserleben und wahrem Seelenwesen.
Unser Alltagserleben geht immer mehr dem Ur-Wesen der Seele entgegen – und dieses kommt uns immer mehr entgegen. Wir verwandeln unser Alltagserleben, wir verwandeln ganz real unsere Seele. Wir machen unsere ganze Seele immer mehr ihrem verborgenen Ur-Wesenskern ähnlich, ja, gleich...

Das ist der Weg der Wandlung, der Läuterung: ein *Rückgängigmachen* der Wirkungen der Gegenmächte, die einen sehr, sehr großen Teil der Seele ihrem Ur-Wesen völlig entfremdet haben.

Dieses Rückgängigmachen ist aber nicht einfach nur ein Zurückkehren in einen Urzustand, der nie hätte verlassen werden dürfen. Er ist ein Gehen in eine Zukunft, die so noch nie dagewesen ist.
Das Wiederfinden des Ur-Wesens der Seele ist etwas anderes als das Nie-verloren-Haben dieses Wesens. Betrachten wir nur ein einziges Leben, so müssen wir sagen: Das kleine Kind hat das Ur-Wesen der Seele noch nicht verloren. Aber es hat noch nicht die Bewusstheit des älteren Menschen.
So, wie ein Mädchen mit einem reinen Herzen das Gute in wesentlich anderer Weise als das kleine Kind verwirklicht, nämlich viel *bewusster*, so wird auch durch das Wiederfinden dieses Ur-Wesens der Seele etwas hinzugewonnen, was zuvor niemals so dagewesen ist: die volle Stärke des Bewusstseins.
Das Gute und das volle Bewusstsein werden eine Hochzeit eingehen, die es so zuvor niemals gegeben hat. Es wird ein neuer Mensch sein, der dadurch in die Wirklichkeit treten wird: der Mensch, der *voll bewusst das Gute lieben und verwirklichen wird*.
Das, was das Mädchen mit dem reinen Herzen gleichsam aus einer wunderbaren Gnade ‚von Natur aus' zu tun vermag, aus einer Einzigartigkeit *seines* Wesens, das wird *jeder* Mensch verwirklichen können, wenn er das klare Bewusstsein, das die Menschheitsentwicklung mit sich gebracht hat, mit bewusstem Willen mit dem Ur-Quell des Guten vereinigt, dem Ur-Wesen der Seele...

Es gibt in unserer heutigen Zeit kein Mädchen mit einem reinen Herzen mehr. Jeder Mensch hat eine Menschheits-Entwicklung durchgemacht, in der die Widersacher eingegriffen haben. Und auch das reinste Mädchen mit der schönsten Seele wird irgendwann von seinem wahren Seelenwesen entfremdet werden, und sei es nur ein wenig. Und doch können *wir alle* einen Weg gehen, der uns mit der wahren, der

unendlichen Schönheit des eigentlichen Seelenwesens auch wieder immer mehr vereint. Es ist ein Weg, der das durchgemachte Hart- und Hässlichwerden, das Gewöhnlich- und Fremdwerden der Seele wieder *aufhebt*. Es ist ein Weg, der zu dem märchenhaft schönen Ur-Wesen der Seele zurückkehrt, ohne das zu verlieren, was nicht von Anfang an dagewesen ist, sondern erst jetzt da sein kann: die volle Bewusstheit.
Diese hat sich der Mensch um den Preis des Todes errungen und erreicht – durch den Tod des Seelischen, durch die Entfremdung, die Distanz, die Trennung, durch die Kälte, die Nüchternheit, durch den Verlust des lebendigen Ur-Wesens.

Bewusstheit und das Ur-Gute mussten für eine Weile nebeneinanderhergehen – das Eine musste abnehmen, damit das Andere zunehmen konnte. Jetzt können sie sich miteinander vereinen. Das Bewusstsein ist so stark geworden, dass nun auch die *Entfremdung* bewusst werden kann – und dass nun auch bewusst der Weg zu ihrer Überwindung betreten werden kann...

Ein Kind wird nicht selbstständig werden, wenn es nicht Fehler machen darf, wenn es nicht völlig abweichen darf von dem, was die Eltern tun. Es *muss* abweichen, sogar völlig, um seinen eigenen Weg zu finden – der es auch wieder zurückführen kann.
Niemand kann so eindrücklich und so glaubhaft von Drogen oder Verbrechen oder anderem Lebens- und Seelendunkel sprechen wie der, der sich in das Dunkel verirrt und wieder hinausgefunden hat. Dieser hat eine *Kraft* in sich aufgenommen, die alle Anderen nicht haben. Es ist die Kraft des Irrens und des Heraustretens aus dem Dunkel. Der Lebensirrtum und das Leiden führen die Seele hinein in Kräfte, die, wenn sie sie überwindet, die Seele stärker machen, als sie es je zuvor gewesen ist – und diese Stärke betrifft auch die Kraft,

den Ernst und die Aufrichtigkeit, mit der von da an das Gute geliebt werden kann.

Das, was die Seele einmal verloren hat, wird sie erst recht unendlich und mit aller Kraft lieben können, einst und schon jetzt beginnend...

Und vielleicht hatte auch gerade das Mädchen mit dem reinen Herzen und der wunderschönen Seele in einem vorherigen Leben unendlich viel Leid durchgemacht, ja, vielleicht sogar unendlich viel Schuld auf sich geladen...

Fragen wir uns also nicht, warum die Welt so ist, wie sie ist – warum also nicht jeder Mensch eine so schöne Seele hat wie das Mädchen mit dem reinen Herzen, das in unserer Zeit gar nicht mehr zu existieren scheint. Sondern fragen wir uns, wie ernst es uns mit der Sehnsucht ist, die wir empfinden und die aus den Tiefen unserer Seele aufsteigt, uns leise zuflüsternd, dass das, was wir jetzt sind – und auch das, was andere Menschen jetzt sind, was die ganze Welt jetzt ist –, nicht *alles* ist.

Fragen wir uns, wie ernst es uns mit unserem Leiden an der Welt und an der heutigen Realität wirklich ist. Fragen wir uns, wie *sehr* wir uns nach jener schönen Seele mit dem reinen Herzen sehnen – und fragen wir uns, warum...

Unsere Sehnsucht wäre noch immer unaufrichtig, wenn wir uns nur nach einem solchen Mädchen sehnen würden, das diese Schönheit und Reinheit scheinbar niemals verloren hat – und wenn wir nicht auch eine Sehnsucht danach hätten, unsere eigene Seele so schön und so rein und so unschuldig zu machen wie die jenes Mädchens, das vielleicht gar nirgendwo mehr existiert... Unsere eigene Sehnsucht wäre unaufrichtig und bequem, was dasselbe ist.

Wahr wird unsere Sehnsucht erst dann völlig, wenn wir selbst nicht ruhen, diese Sehnsucht in unserer eigenen Seele zu erfüllen. Wir haben nur dann das Recht, uns nach einer vollkommenen Welt oder auch nur einer einzigen vollkommenen, wunderschönen Seele zu sehen, wenn wir bereit sind – und nicht nur bereit, sondern auch von der tiefsten Sehnsucht ergriffen –, unsere *eigene* Seele in etwas so Wunderschönes zu verwandeln.

Wir *selbst* müssen diesen Weg gehen, der Hässliches in Schönes, Gewöhnliches in Wunderbares, Finsternis in Licht verwandelt – dann haben wir auch das Recht, uns auch im Übrigen nach dieser Schönheit, diesem Wunderbaren, diesem Lichten zu sehen, dann wird unsere Sehnsucht wahrhaft aufrichtig.

Wir haben dieses Recht immer ... und doch ist diese Sehnsucht stets ein Aufruf, auch mit unserem *eigenen* Streben ernst zu machen, auch die verborgene Schönheit unserer eigenen Seele zu sehen, die völlig verborgen in einem Verlies gefangen ist, und uns auch nach *dieser* Schönheit zu sehen.

Wir wollen nicht den bequemen Weg gehen, bei dem wir uns nur in der Außenwelt nach dem sehnen, was wir selbst nicht mehr haben – wir wollen jenen Weg gehen, auf dem wir immer mehr fähig werden, der Außenwelt dasjenige zu schenken, was *sie* nicht mehr hat...

Unsere Sehnsucht soll nicht sein, zu *bekommen*, sondern die eigene Seele zu verwandeln.

Wir wollen immer mehr lernen, uns nach einer unendlichen Schönheit zu sehen, die in der Außenwelt so gar nicht mehr zu finden ist, vielleicht noch im Reich der Märchen – aber gerade diese Schönheit wollen wir, weil unsere Sehnsucht stark genug geworden ist, in unserer eigenen Seele wahr machen.

Das Reich der Märchen *und* das Ur-Wesen der Seele – beide sind eine Realität. Beide sind im Grunde fast eins. Und ihnen gilt unsere tiefste Sehnsucht, hier liegt ihre Quelle.

Lassen wir unsere Sehnsucht nicht länger eine bequeme, eine passive sein – seien wir bereit, für diese Sehnsucht zu arbeiten. Seien wir bereit, dasjenige, wonach wir uns sehnen,

selbst zu einer Wirklichkeit zu machen. Streben wir danach, die vollkommene Schönheit, das Mysterium der Sanftheit, der Unschuld, der Reinheit, zu etwas zu machen, was von unserer eigenen Seele überhaupt nicht mehr zu unterscheiden ist... Streben wir danach, alles hingeben zu können, was in unserer eigenen Seele dem nicht entspricht.
Wonach auch immer wir uns in der Außenwelt sehnen – streben wir danach, dem würdig zu werden, indem wir unsere Innenwelt ebenso schön machen...

Wenn wir uns als Frau nach dem vollkommenen Prinzen sehnen, dann machen wir uns bewusst, dass ein Prinz nur zu der reinen Jungfrau in Liebe entbrennen wird. Und wenn wir uns als Mann nach dem reinen, unschuldigen Mädchen sehnen, dann machen wir uns bewusst, dass auch dieses reine, unschuldige Mädchen, dieses Dornröschen, in unserer eigenen Seele gefangen ist, verzaubert, unerlöst – und dass gerade *dieses* Dornröschen auf uns und unsere Erlösung wartet...

Der Alltag wird von nun an diejenige Welt sein, in der eine Entscheidung stattfinden wird, ein Entscheidungsprozess, eine Art Kampf. Der Alltag wird diejenige Welt sein, die weiterhin das Verlies des Dornröschens sein und dieses noch immer völlig verbergen und vergessen lassen wird – oder diejenige Welt, die das Dornröschen mehr und mehr *betreten* wird ... und dann nicht nur betreten, sondern auch völlig verwandeln wird.
Die Frage wird sein, ob das wunderschöne *Wesen* der Seele in die Offenbarung treten darf. Ob wir den Mut haben, *diesem* die Freiheit zu geben – oder ob wir es weiter verraten, vergessen, verspotten und in Ketten legen, in einem dunklen Verlies.

Und wiederum sind diese Bilder dazu da, damit wir immer wieder die Realität spüren können – aber das werden wir nur, wenn wir auch immer wieder in diese Bilder eintauchen können und wollen. Sie *sind* die Realität, im tiefen Erleben dieser Bilder erleben wir die Realität, und solange wir nur in einem abstrakten Denken und Fühlen bleiben, erleben wir sie nicht.
Im Grunde müssen wir – wenn es noch nicht geschehen ist – lernen, diese Bilder zu lieben, so, wie wir lernen müssen, die Wahrheit zu lieben, selbst da, wo sie unsere Schwächen und Unvollkommenheiten offenbart. Und all das können wir, wenn wir immer mehr lernen, das Streben zu lieben, die Läuterung, die Entwicklung einer wachsenden Schönheit der Seele, egal, wo wir zunächst stehen.

Diese Bilder dürfen für uns nichts Störendes sein, nichts Fremdes, nichts ‚Nervendes', nichts Belehrendes, überhaupt nichts *Äußeres*. Wir müssen uns nach ihnen sehnen, so, wie wir uns nach dem sehnen, was sie ausdrücken. Wir müssen jederzeit bereit sein, in sie einzutauchen – und zwar hingebungsvoll. Denn indem wir uns mit diesen Bildern und dem, was sie sind und ausdrücken, *erfüllen*, erfüllen wir uns mit Sehnsucht und realer Strebenskraft. Erfüllen wir uns mit diesen Bildern voller Hingabe, so wird ihre Schönheit und Wahrheit als wirkende Realität in unseren Willen übergehen, in unser Fühlen, in unser Denken. Die Schönheit dessen, was Inhalt dieser Bilder ist, wird die Schönheit unserer eigenen Seele werden – und ihr die Kraft geben, immer mehr nach dieser Schönheit zu streben. Je mehr wir uns diesen Bildern hingeben, weil dies unsere eigene Sehnsucht ist, weil wir sie in keinster Weise mehr abwehren, sondern tief ihre Wahrheit fühlen ... desto mehr verwandelt und heiligt dies unsere Seele; und bereits unsere Hingabe *ist* diese Verwandlung und ein Teil von ihr.

*

Wenn aber diese Verwandlung sich wirklich ereignet, dann wird etwas mit ihr einhergehen – etwas, vor dem wir keine Furcht haben dürfen. Die tiefe Wandlung der Seele wird dazu führen, dass wir das Leid noch tiefer kennenlernen werden. Denn die Hingabe wird sich in Leid verwandeln – Leid darüber, dass die Welt so sehr ohne Liebe ist...

Immer mehr wird uns dann jede Lieblosigkeit fühlbar werden. Wir brauchen nicht darauf zu achten, es wird unmittelbar spürbar. Erschütternd spüren wir *überall* die Entfremdung, den Mangel an Wohlwollen, tiefem Wohlwollen, und auch an Tiefe überhaupt. Die Menschen gehen miteinander um, aber nirgendwo tritt das wahre Wesen der Seele in die Offenbarung, überall wird es zurückgehalten, ist es in seiner Tiefe vergessen, und was sich offenbart, ist das Andere...
Die Menschen begegnen einander nicht. Selbst in der Begegnung, die ja scheinbar ständig stattfindet, gehen sie aneinander vorbei, gehen an ihrer *Tiefe* vorbei – auch an ihrer eigenen.

Die Tiefe ist es, die überall fehlt. Die Tiefe und das Wesen. Aber das Wesen liegt in der Tiefe – und in der Tiefe liegt auch erst das wirkliche Fühlen.

Überall fliehen die Menschen vor der Tiefe – und dieses Fliehen ist fast überall Gewohnheit geworden, es wird nicht einmal mehr bemerkt. Viele Menschen kennen die Tiefe nicht einmal mehr, und viele sehnen sich scheinbar nicht einmal mehr danach. Und doch leidet jede einzelne Seele unbewusst an ihrer eigenen Entfremdung...

Wir aber leiden nun *bewusst* an der Entfremdung, an der allgegenwärtigen Entfremdung. In jedem Moment offenbart sie sich uns. Wir spüren die Lieblosigkeit – selbst da, wo sie sich für das gewöhnliche Empfinden gar nicht offenbart. Wir spüren die Flucht, die Flucht in das Oberflächliche, in die Distanziertheit, selbst da, wo es freundliche Distanziertheit ist. Wir empfinden die Flucht vor dem Mitmenschen und die Flucht vor sich selbst. Die ganze Welt ist Flucht, die ganze Welt ist Entfremdung von dem Wesen und der wahren Tiefe der Seele...

Und alles, was wir dem entgegensetzen können, ist unser schwaches, einzelnes Bemühen darum, selbst *nicht* mehr wegzulaufen, selbst nicht mehr die Tiefe der Seele zu fliehen. Und dann stehen wir da mit unserem Wohlwollen, das sich immer mehr aus unserer Seele herausringt, sich befreiend, aus der Tiefe emporströmend – noch immer gleichsam nur wie durch einen engen Durchlass, aber immerhin, ein Durchlass! –, und wir fühlen die ganze, tiefe Einsamkeit, weil scheinbar keine einzige Seele das fühlt, was wir fühlen; weil scheinbar alle anderen Seelen weiter an der Oberfläche leben, fliehend, entfremdet, ohne Sehnsucht.
Aber diese Einsamkeit und dieses Leid darf uns nicht hindern, den Weg weiterzugehen, der noch immer erst begonnen

hat. Jetzt, in der Begegnung mit dem Alltag, beginnt er in gewisser Weise tatsächlich erst wirklich. Es ist, wie wenn die Seele, die vorher auch in einem selbst geschlafen hat, mehr und mehr ungeschützt, ohne jeden Schutz, in die Außenwelt tritt... Was vorher schlief, die Seele und das wahre Fühlen, nun tritt es in die unmittelbare Berührung, mit allem...
Auch das Leiden ist Berührung, Berührt-Werden. Vorher gab es keine Berührung, kein Leiden, also auch kein Fühlen. Jetzt gibt es das. Das Fühlen hat sich vertieft, es ist erwacht, es ist tief empfindsam geworden – weil die Seele selbst erwacht ist, in ihren Tiefen, ihren reinen, unschuldigen, wahren Tiefen.

Das wahre Wesen der Seele *kann* nur leiden, wenn es auf eine Welt trifft, die diesem wahren Wesen fremd ist – auf eine Welt seelischer Entfremdung, eine Welt der Lieblosigkeit, der Oberflächlichkeit, der Hässlichkeit, eine Welt des Nutzendenkens, der Effizienz, der Distanziertheit, des Mangels an Zeit, an Empfindung, an Liebe...
Alle Menschen fliehen davor, in die Entfremdung, und die Entfremdung bringt diese Welt immer neu hervor...

Wenn wir die Tiefe suchen, müssen wir die Kraft finden, dieses Leid zu ertragen – denn sonst werden auch wir wieder in die Entfremdung und an die Oberfläche fliehen. Wenn wir unser wahres Seelenwesen suchen, müssen wir auch das Leid tragen lernen, denn das Wesen der Seele *wird* leiden.
Das wahre Wesen der Seele ist zu unendlicher Empfindung fähig – und nicht nur fähig, es *ist* unendliche Tiefe der Empfindung. Wenn dieses Wesen wirklich in die Außenwelt tritt, die heute so ist, wie sie ist, dann ist es, wie wenn ein unendlich zartes und schwaches Wesen in eine Wüste treten würde – einsam und verlassen, ja, verloren. Oder sogar so, wie wenn eine sanfte Jungfrau in eine Welt zwielichtiger Gestalten treten würde, einsam und verloren, ein willkommenes Opfer...

Die wirklichen Menschen sind keine zwielichtigen Gestalten, und auch unsere Seele, wie wir sie offenbaren können, ist noch keineswegs eine reine Jungfrau – und doch wird das wahre Wesen der Seele in einer Welt der Entfremdung sehr, sehr viel leiden müssen, sei es unendliche Einsamkeit, seien es konkrete Worte und Taten oder auch Unterlassungen und nicht gesprochene Worte anderer Seelen...
Reinheit, Unschuld und Wohlwollen werden in einer Welt der Entfremdung unendlich viel zu leiden haben – Missachtung, Unverständnis, Spott, Häme und noch mehr.
Aber die Liebe denkt nicht an ihr eigenes Leiden – sie erträgt es. Die Liebe flieht nicht vor dem Leiden, sie *liebt*. Sie flieht gleichsam mitten in das Leiden hinein, sie geht ihm nicht aus dem Weg, sie kennt nur einen Weg – den ihren...

*

Wenn wir all dies tief besinnen, werden wir die Kraft finden, die Einsamkeit zu ertragen. Wir werden immer tiefer verstehen, wie schwierig es ist, nicht wegzulaufen; aus eigener Erfahrung werden wir dies verstehen. Und so werden wir auch unsere Mitmenschen immer tiefer verstehen können. Unser eigenes Leid an der wachsenden Einsamkeit wird sich immer mehr verwandeln ... in gleichzeitiges *Verständnis* für unseren Mitmenschen.
Und je tiefer wir unseren Mitmenschen auch da verstehen, wo er in der Entfremdung lebt, desto mehr werden auch wir in unserer ebenfalls noch schwachen Seele die Kraft finden, unsere eigene Seele aufrechtzuerhalten, selbst da, wo sie auf Kälte trifft.

Wie leicht versucht man sich an tieferem Wohlwollen als bisher – und schreckt dann vor der gewöhnlich bleibenden oder sogar abwehrenden Antwort des Mitmenschen zurück! Wie leicht wird man von der alltäglichen Lieblosigkeit in dem neuen, empfindsameren Zustand der Seele erschreckt – und flüchtet dann gleichermaßen wieder in einen inneren Rückzug!

Leicht ist es, einmal tiefes Wohlwollen zu versuchen und dann, wenn die Reaktion des Mitmenschen anders ausfällt als erhofft, sich zu sagen: ‚Du willst es also nicht anders' – und ihm wiederum mit der gewohnten Distanziertheit zu begegnen. Schwer dagegen ist es, die Tür zum Mitmenschen immer offen zu lassen – und nicht nur offen, sondern ihm auch tatsächlich immer wieder warmherzig zu begegnen.

Das warme Wesen der Seele auch nur ansatzweise zu offenbaren, und zwar immer, ist überhaupt nicht leicht, denn das gewöhnliche Seelenleben, das von den Gegenmächten so sehr beeinflusst ist, lebt noch immer ganz stark in dem, was dem alttestamentarischen ‚Auge um Auge, Zahn um Zahn' entspricht. Das gewöhnliche Seelenleben ist einfach bestimmt von dem, was wir als gewöhnliche Verletzungen und als die gewöhnlichen Reaktionen darauf kennen.

Die Seele, die in der Entfremdung und in Selbstbezug lebt, wird verletzt – und sie reagiert mit Verletztsein und Konsequenzen, mit Rückzug oder Angriff, jedenfalls auch ihrerseits mit zunehmender Kälte und Lieblosigkeit.

Diesem von den Gegenmächten bestimmten Kreislauf können wir nur entgehen, wenn wir uns mit dem vollkommen anderen Leben des tieferen, reinen Wesens der Seele verbinden.

Die Liebe ist langmütig und freundlich ... sie lässt sich nicht erbittern, sie rechnet das Böse nicht zu ... sie erträgt alles, sie glaubt alles, sie hofft alles, sie duldet alles.

Das ist die Liebe. Und das ist das tiefere, das wahre Wesen der Seele. Daran können wir jederzeit erkennen, wie sehr wir mit diesem verbunden oder aber von ihm getrennt sind. Doch egal, wo wir stehen, wir *wissen* inzwischen, dass es so ist. Wir kennen das Wesen der Liebe und auch der Seele – auch wenn wir von ihm noch immer getrennt sind. In der tieferen Sehnsucht sind wir mit ihm bereits verbunden – und der Rest ist das Ringen darum, dies immer mehr zu verwirklichen, das Ringen um eine immer weitergehende Läuterung der Seele, um eine Befreiung der Seele von dem Wirken der Gegenmächte...

Wir werden auch selbst die verschiedensten Ohnmachtserlebnisse durchmachen. Wir werden erleben, wie auch wir in jenes ‚Auge um Auge' zurückfallen. Dies geschieht nicht nur bei bewussten Rachegedanken und aktiver Verletzung des Mitmenschen – es geschieht auch schon mit jedem ‚verletzten Rückzug', mit jeder noch so unbewussten ‚Bestrafung' des Anderen durch auch eigene Distanz. – Von jetzt an wird jede *nicht* gelingende Verwirklichung dessen, was das warme, unschuldige, reine Wesen der Seele wäre, für uns mehr und mehr ein Erlebnis der Ohnmacht und des Scheiterns werden. Wir werden immer mehr wissen, dass wir scheitern. Wir werden es immer weniger als normal empfinden. Das, was für die entfremdete Seele etwas Normales ist, wird für uns immer mehr ein Zeugnis des Scheiterns werden. Fortwährend werden wir scheitern – und wir werden es *wissen*.

Aber wir werden nicht überall scheitern. Wir werden auch erleben, wie es uns gelingt, Begegnungen ganz mit dem zu durchdringen, was aus dem reinen Wesen der Seele aufsteigt: mit tiefer *Wärme*.
Die Wärme der Seele ist ein *stilles* Mysterium. Ihr Geheimnis ist die Hingabe, aber nicht das Sich-Aufdrängen. Diese Wärme sieht völlig von sich selbst ab. Sie tut nichts, um eine Selbstzufriedenheit zu finden, nichts für eine subtile Eigenliebe, sie lebt in völliger Aufrichtigkeit. Ihre Wärme ist zutiefst selbstlos, es ist reine, stille, sanfte Liebe. Sie erwartet nicht, gesehen zu werden – sie hofft nur, da sein zu dürfen.

Das, was diese Wärme ausmacht, kann einfach in der reinen Hingabe des Zuhörens liegen... Einem Menschen tief zuhören, mit allem Wohlwollen, mit aller Wärme; ein Mensch sein, der einem anderen zuhört, wirklich zuhört, mit ganzer Seele...

Es gibt Menschen, deren Zugewandtheit doch sehr extrovertiert ist, die ihre ‚Wärme' gleichsam aufdrängen – und dann recht verständnislos sind, wenn man dies gar nicht ‚haben' will. Solche Menschen gehen noch immer zu sehr von sich aus. Sie haben gute Absichten, aber sie wollen sich auch unbewusst immer selbst gefallen in dem, wie sie sind.

Die Wärme, die wir suchen, die wirklich aus den *reinen* Tiefen der Seele kommt, hat nichts von Selbstbezug, nichts von Selbstgefälligkeit, auch nicht der leisesten. Sie ist wirklich ein *stilles* Mysterium. Und sie denkt nicht an sich, sie will nichts für sich – sie ist wie das Sterntaler-Mädchen.

Mit dieser reinen Hingabe können wir versuchen, durch die Welt zu gehen, immer mehr. Wir können sie still sich entfalten lassen, während wir einem Menschen zuhören. Und wir können mit derselben stillen Wärme auch durch die Natur gehen.

Was dann geschieht, ist ein Wunder. Denn diese unschuldige Wärme der Seele wird tiefste *Empfänglichkeit*. Es ist Hingabe und Liebe zugleich, hingebungsvolle Liebe, aber still, sanft, sanft wartend und sanft sich zuneigend zugleich.

Diese Wärme der Seele ist reine Begegnungskraft, es ist fortwährende, zarte Liebe. Und sie, diese zarte Liebe, kann allem begegnen. Nicht mehr verschließt sich der Mensch, die Seele, sondern sie ist reine Offenheit, etwas tief Empfindliches, Empfindsames, das sich hingibt...

Und so kann die Seele noch dem kleinsten Wunder am Wegesrand begegnen. Jetzt lernt sie erleben, was Begegnung wahrhaft ist. Das kleine Schneeglöckchen, die sich entfaltenden Blätter im Frühling, eine kleine Meise im Geäst, ein einsetzender Regen ... dies alles werden *Begegnungen*.

Dies geschieht nicht mit einem Mal – und auch wenn es geschieht, ist der Weg nie zu Ende. Was Begegnung ist, das kann sich immer weiter vertiefen, bis in eine Unendlichkeit. Tiefe, Vertiefung ... immer mehr erlebt die Seele auch dies: wie unendlich dieser Weg ist, wie sehr sie überhaupt erst am Anfang steht. Aber ein Anfang...

Man könnte noch so viel schreiben. Vieles wäre auch noch so wichtig. Etwa die Vertiefung des Menschenbildes, ein Sich-Vertiefen in die Frage, wie tief und heilig das Menschenbild werden kann – wodurch sich auch alle übrigen Gedanken und Empfindungen weiter vertiefen werden. Ich denke an die Begründer der Christengemeinschaft. In den Büchern dieser ersten Priester lebt etwas fast Unbeschreibliches, eine tiefe, reine, heilig-mutvolle Begeisterung über das Menschenbild der Anthroposophie – über all das, was Rudolf Steiner über das Menschenwesen offenbart hat. Es ist eine radikale Befreiung aus allem beschränkten Materialismus. Und die Seele *braucht* dies auf ihrem Weg der Vertiefung. Sie braucht ein heiliges Verstehen dessen, was die Wirklichkeit des Menschen und ihrer selbst ist.
Und etwas unendlich Bedeutsames für die Seele wäre auch die Vertiefung der Frage einer über sie hinausgehenden Welt geistiger Wirklichkeit. Unendlich bedeutsam wäre es für die Seele, wenn sie ein Verständnis gewönne für die Existenz von Wesen, die mit der menschlichen Seele zutiefst zu tun haben. Ein sich vertiefendes Verständnis für das, was ich in diesem Buch immer wieder die ‚Gegenmächte' genannt habe, aber auch ein Verständnis dafür, dass auch andere Wesen existieren, die gerade mit dem Weg der Vertiefung und der Heiligung der Seele verbunden sind, ja, ihn sogar überhaupt erst ermöglichen...

Aber es besteht immer die Gefahr, dass manche Seelen davon zunächst überfordert werden – dass sie es ablehnen, weil sie es nicht verstehen, weil sie es mit falschen Vorstellungen in Verbindung bringen und so weiter. Ich habe diese Frage in anderen Büchern weiter ausgeführt, und so darf ich es hier vielleicht den Bemühungen der einzelnen Seele um weitere Vertiefung überlassen. Möge jede einzelne Seele ihren eigenen Zugang zu all diesem finden!

Vertiefung der Seele ist auch immer von einem Zuviel bedroht. Es darf eben niemals zuviel sein, die Seele muss *ihr* Gleichgewicht, *ihr* Schrittmaß finden – und ihre ureigene Sehnsucht hüten und dieser folgen.

Man könnte noch so viel schreiben, aber es besteht die Gefahr, dass es die Vertiefung nicht weiter befruchtet. Wir haben einen Weg der Vertiefung des Fühlens gesucht – wir haben ihn gefunden, und nun müssen wir ihn gehen...
Das Fühlen darf nicht durch ein Zuviel an Wissen gelähmt und festgehalten werden. Das Wissen ist *dann* eine Gnade, wenn es die ureigene Bewegung des Fühlens vertieft – aber es wird ein Fluch, wenn es die Seele von dieser Bewegung abhält.
Die Vertiefung des Fühlens ist eine Bewegung der Seele, die sie immer mehr zu ihrem wahren Wesen hinführt – und dieses wahre Wesen sich immer mehr offenbaren lässt. Um diese Bewegung geht es – sie ist das Ziel unserer Sehnsucht.
Um sie zu hüten, müssen wir uns immer tiefer bewusst werden, was diese Bewegung lähmt und was ihr zartes Leben erhält, hütet und stärkt. Es geht nicht um Wissen, es geht um das Vertiefen der Seele, das Sich-Verbinden mit ihren wahren Tiefen – und das ist eine *Bewegung*.

Wenn *diese* Bewegung unsere wahre Sehnsucht wird, dann wird sie selbst uns die weiteren Wege sicher führen.

Vertiefung des Fühlens und der ganzen Seele ist eine Bewegung. *In* dieser Bewegung lernt die Seele immer mehr jenes eine Mysterium kennen, mit dem sie zugleich immer mehr eins wird und das die Vertiefung *ist*. Dieses Mysterium ist sanfter als die zartesten Blüten im Frühling, es ist gleichsam das *Wesen* aller Sanftheit. Und ein Wunder ist es, dass die Seele damit eins werden darf ... ja, dass ihr wahres Wesen so innig mit diesem Mysterium zu tun hat.

Christian Morgenstern war ein Meister in der Beschreibung tiefer Empfindungen und überhaupt seelischer Entwicklung, Läuterung und Vertiefung. Eines seiner Gedichte möchte ich hier am Ende dieses Buches noch sprechen lassen, weil es das Wunder der *Sanftheit*, das in den Wesenstiefen der Seele lebt, so unvergleichlich erlebbar machen kann:

> Genug oft, daß zwei Menschen sich berühren,
> – nicht leiblich, geistig nur – daß sie sich sehn
> daß sie sich einmal gegenüberstehn –
> um sich danach vielleicht auf immer zu verlieren.
>
> Genug oft, daß ein Lächeln Zweier Seelen
> vermählt – oh nicht vermählt! nur dies: sie führt,
> so voreinander schweigend und erschüttert,
> daß ihnen alle Wort' und Wünsche fehlen,
> und jede, unaussprechlich angerührt,
> nur tief vom Zittern der verwandten zittert.

*

Was diese Worte umhüllen, umschreiben, ein so tiefes Berührtsein – das ist das Geheimnis eines sich immer mehr vertiefenden Fühlens. Immer mehr fühlt sich die Seele *allem* gegenüber leise und zart verwandt, immer mehr öffnet sie sich *immer* und für alles in einer zarten, anmutigen Liebe.

Das ist die Seele, ihr wahres Wesen. Das ist das Wiederfinden des Fühlens in seiner heiligen Tiefe...

Hier wird das Fühlen reinstes Leben der Seele – es wird aber zugleich reinstes Leben für die Welt.

Das Mädchen aus der Fremde

In einem Thal bei armen Hirten
Erschien mit jedem jungen Jahr,
Sobald die ersten Lerchen schwirrten,
Ein Mädchen, schön und wunderbar.

Sie war nicht in dem Thal geboren,
Man wußte nicht, woher sie kam;
Und schnell war ihre Spur verloren,
Sobald das Mädchen Abschied nahm.

Beseligend war ihre Nähe,
Und alle Herzen wurden weit;
Doch eine Würde, eine Höhe
Entfernte die Vertraulichkeit.

Sie brachte Blumen mit und Früchte,
Gereift auf einer andern Flur,
In einem andern Sonnenlichte,
In einer glücklichern Natur.

Und theilte Jedem eine Gabe,
Dem Früchte, Jenem Blumen aus;
Der Jüngling und der Greis am Stabe,
Ein jeder ging beschenkt nach Haus.

Willkommen waren alle Gäste;
Doch nahte sich ein liebend Paar,
Dem reichte sie der Gaben beste,
Der Blumen allerschönste dar.

(Friedrich Schiller)